HEYNE BÜCHER

W0316196

SCIENCE FICTION

Herausgegeben
von Wolfgang Jeschke

Von Alain Dorémieux erschien außerdem in der Reihe
HEYNE SCIENCE FICTION & FANTASY:
Der Turm in: Science Fiction Jahresband 1981 (06/3790)

ALAIN DORÉMIEUX

SPAZIERGÄNGE AM RANDE DES ABGRUNDS

Science Fiction-Erzählungen

Deutsche Erstveröffentlichung

WILHELM HEYNE VERLAG
MÜNCHEN

HEYNE-BUCH Nr. 06/3858
im Wilhelm Heyne Verlag, München

Titel der französischen Originalausgabe
PROMENADES AU BORD DU GOUFFRE
Deutsche Übersetzungen von Helga Abret, Josiane Geisler und Georges Hausemer sowie von Bernhard Thieme
Das Umschlagbild schuf Karel Thole

Redaktion: Friedel Wahren
Copyright © 1978 by Editions Denoël, Paris
Copyright © 1979 der deutschen Übersetzung von »Die Vana« by Verlag Neues Leben, Berlin (entnommen dem Band »Der Planet der sieben Masken«, Berlin 1979)
Copyright © 1982 der übrigen deutschen Übersetzungen by Wilhelm Heyne Verlag, München
Printed in Germany 1982
Umschlaggestaltung: Atelier Heinrichs & Schütz, München
Gesamtherstellung: Mohndruck Graphische Betriebe GmbH, Gütersloh

ISBN 3-453-30788-7

Inhalt

Im Krankenhauszimmer

1

Schon lange bin ich in diesem Krankenhauszimmer eingeschlossen. Eines Tages wachte ich zum erstenmal darin auf, ohne zu wissen, was ich da sollte, ohne die geringste Erinnerung an das, was vorher geschehen sein mochte. Ich wußte weder, wer ich war, noch, wo ich mich am Vorabend befunden hatte. Ich wußte nicht einmal mehr meinen Namen. Ich weiß ihn immer noch nicht. Und seitdem habe ich dieses Zimmer nicht verlassen. Ich spreche von einem Krankenhaus, aber ich könnte ebensogut von einem Gefängnis sprechen, denn es ist mir völlig unmöglich, hier herauszukommen.

Ich schreibe diese Zeilen in einen Notizblock, den ich heute beim Erwachen mit einem Füller auf meinem Nachttisch gefunden habe. Man kann nur die Fürsorge bewundern, die diejenigen aufbringen, die mich bewachen. Gerade gestern hatte ich gedacht, daß ich mir gern Notizen machen, ein Tagebuch führen würde, das meine Lage schildert. Schwarz auf weiß die Fragen niederschreiben, die ich mir stelle. Das könnte, sagte ich mir, eine gesunde Ablenkung für den Wahnsinn sein, der mich allmählich überkommt, eine Art Beschäftigungstherapie. Damit ich nicht zuviel nachdenke und damit meine Gedanken nicht ständig in der Leere meines Kopfes kreisen.

Und heute lagen also dieser Block und der Füller in meiner Griffweite. *Sie* hatten meinen Wunsch erraten. Als hätten sie meine Gedanken gelesen. Nach ihrer Art, mit mir zu sprechen, habe ich schon mehrmals auf ihre telepathischen Fähigkeiten geschlossen. Aber ihre Zuvorkommenheit schließt nicht aus, daß sie unerbittlich ihre Experimente weiterführen werden. Und selbst wenn diese latente telepathische Fähigkeit bei ihnen existiert, so genügt sie nicht – bei weitem nicht –, um ihre grenzenlose Neugierde mir gegenüber zu befriedigen.

Alles läßt also vermuten, daß sie auch weiterhin – unzählige Tage lang – ihre nie endenwollenden Tests mit mir fortsetzen werden. Sie untersuchen mich, betasten mich, horchen mich ab, nehmen Messungen an mir vor, sie schließen mich an ihre Apparaturen an und notieren auf ihren Tabellen Angaben, von denen ich nichts ahne. Sie versehen meinen Schädel mit Elektroden und beugen sich über die Aufzeichnungen meiner Hirnströme. Sie nehmen mir allerlei Gewebeproben ab, fangen mein Blut und meine Ausscheidungen in Reagenzgläsern auf, die sie wie zerbrechliche Kostbarkeiten mitnehmen, als wäre ich das wichtigste Versuchsobjekt, das ihnen je unter die Hände gekommen ist. Sie sind unermüdlich.

Und das auf eine Weise, daß ich mich frage, wie es möglich ist, daß ihre Untersuchungen nicht schon längst *beendet* sind. Was bleibt ihnen noch zu entdecken? Haben sie nicht alles aufgezeichnet? Kennen sie nicht jede Parzelle meines Körpers, meines Gehirns, meiner Organe? Aber daß es so ist, kann in gewisser Weise von Vorteil sein. Denn wenn sie eines Tages finden, daß ihre Beobachtungen zum Abschluß gelangt sind, bleibt ihnen nur noch übrig, mich umzubringen und meinen Leichnam – als letztes Forschungsobjekt – zu sezieren.

2

Das Zimmer, in dem ich mich befinde, ähnelt jedem beliebigen Krankenhauszimmer. Weiße Wände, ein Metallbett, die graue Eintönigkeit des glatten Bodenbelags. Neben dem Bett steht der Nachttisch, auf dem der Notizblock und der Füller liegen, von einem Weiß, das eher grau aussieht. An der gegenüberliegenden Wand stehen ein zweiter Tisch von der gleichen Farbe und ein Hocker. In der Mitte der rechten Wand befindet sich die Tür, durch die sie zur täglichen Visite kommen. Und links vom Bett, in der Zimmerecke, versteckt ein Plastikvorhang die Waschecke. Über dem Waschbecken hängt ein kleiner Spiegel. Dank diesem Spiegel kenne ich mein Gesicht. Ein Gesicht, von dem mir scheint, daß ich es vorher nie gesehen habe. Braune Haare, stachliger Bart, fiebriger Blick. Einwandfrei ein Unbekannter.

Das ist alles in diesem Zimmer. Die Wände sind nackt. Der Nachttisch ist leer, er dient ihnen nur als Ablage für das Tablett mit den Mahlzeiten, die sie mir zweimal täglich bringen. Der Block und der Füller haben einen anderen Verwendungszweck möglich gemacht. Die Decke ist fluoreszierend und verteilt das Licht im Zimmer. Nach einem Zeitraum von ungefähr fünfzehn Stunden (nach meinen Vermutungen, die zweifelhaft sind, da ich keine Uhr besitze) erlischt es allmählich und taucht das Zimmer in Dunkelheit. Ich schließe daraus, daß es *Nacht* ist, und schlafe sofort ein, wahrscheinlich mit Hilfe von Schlafmitteln, die sie meiner Nahrung beimischen. Diese Perioden der Dunkelheit tragen offensichtlich dazu bei, meine geistige Gesundheit zu erhalten; sie sind klug genug gewesen, darauf Rücksicht zu nehmen. Sie erlauben es mir, auch weiterhin das Bewußtsein vom Verfließen der Zeit zu haben, von seiner Teilung in regelmäßige Abschnitte, die ich auch weiterhin *Tage* nenne. Den Zeitbegriff zu behalten, ist beruhigend. Es ist die Garantie einer gewissen Dauer in einer Umgebung, die mich im übrigen mit zu vielen Fragen bestürmt.

Wie ich schon sagte, als ich in diesem Zimmer erwachte, erinnerte ich mich nicht daran, je dort gewesen zu sein. Eine totale Amnesie, ein schwarzes Loch. Und nur im Hintergrund der Schattenzonen meines Gedächtnisses gibt es einen Lichtpunkt: die Gewißheit, ein Mensch zu sein, auf einem Planeten – Erde genannt – gelebt zu haben. Aber das ist etwas sehr Fernliegendes, ein heller Fleck, den man am äußersten Punkt eines Teleskops entdeckt. Zwischen dieser Erde im letzten Winkel meines Gedächtnisses und meinem Erwachen in diesem Zimmer: nichts. Das Nichts.

3

In den ersten Tagen schlief ich viel. Ich empfand nicht das Verfließen der Zeit, ich wußte nichts von ihrer Aufteilung in Abschnitte der Dunkelheit und des Lichts. Manchmal war es finster, wenn ich aus dem Schlaf auftauchte, in anderen Augenblikken war das Zimmer hell. Ich schloß daraus nicht auf einen Wechsel, der den irdischen Tag- und Nachtrhythmus imitiert. Ich dachte anfangs nicht auf klare Weise nach. Ich stellte mir keine Fragen. Mein Gehirn war noch zu befangen. Ich begnügte mich damit, zu schlafen und zu essen, wenn ich beim Erwachen das Tablett mit der Mahlzeit auf meinem Nachttisch fand. Niemals sah ich jemanden in diesen Tagen. Sie richteten es so ein, nicht gesehen zu werden, wahrscheinlich kamen sie in mein Zimmer, wenn sie wußten, daß ich schlief.

Dieser letzte Punkt ließ mich vermuten (später, als ich nachzudenken begann), daß sie Geräte besaßen, die mich heimlich beobachteten. Auf welche Weise, das weiß ich nicht. Ich habe lange Zeit dieses Problem hin und her erwogen, als ich auf solche Einzelheiten noch Wert legte. Ich habe vergeblich, bis mir die Augen schmerzten, die Wände und die Decke angestarrt und eine Öffnung gesucht, die es erlaubt, das Objektiv einer Kamera zu verstecken, die jede meiner Bewegungen verfolgt. Ich habe nie etwas gefunden. Ihre Kontrollinstrumente, falls sie wirklich existieren, sind für mich immer unsichtbar geblieben. Aber ich bin fest überzeugt davon, daß ich aufs schärfste von ihnen überwacht werde, daß keine meiner geringsten Bewegungen ihrem Blick entgeht. Wahrscheinlich gehört das auch zu den ›Untersuchungen‹, die sie an mir vornehmen.

Als mein Schlaf weniger bleiern wurde und als ich begann aufzustehen, führten mich meine ersten Versuche zu handeln an die Tür. Ich wollte von hier wegkommen, diesem seltsamen Zimmer entfliehen, das mir Angst einflößte. Jemanden sehen, mit jemandem in Kontakt kommen, nicht mehr diese Isolation kennen, zu der sie mich verurteilten. Aber die Tür widerstand all meinen Anstrengungen. Sie war von außen verriegelt. Sie bestand aus einem Material, das allem trotzte. Vergeblich versuchte ich mich daran; tagelang dachte ich über die verschiedensten Methoden nach, sie aufzubrechen. Dann überkam mich Resignation. Eine Zeit der Niedergeschlagenheit folgte auf diese Anwandlungen einer Revolte. Ich blieb im Bett, döste vor mich hin, ich lauerte auf den Augenblick, wo jemand käme, um mein Tablett zu bringen oder abzuholen. Vergeblich. Nie konnte ich jemanden überraschen.

Bis zu dem Tag, wo ich, aus dem Schlaf aufschreckend, sie zum erstenmal sah, sie bildeten eine kleine Gruppe am Fuß meines Bettes und betrachteten mich.

4

Ich war auf alles gefaßt gewesen, nur nicht darauf, menschlichen Wesen zu begegnen, die mir ähnlich sind. Diese immer abwesenden Geschöpfe, die mich in einem unerklärlichen Krankenhauszimmer eingeschlossen hielten, hatte ich mir schließlich als phantastische Geschöpfe vorgestellt, als Kreaturen einer anderen Welt. Und das um so mehr, als sich zu dem Unheimlichen meiner Situation das wachsende Gefühl gesellte, wie von meinen Wurzeln abgeschnitten und in eine Umgebung verpflanzt zu sein, die nicht die meinige war.

Aber es waren Menschen, die ich vor mir hatte. Sie standen in weißen Kitteln am Fußende meines Bettes. Zwei von ihnen lösten sich aus der Gruppe: Es waren Ärzte, ich erfuhr es später, und die anderen waren ihre Assistenten. Sie näherten sich mir, während ich sie mit Fragen bestürmte. Ich ließ meinen ganzen Ärger, der sich in den schlaflosen Stunden angestaut hatte, auf sie los. Aber ich wurde schnell zum Schweigen gebracht. Ein Arzt gab ein Zeichen, die Assistenten hielten mich fest, der andere Arzt spritzte mich in den Arm. Gleich darauf versank ich in einen gefühllosen Zustand, ohne jedoch das Bewußtsein zu verlieren.

Sie erklärten mir dann kurz, daß es ihre Aufgabe sei, mich verschiedenen Untersuchungen zu unterziehen, und daß es meine Aufgabe sei, so gut es ginge, mit ihnen zusammenzuarbeiten. Von diesem Augenblick an setzten sie diesen freundlichen Gesichtsausdruck auf, den sie seitdem beibehalten haben. Machen Sie sich keine Sorgen, es ist in Ihrem eigenen Interesse, wollten ihr Lächeln und ihre zufriedene Miene sagen. Und ich konnte nur mit dem Kopf nicken, ohne zu antworten, denn unter der Wirkung der Beruhigungsspritze fühlte ich, wie meine Zunge als wattiger Knebel in meinem Mund anschwoll und mir das Sprechen unmöglich machte.

An diesem ersten Tag ließen sie mich in Ruhe und begannen ihre Tests erst am nächsten Tag. Seitdem ist es eine quälende Routine geworden, die nie mehr unterbrochen wurde. Der Ritus dieser Testuntersuchungen wiederholt sich zweimal täglich, er verläuft nach einem unveränderlichen Zeremonial. Zunächst treten die beiden Ärzte ein, spielen die ärgerliche Komödie, die darin besteht, mich mit Banalitäten zu bedenken, die sie gutmütig von sich geben. Dann erscheinen die Assistenten und schieben einen Wagen vor sich her, beladen mit Kontroll- und Meßgeräten sowie allerlei Zubehör. Und dann werde ich zum Versuchskaninchen. Man dreht und wendet mich, man schnallt mich fest. Zahlreiche Drähte gehen von meinem Körper aus. Man untersucht jede Parzelle meines Körpers. Zeiger bewegen sich auf den Meßeinrichtungen, Vibratoren setzen ein, Kontrollämpchen flackern auf. Man zapft mir mein Blut ab, sammelt meinen Schweiß, meinen Urin, mein Sperma. Nach einer Stunde oder noch länger bindet man mich los, und die ganze Gruppe verschwindet wortlos und läßt mich allein auf meinem Bett liegen wie eine Puppe, die gut dazu ist, weggeworfen zu werden.

5

Die beiden Ärzte betreten das Zimmer zur ersten Visite des Tages, jovial und geschäftig wie üblich. Ich kenne jetzt ihre Namen: Doktor Moire und Doktor Duxe. Sie scheinen vor allen Dingen im Dienst meiner Person zu stehen: Nichts, was mich betrifft, entgeht ihrer Verantwortung und ihrer Kompetenz. Sie sind es, die hier alle Operationen leiten, deren Gegenstand ich bin, die alle Tests und Untersuchungen überwachen, die von ihren Assistenten durchgeführt werden und deren Ergebnisse sie dann in der Verschwiegenheit ihres Labors analysieren.

Ihr Aussehen ist seltsam, und sie bieten, wenn man sie so betrachtet, einen grotesken Kontrast. Doktor Moire ist klein und rund wie eine Kugel, mit großen hervorquellenden Augen, einem weichlichen Mund mit herabgezogenen Mundwinkeln, einem kahlen glänzenden Schädel. Doktor Duxe hingegen ist ein langer, knochiger Typ mit spitzer Nase, stechenden Raubtieraugen und einem Kinn, das ein sauber gestutzter Spitzbart verlängert. Beide reiben sich die Hände, als sie mich am Tisch an der Wand sitzen sehen, damit beschäftigt, die vorhergehenden Seiten zu schreiben, und sie nähern sich lächelnd.

»Na«, sagt der eine, »jetzt sind Sie zufrieden, nicht wahr?«

»Das war es doch, was Sie wollten?« fügt der andere hinzu.

Ich antworte nicht. Es gab eine Zeit, wo ich sie oft ansprach, sie über ihre genauen Funktionen ausfragte, über die Gründe meines Aufenthaltes an diesem Ort, über die Motive, die sie dazu bewegten, an mir all diese Versuche vorzunehmen. Aber seit langem habe ich verstanden, daß sie aufs trefflichste die Kunst verstehen, den Fragen auszuweichen und das Thema zu wechseln. Sie tun so, als hätten sie die Fragen nicht gehört, die ihnen unangenehm oder peinlich sind, und sie sagen nur das, was sie sagen wollen. So hülle ich mich, aus Opposition, in Schweigen, wenn sie zu mir sprechen.

Heute sind sie ganz besonders gesprächig. Sie scheinen höchst zufrieden mit ihrer Initiative zu sein, so als hätten sie mir ein wertvolles Geschenk gemacht und glaubten nun, das Recht auf eine gewisse Dankbarkeit zu haben.

»Sie wollen, was Sie denken, niederschreiben? Tagebuch führen?« beginnt der erste wieder.

»Das ist eine gesunde Ablenkung«, unterstützt ihn der zweite, »eine Art Beschäftigungstherapie.«

Diese beiden Sätze lassen mich zusammenzucken, ich realisiere, daß sie Wort für Wort mit den Ausdrücken übereinstimmen, die ich auf der ersten Seite des Notizblockes verwendet habe. Ein Zufall? Telepathie? Oder soll ich mir vorstellen, daß die Instrumente, mit denen sie mich überwachen, so perfektioniert sind, daß sie es ihnen erlauben, durch Vergrößerung sogar die Zeilen zu lesen, die ich schreibe? In diesem Fall bedeutet die Tatsache, mich Tagebuch führen zu lassen, eine weitere Untersuchungsmethode neben so vielen anderen.

6

Ich schreibe weiter an meinen Aufzeichnungen, tue so, als würde ich die Anwesenheit der Doktoren Duxe und Moire nicht bemerken, die in meinem Zimmer hin und her gehen und auf ihre Assistenten warten. Hinter meinem Rücken spüre ich manchmal, wie einer von ihnen ganz dicht an mir vorbeigeht und kurz stehenbleibt, als würde er einen Blick über meine Schulter wagen, um einige Worte zu entziffern. Aber ich habe beschlossen, mich nicht mehr darum zu kümmern. Ich habe die Absicht, hier alle meine Überlegungen aufzuzeichnen, auch diejenigen, die ich in bezug auf sie hege.

Als sie vorhin kamen, war ich gerade dabei, zu Ende zu erzählen, was am ersten Tag, an dem ich sie sah, geschah. Und während sie um mich herumgehen, beginne ich sofort, die Minuten wiederzugeben, die gerade vergangen sind: ihr Eintritt in mein Zimmer, ihre ersten Bemerkungen zu diesem Tagebuch, meine Meinung über ihre ausweichenden Antworten auf meine Fragen. In dem Augenblick, wo ich schreibe: *Sie tun so, als hätten sie die Fragen nicht gehört, die ihnen unangenehm oder peinlich sind,* bleibt einer von ihnen – Doktor Moire – neben dem Tisch stehen, pflanzt sich da auf und starrt mich mit seinen vorstehenden Augen hartnäckig an. Ich halte seinem Blick stand. Errät er in diesem Augenblick meine Gedanken? Ich will mir diese Frage nicht mehr stellen und wende mich wieder meinem Block zu, wo mein Füller das Ende des Satzes aufzeichnet: *... und sie sagen nur das, was sie sagen wollen.*

Plötzlich kommt es mir vor, als würde ich in meinem Kopf eine schwache, automatenhafte Stimme hören, die mühsam die Worte artikuliert: *Es ist nicht gut, immer die Wahrheit zu sagen.* Ich glaube zu träumen. Ich blicke Dr. Moire an; er beugt sich über mich, seine Stirn und sein Schädel glänzen wie immer, die Augen quellen stärker als gewöhnlich hervor. Nie habe ich sein Gesicht so nah gesehen. Dann richtet er sich blitzschnell auf und entfernt sich vom Tisch, aber ich habe Zeit gehabt, in diesen wenigen Sekunden etwas Seltsames an ihm zu entdecken.

Die Assistenten tauchen unvermutet mit ihren Apparaturen auf. Während sie diese aufstellen, beeile ich mich, die Szene weiter aufzuzeichnen. Ich komme bis zu der Bemerkung, die einer von ihnen machte und die wortwörtlich meine eigenen Ausdrücke wiederholte, und zu den Kommentaren, zu denen dieses Phänomen mich veranlaßte. Dann führt man mich zum Bett. Ich habe den Eindruck, noch länger als sonst getestet zu werden. Endlich ziehen sich alle zurück.

Jetzt sind schon zwei Stunden seit ihrem Weggang vergangen. Ich habe in meinem Tagebuch noch einmal die Seiten gelesen, wo ich meine ersten Eindrücke in ihrer Gegenwart aufzeichnete. *Menschliche Wesen, die mir ähnlich sind,* hatte ich geschrieben. Ich nehme meine unterbrochene Erzählung wieder auf, um zum Höhepunkt der Episode von vorhin zu kommen: zu dem Augenblick, wo ich das Gesicht des Doktor Moire aus der Nähe sah ... Dann dachte ich lange nach, bevor ich weiterschrieb. Ich habe die Gewißheit, nicht wahnsinnig zu sein. Und ich glaube, daß ich die Wahrheit über diejenigen entdeckt habe, in deren Hand ich bin. Diese Wahrheit werde ich jetzt hier niederschreiben. *Sie sind keine wirklichen Menschen.*

7

Sie sind keine Menschen, denn das Gesicht, das sie zu *haben scheinen,* ist kein Gesicht. Es ist eine Maske. Wie ich das erfahren habe? Auf ganz einfache Weise. Als ich Doktor Moire anschaute, der sich über mich beugte, bevor er sich plötzlich mit dieser überraschenden Lebhaftigkeit entfernte, machte mich ein Detail betroffen. Auf einer Seite des Halses, einer vom Ohrläppchen ausgehenden Linie folgend, löste sich die Haut ab ...

Geschah es unter dem Einfluß der Wärme? Oder hatten seine Augen, die stärker als gewöhnlich vortraten, auf die Maske gedrückt, die er statt eines Gesichtes trug? Auf jeden Fall saß sie an dieser bestimmten Stelle nicht richtig an, und das Material spannte. Richtete er sich aus diesem Grund so schnell auf? Vermutete er, daß ich eine Anomalie festgestellt hatte?

Nein, ich bin nicht wahnsinnig. Ich habe mir das, was ich gesehen habe, nicht eingebildet. Ich sage es mir immer wieder. Und doch, während ich diese Worte niederschreibe, ergreift mich ein flüchtiger Zweifel. Ich habe vielleicht alles erfunden, wie die Stimme in meinem Kopf. Oder war *auch sie* keine Illusion?

Die Stunden vergehen. Der Tag fließt langsam dahin. Ich warte ungeduldig auf die zweite Tagesvisite der Ärzte. Ich bin sehr erregt. Die Gewißheit wächst in mir und wird zur Überzeugung. Es ist wichtig, eine Waffe gegen sie zu besitzen, auch wenn sie nur symbolischer Art ist. Ich bin immer noch in ihrer Gewalt, aber ich bin ihnen gegenüber jetzt im Vorteil. Ich kann, wenn ich will, die Initiative ergreifen.

Endlich kommt der Augenblick der Visite. Die Tür öffnet sich, und die Ärzte kommen auf mich zu mit diesem munteren Ausdruck, der typisch für sie ist. Ein selbstzufriedenes Lächeln, ein Blick, der sich wohlwollend gibt. Eine erstarrte Physiognomie – genau wie die einer Maske –, das fällt mir plötzlich ein.

Doktor Duxe führt die Gruppe an und beobachtet mich aus den Augenwinkeln. Doktor Moire folgt ihm trippelnd mit verlorenem Blick, als sei er in Gedanken versunken. Meine Aufmerksamkeit richtet sich sofort auf seinen Hals. Kein Zweifel, die Haut haftet wieder. Der Schaden ist sorgfältig repariert worden.

»Na sieh mal an«, quakt Doktor Duxe, »es wird immer noch geschrieben? Eine ausgezeichnete Übung – das Schreiben.«

Doktor Moire richtet seine glotzenden Augen auf mich.

»Seine Gedanken aufzuschreiben, kann immer von Nutzen sein«, setzt er mit knirschender Stimme fort.

Es ist mir nie wirklich bewußt geworden, wie sinnlos und stereotyp ihre Bemerkungen sind, die auf eine mechanische Weise hervorgebracht werden. Eine andere Feststellung: Zum erstenmal macht mich der künstliche Klang ihrer Stimmen betroffen. Ich hatte mich so daran gewöhnt, ihnen nicht mehr zu antworten, daß ich ihnen längst nicht mehr zuhörte. Und plötzlich bilden diese beiden Details ein Ganzes und werden zu einem neuen Beweis. Unnatürliche Redeweise, künstliche Stimme. Alles kommt zusammen, um zu erklären, daß Moire und Duxe keine Menschen sind.

Ihr Gehirn muß von dem meinigen völlig verschieden sein. Sie versuchen mit mir, auf meiner Ebene, in Kontakt zu treten mittels der Sprache, aber sie sind ungeschickt dabei und bedienen sich hohler, fertiger Floskeln. Und dazu besitzen sie offensichtlich keine Sprechorgane. Ich hatte wohl recht, als ich an Telepathie dachte: vielleicht ist das ihre eigentliche Kommunikationsweise. Auf alle Fälle weist alles darauf hin, daß diese Stimme, die sie von sich geben, eine mechanische Stimme ist.

So wie eine Maske ihnen als Gesicht dient, verstecken sie wahrscheinlich eine Art Sprechapparat bei sich, der ihnen auf Befehl erlaubt, mit mir zu reden.

8

Die letzten Testuntersuchungen des Tages sind wie gewöhnlich. Aber nach dem Abgang der Assistenten bleiben die Ärzte noch da. Sie teilen mir mit, daß eine neue Untersuchungsphase beginnen wird. Sie haben mich vom physischen Gesichtspunkt erschöpfend examiniert, sie wissen alles, was sie über meinen Organismus wissen wollten. Jetzt werden sie meine Psyche in Angriff nehmen. Sie wollen diesen zerrütteten Komplex wiederherstellen, sie wollen dazu beitragen, daß die zarten Strukturen meines Gedächtnisses wieder in Ordnung kommen.

»Diese Amnesie hat lange genug gedauert«, versichert Doktor Duxe, indem er mit dem Zeigefinger droht. »Sie müssen sich erinnern.«

»Sich erinnern«, wiederholt als Echo Doktor Moire und nickt mit dem Kopf. Aber ich weiß nichts. Mein Gedächtnis ist ein fester Block. Was er enthält, ist mir unzugänglich. Meine Vergangenheit ist unbekanntes Land. Ich erinnere mich an nichts. Ich habe sogar meinen Namen vergessen.

»Mich erinnern, woran?« frage ich, schaue sie angstvoll an und ringe die Hände. »Sie wissen doch genau, daß ich mich an nichts erinnere. Ich habe sogar meinen Namen vergessen.«

»Seien Sie nicht zu ungeduldig«, antwortet Doktor Duxe in einem Ton, der tiefsinnig klingen soll. Er zögert einen Augenblick, als suche er nach Worten, und fährt dann fort:

»Alles kann nicht an einem Tag gemacht werden. Wir rechnen auf Sie.«

»Seine Gedanken aufzuschreiben, kann immer von Nutzen sein«, sagt Doktor Moire zum zweitenmal. Er hat augenscheinlich von den beiden die größeren Ausdrucksschwierigkeiten.

Sie erklären mir, daß die Tatsache, Tagebuch zu führen, mir sicher helfen wird, an meine Vergangenheit anzuknüpfen. Durch das viele Schreiben werde ich schließlich – so behaupten sie – auch die Zeit in den Griff bekommen, die mir entgleitet. Ich schließe daraus, daß sie tatsächlich ein therapeutisches Ziel verfolgten, als sie mir den Notizblock zur Verfügung stellten.

Diese neue Sicht der Dinge kommt so überraschend für mich, daß ich ganz betroffen bin. Unerklärlicherweise stürzt mich der Gedanke, auf die Suche nach meinen Erinnerungen zu gehen und den Schlüssel zu finden, der mir das Labyrinth öffnet, in dunkle Angst. Ich bin so verwirrt, daß ich nicht einmal daran denke, Vorteile aus meiner Entdeckung, die sie betrifft, zu ziehen. Ist es überhaupt ein Vorteil? Plötzlich bin ich mir nicht mehr so sicher. Denn wenn ich von jetzt ab weiß, was sie nicht sind, weiß ich doch immer noch nicht das Wesentlichste: was sie *in Wirklichkeit* sind.

»Denken Sie weiter nach, überlegen Sie«, sagen sie noch. »Wir werden morgen zurückkommen. Bis dahin haben Sie vielleicht begonnen, sich zu erinnern.«

Sie verlassen mich, und ich bleibe ratlos zurück. Ich bin in eine Falle geraten. Man müßte tatsächlich wissen, was sie sind, um die Chance zu haben, etwas gegen sie zu unternehmen. Aber wenn ich ihre wirkliche Natur kennen würde, dann wüßte ich auch, warum ich mich in ihren Händen befinde, und folglich würde ich mich daran erinnern, wer ich bin. Ich würde dieses Gedächtnis, das mich so erschreckt, wiederfinden.

Es ist ein Teufelskreis, und ich befinde mich in der Mitte dieses Kreises, so wie ich mich in der Mitte dieses Zimmers befinde. Und ich gehe in diesem Zimmer herum und stoße mich an den Wänden, und meine unbekannten Erinnerungen kreisen in meinem Schädel und prallen gegen die Wände meines Gedächtnisses wie wahnsinnige, verschreckte Tiere, die verzweifelt versuchen, ihrem Käfig zu entfliehen.

9

Nachdem sie weggegangen sind, fühle ich heftiger denn je meine innere Leere. Ich habe mich über das dunkle Loch in meinem Kopf gebeugt, habe mich bemüht, es auszuloten. Dieses dunkle Loch fasziniert mich und erfüllt mich mit Angst. Ich dringe in eisiges Wasser ein, das meine Gedanken und meine Glieder lähmt. Warum diese Panik bei der Aussicht, den Brunnen meines Gedächtnisses zu erforschen? Wovor habe ich Angst? Vor welchen Dingen, die vielleicht an die Oberfläche steigen könnten?

Und sie, wer sind sie? Durch die Verkettung welcher Umstände bin ich in ihre Macht geraten? Welches Experiment verfolgen sie, und in welcher Absicht halten sie mich in diesem Gefängnis fest? Ja, *Gefängnis,* das ist das richtige Wort, ich hatte nicht unrecht, es zu Beginn dieser Seiten niederzuschreiben. Ich bin überzeugt davon, daß dieses *Krankenhaus* überhaupt keins ist, so wie die *Ärzte* unter den Masken ihre wahre Erscheinung verstecken.

Vielleicht sind es außerirdische Kreaturen? In diesem Fall befände ich mich in einer fremden Welt. Aus einem Grund, dessen Einzelheiten unklar bleiben, hätte man mich meinem Mutterplaneten entführt, um mich hier festzuhalten. Ich wäre ihr Forschungsobjekt, ein fremdes Lebewesen von ungeheurem wissenschaftlichen Interesse, dessen Reflexe und Reaktionen man methodisch untersucht.

Aber was sie sind, das Geheimnis, das sie verkörpern, tritt in den Hintergrund. Für mich ist das nicht das schlimmste. Was ich selbst bin, beschäftigt meinen Geist. Und da stellt sich ein offenkundiges Rätsel.

Ich habe den Eindruck, daß sie, indem sie mich baten, meine Erinnerungen an den Tag zu bringen, etwas in mir angerührt haben. Und jetzt regt sich dieses Etwas und bewegt sich aufgeschreckt. Wie ein unterirdisches Tier, das man aus seinem Bau locken will und das sich immer tiefer in die Erde einwühlen möchte, fern von allen Blicken.

Ich habe sorgfältig die vorhergehenden Beobachtungen in meinen Notizblock eingetragen. Aber schon bezweifle ich den Nutzen dieses Tagebuchs. Anfangs glaubte ich, es zu führen, um mein seelisches Gleichgewicht zu festigen. Aber es scheint im Gegenteil dazu beizutragen, meine Gedanken durcheinanderzubringen. Je länger ich diese analysiere, desto mehr verfilzen sie sich und desto verworrener wird mein Denken. Ganz zu schweigen davon, daß das Niederschreiben dieser Aufzeichnungen keine heilende Funktion hat, wie meine Pseudoärzte dachten, sondern mich eher in Verwirrung stürzt.

Und doch schreibe ich weiter. Ich habe einen Entwicklungsprozeß begonnen, der sich nicht mehr aufhalten läßt. Ich muß versuchen, mich zu erinnern, wer ich bin. Das wiederhole ich mir immer wieder. Ich muß es – trotz der Angst, die damit verbunden ist. Besser Angst haben als nicht wissen. Ich tauche wieder in das dunkle Loch. In seiner Tiefe sehe ich zwei Buchstaben des Alphabets auftauchen, die sich allmählich aus der Tiefe lösen und aufsteigen. Die Buchstaben A. D. *Meine* Anfangsbuchstaben. Das Embryo meiner Identität. Ich bin plötzlich überzeugt davon. Ich heiße A. D.

A. D.? Wer ist diese anonyme Person, die sich als mein Ich erweist? Jemand, den ich lange gekannt habe und nicht mehr wiedererkenne. Jemand, der mir vertraut und fremd zugleich ist. Wie das Gesicht, das ich im Spiegel über dem Waschbecken sehe. Ich betrachte dieses Spiegelbild mir gegenüber, und es scheint mir, als würde ich in seinen Augen einen ironischen Ausdruck lesen, als würde es mir von jenseits des Spiegels spöttisch eine Botschaft oder eine Warnung senden, deren Inhalt von ihm allein verstanden wird.

10

Wieder ist ein Tag vergangen. Doktor Duxe und Doktor Moire treten ins Zimmer. Diesmal habe ich die Absicht, zum Angriff überzugehen. Was auch geschehen mag, ich werde in den Gang der Dinge eingreifen.

A. D. ist es, der mich dazu drängt. Ich habe in dieser Nacht von ihm geträumt. Er stand neben meinem Bett und versuchte, in mich einzudringen. Als sollten unsere beiden getrennten Persönlichkeiten wieder zu einer einzigen verschmelzen. Wenn er und ich, wenn wir uns beide vereinigen, werde ich wieder *ich selbst,* ein Ganzes, werden. Mein Gedächtnis wäre dann nicht mehr vom Rest meiner Gedanken getrennt.

A. D. hat mir gesagt, ich solle die Ärzte demaskieren. Er hat mir gesagt, es sei das einzige Mittel, um die Angelegenheit voranzutreiben. Es handle sich jetzt um eine Schachpartie. Die Ärzte seien zwei Figuren, die man neutralisieren müsse. Ich solle meine eigenen Figuren vorrücken lassen, um jede Zugmöglichkeit der anderen zu verhindern. »Aber sind sie nicht die Stärkeren?« habe ich eingeworfen. In meinem Traum hat sich A. D. mit einem Lächeln begnügt. Er scheint entschlossen und bestimmter zu sein, als ich es je gewesen bin. Ohne ihn hätte ich nicht den Mut zum Handeln gehabt.

Moire und Duxe beginnen, ihre Banalitäten herunterzuleiern. Sie fragen, wie es um meine Bemühungen steht, das Gedächtnis wiederzufinden.

»Na«, fragt Moire mit einem scheinheiligen Lächeln, »sind Sie vorangekommen? Fangen Sie an zu wissen, wer Sie sind?«

Ich erhebe mich und gehe mit dem Finger drohend auf ihn zu. Ich sage heftig: »Und *Sie,* wer sind Sie?« Er weicht bestürzt zurück. Seine glotzenden Augen treten noch stärker als sonst hervor. Er nähert sich Duxe, und beide drängen sich unschlüssig aneinander. Ich nutze meinen Vorteil weiter aus: »Ich weiß, daß Sie keine Menschen sind. Ihre Assistenten auch nicht.« Und weil ich annehme, daß sie zu verdutzt sind, um meinen Bluff zu merken, schließe ich mit den Worten: »Ich kenne die *ganze Wahrheit* über Sie!«

Beide sind gelähmt durch die Bestürzung, in die sie mein Überraschungseffekt versetzt hat. Moires Schädel ist schweißbedeckt. Er rollt die Augäpfel. Sein Gesicht ist aufgeschwemmt, die Haut zum Platzen gespannt. Ich gönne ihnen keine Ruhe. »Nehmen Sie doch Ihre Masken ab, zeigen Sie, wie Sie aussehen!«

Sie scheinen buchstäblich zu zerfließen. Mein Blick läßt sie nicht los. Die Anspannung, die sie ertragen müssen, ist zu stark; ihre Masken lösen sich von allein auf. Ich sehe, wie ihre Gesichter rissig werden und aufplatzen.

Die Masken fallen. Ich bleibe sprachlos. Unter den Masken tragen beide *mein* Gesicht. Genau die Züge, die ich sehe, wenn ich mich im Spiegel beobachte.

Sie stehen da wie zwei entsetzliche Zwillinge und betrachten mich heimtückisch.

Ich schreie: »Unmöglich, ich glaube es nicht!« Ich habe eine lächerlich hohe Stimme. »Das ist wieder eine neue Falle, diesmal bekommt ihr mich nicht.« Meine Hände beginnen zu zittern.

Sie torkeln auf der Stelle, als könnten sie sich nicht mehr auf ihren Beinen halten. Dann brechen sie zusammen und sinken zu Boden. Ihr Kopf schraubt sich los, ihre Körper öffnen sich, ein Drähtegewirr quillt heraus, monströse Metalleingeweide, verschlungene Bänder, die sich abrollen und aufeinanderhäufen. Die beiden vom Körper losgelösten Zwillingsköpfe schauen mich weiter mit stierem Blick an.

Ein rotes Kontrollämpchen, das ich vorher nie bemerkt habe, beginnt aufgeregt an der Wand zu flackern. Eine Klingel schrillt. Unter dem Signalknopf zeigt ein Schild in Leuchtbuchstaben an:

WIRKLICHKEIT Nr. 1 GESTRICHEN

Bestürzt und verwirrt durch die Folge dieser unglaublichen Phänomene gehe ich zu meinem Bett, lege mich hin und verliere sofort das Bewußtsein.

11

Als ich aufwache, habe ich den Eindruck, lange geschlafen zu haben. Die Überreste der falschen Ärzte sind aus dem Zimmer geschafft worden. Nur ein paar Metallstücke, die dem Reinigungskommando entgangen sind, liegen da, um mich davon zu überzeugen, daß ich nicht geträumt habe.

Ich stehe auf, um die Erzählung dieses unerwarteten und unvorhersehbaren Ereignisses niederzuschreiben. A. D. ist neben mir und ermutigt mich. Er scheint zu denken, daß ich dabei bin, einen entscheidenden Schritt auf der Suche nach meiner Identität zu machen.

Dann vergehen Stunden. Ich inspiziere die Wände. Wie erwartet, ist weder die geringste Spur des roten Kontrollämpchens noch ein Leuchtschild zu erblicken. Ich hebe einen Metallsplitter auf und untersuche ihn. Flexibles Material, das wie Aluminium glänzt.

Ich stelle mir Fragen über die Ereignisse des Vorabends. Roboter-Ärzte. Warum hat man ihnen mein Gesicht gegeben? Das Geheimnis, das meine Gegenwart hier umgibt, verdichtet sich. Und ich habe mein Gedächtnis immer noch nicht wiedergefunden. Nur A. D. ist weiterhin Optimist und vertraut auf die Zukunft. Du hast dich doch an mich erinnert, scheint er sagen zu wollen, du siehst doch, daß das ein Beweis ist ...

Eine Stunde folgt der anderen, und es sieht so aus, als würde heute nichts mehr passieren. Hat das Krankenhaus nach dem gestrigen Vorfall aufgehört zu funktionieren? Hunger beginnt mich zu quälen. Die Essenszeit ist längst vorbei.

Nach einem Zeitraum, der mir endlos vorkommt, öffnet sich doch die Tür. Ich sehe zwei hochgewachsene Männer von strahlendem Aussehen in schneeweißer Kleidung eintreten. Sie kommen mit munterem Gang auf mich zu. Ihr Gesicht spiegelt große Güte wider, unaussprechliche Gelassenheit und Allwissenheit.

»Guten Tag«, sagte der erste, »ich bin Professor Médixe, und das ist mein Mitarbeiter, Professor Oru. Wir danken Ihnen, daß Sie dazu beigetragen haben, die beiden Hochstapler zu beseitigen.«

»Wir kennen schon lange ihre schädliche Tätigkeit in diesem Krankenhaus«, fügt der andere hinzu, »aber es ist uns nicht gelungen, sie zu entlarven.«

»Ohne Ihren Mut und Ihre Hellsicht«, betont der erste, »wären sie in diesem Augenblick immer noch dabei, ihr Unwesen zu treiben, ohne daß es möglich wäre, ihnen das Handwerk zu legen.«

»Aber ich bitte Sie, das ist doch nicht der Rede wert«, sage ich betroffen. »Ich habe nur von einem glücklichen Zufall, von einer günstigen Gelegenheit profitiert.«

»Seien Sie auf jeden Fall unserer größten Dankbarkeit versichert«, beginnt wieder Professor Médixe. Und er unterstreicht diesen Satz noch, indem er sagt: »Übrigens können wir sie Ihnen nicht besser beweisen, als daß wir Sie sofort aus diesem Krankenhaus entlassen, wo man Sie auf ungebührliche Weise festgehalten hat, und zwar unter Bedingungen, die ich nicht zögere als abscheulich zu bezeichnen.«

»Wirklich?« Ich bin immer noch ganz benommen. »Sie wollen sagen, daß ich gehen kann – sofort?«

»Natürlich«, versichert Professor Oru. »Möchten Sie, daß wir Ihnen diese Tür öffnen?« Ein breites Lächeln verzieht seine Züge. Ein Lächeln, das immer größer wird. Ich schaue Professor Médixe an. Auch sein Lächeln reicht bis zu den Ohren. Da stelle ich mit Entsetzen fest, daß an seinem Hals ein Stück Haut locker wird und sich löst.

Ich weiche zurück und presse mich in eine Zimmerecke.

»Gehen Sie weg«, sage ich mit zitternder Stimme. »Lassen Sie mich!«

»Aber, aber«, sagt Professor Médixe mit einer etwas spröden Stimme und kommt auf mich zu. »Sie dürfen keine . . .«

Seine Stimme bricht ab, wie abgeschnitten. Alle beide bleiben stehen. Sie sinken zusammen. Ihre Gesichter werden rissig und platzen auf. Entsetzt sehe ich, wie sich ihre Masken ablösen.

Unter den Masken ist wieder mein Gesicht . . .

Sie liegen leblos auf dem Boden. Ich stürze mich auf sie, um sie zu berühren. Es sind wirkliche Wesen. Keine Roboter. Ich bewege ihren Kopf. Es ist kein künstlicher Kopf. Ich betaste und befühle die Haut ihres Gesichts, ich kneife sie in die Wangen. Ein wirkliches Gesicht. Und es ist mein Gesicht.

Das rote Lämpchen flackert, die Klingel summt. Ich höre plötzlich großes Getöse. Ich drehe mich um und sehe, wie die Zimmerwand einen großen Riß bekommt, von einem riesigen Spalt durchzogen wird. Durch diese Bresche, die bis auf den Boden reicht und sich ständig vergrößert, erblicke ich auf der anderen Seite der Wand einen ungeheuren schwarzen Abgrund.

An der Wand daneben, unter dem roten Lämpchen, blinkt das Leuchtschild auf:

WIRKLICHKEIT Nr. 2 GESTRICHEN

Der Boden unter meinen Füßen schwankt, das ganze Zimmer wird wie von einem Erdbeben erschüttert, die vier Wände, von

Rissen zersetzt, stürzen zusammen. Und durch alle klaffenden Öffnungen dringt der schwarze Abgrund ein und greift nach mir.

Ich flüchte mich in die Waschecke, wo ich eine Zuflucht finde, indem ich den weißen Plastikvorhang hinter mir zuziehe, um mich in Sicherheit zu bringen auf dieser Insel, die inmitten der allgemeinen Auflösung auf geheimnisvolle Weise intakt geblieben ist.

12

Ich weiß, warum dieser Schlupfwinkel der Zerstörung entgangen ist. Es ist wegen des Spiegels über dem Waschbecken. In diesem Spiegel ist mein Spiegelbild, und mein Spiegelbild fragt mich. A. D. fragt mich, und ich versuche, ihm zu antworten. Wir sind allein, er und ich, in diesem engen Zufluchtsort, seit einer Zeit, deren Dauer ich nicht abschätzen kann. Neben mir liegen der Notizblock und der Füller, ich hatte den absurden Reflex gehabt, sie mitzunehmen, als das Zimmer verschwand. Jetzt, wo ich alles erzählt habe, werde ich zu schreiben aufhören.

Die Stofflichkeit der mich umgebenden Dinge löst sich auf. Der weiße Plastikvorhang ist immer noch da, um mich vor dem Außen zu schützen. Aber hinter dem Vorhang, das weiß ich, lauert der schwarze Abgrund, bereit, mich zu verschlingen. Ich stehe vor dem Spiegel und starre mein Spiegelbild an. Du weißt doch, wer du bist, flüstert es mir mit bittender Stimme ins Ohr. Wissen, wer ich bin? Ich betrachte mein Gesicht.

Im Spiegel sehe ich, wie es rissig wird und platzt. Meine Maske löst sich ab und fällt. Wie von der Leere angesogen, stürzt sich der schwarze Abgrund auf mich.

An der Stelle des Spiegels leuchten die Worte auf:

WIRKLICHKEIT Nr. 3 GESTRICHEN

13

Schon lange bin ich in diesem Krankenhauszimmer eingeschlossen. Eines Tages wachte ich zum erstenmal darin auf, ohne zu wissen, was ich da sollte, ohne die geringste Erinnerung an das, was vorher geschehen sein mochte. Ich wußte weder, wer ich war, noch, wo ich mich am Vorabend befunden hatte. Ich wußte nicht einmal mehr meinen Namen. Ich weiß ihn immer noch nicht . . .

Aus dem Französischen übersetzt von Helga Abret

Gefangener der Insektenfrauen

1

Noch nie hatte ich sie aus der Nähe gesehen, aber jetzt habe ich Muße, sie zu beobachten, während sie mich mit gefesselten Händen an einem Strick zu ihrem Frauenbau schleppen. Das sollen Frauen sein? Einst gab man ihnen diesen Namen, bevor ihr Geschlecht von der Mutation erfaßt wurde. Einst hatte eine Frau einen weichen Körper, rundliche Formen, eine glatte Haut. Sie sind das Gegenteil davon: lange, dürre, eckige Geschöpfe mit mageren Gliedmaßen, einer flachen Brust und fast kahlem Kopf. Sie sind unbekleidet – wie auch wir Männer –, aber ihre Haut scheint sich stärker als die unsrige verändert zu haben, um sich den neuen Lebensbedingungen anzupassen. Das ist keine Haut mehr, sondern eher ein schuppiger Belag. Ehrlich gesagt, erinnern sie aus der Nähe an Insekten, und ihr schmaler Körper mit den spitzen Formen verstärkt diese Ähnlichkeit. Jetzt verstehe ich auch besser, warum sich uns, seit sie in geschlossenen Kolonien leben, diese Analogie aufgedrängt hat, so daß wir ihre Schlupfwinkel höhnisch mit einem Wortspiel ›Frauenbau‹ nannten, diese unterirdischen Schlupfwinkel, wo sie sich sammeln, herumwimmeln, im verborgenen ihren Tätigkeiten nachgehen wie fleißige Ameisen, deren lebendiges Symbol sie geworden sind.

2

Wir, die Männer, sind fast ausgestorben. Die Katastrophe, die das Menschengeschlecht betroffen hat, wählte eindeutig uns als Opfer aus. Fast alle sind tot, die wenigen Überlebenden haben sich in verstreuten Horden zusammengefunden. Wir leben als Nomaden, vor allem in den Gebirgsgegenden, und wir nähren uns von wildwachsenden Pflanzen und von den Ergebnissen der Jagd. Die Frauen aber sind dem Kataklysmus entgangen; genauer gesagt, scheint gerade dieser Kataklysmus, durch eine seltsame Alchimie, die Ursache für die Veränderungen gewesen zu sein, die sie immun machten. Eine unverständliche, mysteriöse physiologische Transmutation ging vor sich, die sie vor den Giften schützte, denen wir erlagen, und die aus ihnen schließlich das gemacht hat, was sie jetzt sind: entmenschlichte Wesen, Insektenfrauen, erbitterte Feindinnen, die uns jagen und einfangen, indem sie mit Geduld und List Fallen stellen. Was haben wir ihnen getan? Welche düstere urzeitliche Rache vollziehen sie an uns? Einst beklagten sie sich über die Unterdrückung durch den Mann. Heute stillen sie an ihm ihren blinden und vernichtenden Zerstörungsdurst.

3

Sie haben mich überrascht, als ich ohne Verteidigung war und von meiner Gruppe getrennt. Sie haben mich mit Berechnung umzingelt, haben mich mit ihren Händen, die Schraubstöcken gleichen, überwältigt. Die Ausdruckslosigkeit ihrer Züge und die Starre ihres Blickes haben mich erschüttert. Indem sie mich überwältigten, schienen sie eine mechanische Arbeit auszuführen, deren Ablauf in ihren Genen vorprogrammiert ist. In ihren Bewegungen lagen weder Haß noch Brutalität, sondern unbeugsame Kraft und Entschlossenheit. Ich habe keinen Widerstand geleistet, ich wußte, daß es sinnlos ist, Widerstand zu leisten, wenn ihnen einer von uns in die Hände fällt. Sie sind zu zahlreich, die überraschend stählerne Kraft ihres mageren Körpers ist zu übermächtig.

Sie haben mich weggeschleppt, sie sprachen nicht, sie liefen wie Automaten. Ich habe mein Schicksal angenommen, ich habe mich sogar damit abgefunden, daß sie mich töten werden; schon lange fürchten wir den Tod nicht mehr. Seit der völligen Zerstörung des männlichen Geschlechts haben sich eine Art Betroffenheit und Stumpfsinn unserer bemächtigt, und wir sind überzeugt davon, Tote auf Widerruf zu sein.

4

Wir gelangen zum Frauenbau, wohin auch andere Gefangene geführt werden, die wie ich überrumpelt wurden. Offenbar sind ständig solche Kommandos am Werk, und man kann annehmen, daß sie geschworen haben, uns methodisch bis zum allerletzten Mann auszurotten. Sie werden erst zufrieden sein, wenn sie uns vom Erdball vertilgt und damit den bedauerlichen Irrtum ausgelöscht haben, der es einigen von uns erlaubte zu überleben. Aneinandergefesselt sperrt man uns zusammen, wir liegen auf der Erde. Meine Gefährten bleiben stumm, mit leerem Blick; sie sind abgemagert, sie scheinen unter noch erbärmlicheren Bedingungen als unsere Horde gelebt zu haben. Um uns herum entfaltet der Frauenbau sein Leben. Die Frauen kommen und gehen, sammeln oder zerstreuen sich, ohne uns besondere Beachtung zu schenken. Manchmal sehe ich, wie die eine oder die andere von ihnen uns ohne Interesse oder Neugier mustert, als wären wir ein unbedeutendes Element des Dekors. Und wahrscheinlich sind wir das auch: jeder Tag bringt sein Kontingent an Gefangenen. Unsere Gegenwart gehört zum Alltagsleben der Kolonie. Das ganze wäre von einer fast beruhigenden Banalität, wenn nicht eine Frage offenbliebe: Warum nehmen sie uns gefangen, wenn nicht, um uns umzubringen? Und in diesem Fall, zu welcher Methode werden sie greifen, um uns zu töten?

5

Die Tage vergehen, ohne daß sich irgend etwas Wichtiges in meiner engen Zelle ändert, und manchmal frage ich mich, ob es kein Irrtum war, als ich dachte, daß sie uns fangen, um uns umzubringen. Aber nein, noch nie hat man von einem Mann gehört, der in ihre Gefangenschaft geriet und lebendig zurückkam. Warum also diese Galgenfrist. Wartetechnik, Raffinesse eines langsamen Todes? Die Tage verrinnen, und nichts geschieht. Jeder von uns ist allein in einem kleinen Kerker eingesperrt, ich und wie viele andere? Unmöglich, es zu erfahren.

Die Abteilung für die Gefangenen scheint viel Platz einzunehmen. Aber die Zahl der Zellen ist auf jeden Fall begrenzt. Wenn man regelmäßig neue Gefangene heranschleppt, muß eine Art Ablösung geschehen, die älteren Gefangenen müssen verschwinden. Und das führt mich wieder zur gleichen Frage zurück: warum dieses Warten? Warum tötet man uns nicht gleich? Eine Massenexekution? Vielleicht. Aber bis dahin ist man um uns besorgt. Zweimal täglich haben wir Anrecht auf einen dikken, ziemlich ekelhaften Brei, der aber sicher nahrhaft ist, denn er reicht aus, um unseren Hunger zu stillen. Seltsam. Wäre es nicht einfacher, uns gleich umzubringen? Denn unser Tod scheint vorgesehen zu sein.

6

Meine Stunde hat geschlagen: man holt mich aus meiner Zelle. Beim Hinausgehen sehe ich, daß andere Gefangene das gleiche Schicksal erleiden. Schweigend führen uns unsere Wärterinnen ab. Sie haben immer noch diesen leeren Blick, diese ausdruckslosen Gesichter und den mechanischen Gang. Mehr als je frappiert mich ihr automatenhaftes Aussehen. Inwieweit sind das noch menschliche Wesen? Wir haben nie in Erfahrung bringen können, welcher Art die Mutation war, von der die Frauen erfaßt wurden, und wir haben sie uns auch nie richtig vorstellen können. Beim Anblick ihrer steifen, eckigen, anmutslosen Gestalten erscheint einem das, was einst ihre Schwestern, die Frauen von früher, waren, wie ein unglaubhafter Traum. Manchmal habe ich den Eindruck, daß ich ihre Existenz erfunden habe, die üppige Schönheit, die manche besaßen, die Verführung, die von ihrem Körper ausging. Statt des Wesens, das vor mir geht mit seinem harten, knochigen Gesäß, sehe ich das Bild einer Frau mit üppigem Hinterteil, das sich mir willig darbietet und das ich zärtlich streichle, bevor ich eindringe. Ich überrasche mich dabei, daß mich ein Reflex überkommt, der sinnlos geworden ist: eine Erektion. Wenn das meine Wärterinnen bemerken, wird es in keiner Weise ihre überlegene Gleichgültigkeit stören.

7

Wir gehen durch unzählige Korridore, durch schmale Gänge, die von blakenden Fackeln kaum erhellt werden. Manchmal durchqueren wir Säle voll Frauen, die mit unbestimmten Tätigkeiten beschäftigt sind, ohne daß wir beim Durchgehen besonderes Aufsehen erregen. Der Frauenbau ist allem Anschein nach sehr weiträumig. Sie leben da zu Tausenden. Am eindrucksvollsten ist, daß sie nicht das geringste Wort miteinander wechseln, als hätten sie den Gebrauch der Stimme verloren. Der Anblick ihrer Gemeinschaft strömt eine lähmende, düstere Atmosphäre der Langeweile und des Stumpfsinns aus. Sie scheinen von ihrer Aufgabe gefangengenommen zu sein, in sie eingezwängt, blind und taub gegen alles, was sie umgibt. Wieder einmal rufe ich mir die Analogie mit den Ameisen ins Gedächtnis. Ohne daß ich sagen kann, warum, verursacht mir dieser Vergleich zum erstenmal ein unerklärliches Mißbehagen. Als wäre mein Hirn einer Sache auf der Spur, die sich mir entzieht und gleichzeitig dabei ist, an die Oberfläche des Bewußtseins zu dringen. Aber unser Marsch nähert sich seinem Ziel: die Wärterinnen stellen uns auf, ordnen uns zu einer Reihe in einem langen Gang, an dessen Ende eine Öffnung in einen besser beleuchteten Saal führt, der riesige Ausmaße zu haben scheint. Genau in diesem Augenblick komme ich zur Überzeugung, daß ich bald alles wissen werde.

8

Die Gefangenen werden, einer nach dem anderen, in den Saal geführt; ein verschieden langer Zeitraum verfließt zwischen dem Eintritt eines jeden. Nie sieht man einen von ihnen wieder herauskommen. Ich habe den Eindruck, schon sehr lange in diesem düsteren Gang zu stehen, in dieser langen Reihe von Männern, denen nacheinander von den Wärterinnen erlaubt wird, den Saal zu betreten, von dem man durch die Öffnung nur eine große hellglänzende weiße Fläche sieht. Das Benehmen der Wärterinnen ist irgendwie feierlich und weihevoll, als würden sie ein bestimmtes Ritual vollziehen. Die Zeit zwischen dem Einlaß eines neuen Gefangenen ist zu lang, als daß es sich um einen einfachen Akt des Tötens handeln könnte. Was geschieht also? Die zeremonielle und gemessene Haltung der Wärterinnen und die seltsame Zweideutigkeit der Lage lassen allmählich eine Hypothese in mir wach werden, die mir am Anfang wahnwitzig erscheint. Aber plötzlich bin ich von der Richtigkeit dieser Hypothese überzeugt, ich ahne die Wahrheit. Es gibt keine andere Erklärung. Wie ist es möglich, daß wir nicht eher daran gedacht haben? Da ihre Gemeinschaft an sich dazu verurteilt ist, steril zu bleiben, müssen sie wohl oder übel ein Mittel finden, um ihre Nachkommenschaft zu sichern. Aus diesem Grund also jagen sie uns, damit wir ihnen zur Fortpflanzung als Zuchttiere dienen (und ich nehme an, daß sie bei der Geburt, wie es sich gehört, jedes männliche Wesen töten). Ein Schauder überläuft mich bei dem Gedanken an diese Paarung, die mich abstößt. Und was machen sie dann mit uns? Behalten sie uns zum nochmaligen Gebrauch? Kastrieren sie uns und halten uns als Zeichen der Verachtung unsere Genitalien vor den Mund, bevor sie uns umbringen?

9

Endlich ist die Reihe an mir, den Saal zu betreten. Ich mache einige Schritte, geblendet von der Helle, die mir plötzlich nach dem Halbdunkel des Gangs entgegenschlägt. Ich kann kaum meine Umgebung erkennen, aber ich habe keine Zeit, mir Fragen zu stellen. Die Wärterinnen, die mich an den Armen halten, führen mich in die Mitte des Saals. Ich kann nur noch feststellen, daß der Saal geräumiger ist, als ich dachte, denn man kann seine Grenzen nicht genau erkennen. Dann bleibt meine Eskorte stehen, zieht sich schweigend zurück und läßt mich allein. Meine Augen gewöhnen sich allmählich an das Licht, und ich sehe, daß ich mich neben einer rosafarbenen aufgeschwemmten Masse befinde, die in der Mitte des Saales ausgestreckt liegt. Allmählich kommt Leben in diese Masse, die Umrisse zucken. Eine Riesenhand streckt sich nach mir aus, deren Finger bereit sind, mich zu umklammern. Mein Geist verwirrt sich angesichts der unausweichlichen Gewißheit. Und ihre Ungeheuerlichkeit läßt mich taumeln. Wir wußten nichts von dem Ausmaß ihrer Mutation, von ihrem verblüffenden Ergebnis; und doch hatten wir richtig geraten, als wir sie mit Ameisen verglichen. Bis jetzt hatte ich es nur mit Arbeiterinnen zu tun gehabt. Aber jetzt liegt vor mir in riesenhafter Größe die Königin!

10

Geführt von ihrer flüchtigen Hand, die mich streichelt, mich liebkost, sich mit einer namenlosen Zärtlichkeit über mir schließt, dringe ich zwischen ihren erhobenen Schenkeln in ihr weit geöffnetes Geschlechtsteil ein mit seinen feuchten Wänden, die sich langsam heben und senken wie ein atmendes Tier. Ich habe keine wirkliche Vorstellung von ihrem unausdenklich monströsen Körper. Weitauseinanderliegende Berge und Täler, zuckende, schwellende Ozeane von Fleisch. Wie groß ist sie? Ich weiß nur, daß ich genau in die klaffende Öffnung passe, die mir den vorherbestimmten Weg weist, dem ich folgen muß. Als ich an den Rand komme, zögere ich, aber ihre drängende Hand ergreift mich, wird fordernder. Und ich befinde mich in horizontaler Lage, dringe mit dem Kopf zuerst in diesen Abgrund aus brennender Seide ein, der mich absorbiert und mich erstickt, während sie mich mit den Fingerspitzen an den Knöcheln hält und meinen steifen Körper hin- und herbewegt. So übe ich also die unglaubliche und groteske Funktion eines lebendigen Lustobjektes aus! Und ich denke an alle anderen, die vor mir in diese unersättliche Vagina eingedrungen sind, und an alle, die folgen werden. Was erwartet sie von uns? Daß die winzigen Tröpfchen unserer Spermen, die wir verstreuen, sie befruchten? Ich weiß es nicht. Ich weiß nur, daß mein Ende nahe ist, daß die Arbeiterinnen, die am Ausgang des Saales aufgestellt sind, mich genau wie meine Vorgänger auf radikale Weise exekutieren werden, sobald meine Aufgabe erfüllt ist. Und ich weiß auch, daß dieser Tod nicht zählt, daß nichts zählt außer diesem Taumel, in den mich mein Eindringen in dieses erstickende Universum stürzt, dessen Säfte mich überschwemmen, während mein winziges Organ in diese gigantische Schatulle die Perlen seines Samens legt, die verschwindend kleinen Tautröpfchen gleichen.

Aus dem Französischen übersetzt von Helga Abret

Der Turm

Unbewohnbare Weiten

Die Zeit verging. Wieviel Zeit genau genommen? Larcan wußte es nicht mehr. Er hatte auf den exakten Zeitbegriff verzichtet. Anfangs hatte er sich noch dazu gezwungen, methodisch über Tage, Wochen und Monate Buch zu führen, indem er mit Bleistiftstrichen auf einem großen Stück Pappe an der Wand einen Kalender improvisierte. Im Verlauf der Jahre aber war ihm diese Beschäftigung auf die Dauer ebenso beschwerlich wie sinnlos erschienen. Was nützte es zu wissen, daß heute Dienstag und nicht Donnerstag war, daß man sich im Mai und nicht im Juni befand? Blieb noch die Folge der Jahreszeiten. Aber diese ließen sich kaum noch unterscheiden. Da es weder Bäume noch Pflanzenwuchs gab, war der Frühling nichts weiter als eine Art Symbol ohne jegliche Identität. Was den Winter betraf, so schien er immer kürzer zu werden und zu schmelzen wie Schnee in der Sonne – in der Sonne dieses Sommers, der jetzt eigentlich immer herrschte, obgleich er unaufhörlich den Angriffen des Windes ausgesetzt war. Larcan forschte nicht nach den Ursachen dieser klimatischen Veränderungen. Er stellte sie einfach fest. Das gehörte zu den zahllosen Umwälzungen, die den gewöhnlichen Lauf der Dinge endgültig unterbrochen hatten. Es war folglich unmöglich, sich darauf zu beschränken, die Sommer als wichtigste Zeitmarken zu zählen. Die Winter oder das, was ihnen ähnelte, wurden zu so verschwommenen, so flüchtigen Augenblicken, daß man schnell die Erinnerung daran verlor. Sie waren nur kurze Unterbrechungen, unbedeutende Zwischenspiele im Fluß dieses endlosen Sommers. Larcan fragte sich manchmal, wie wohl die Gesamtheit der Erde aussehen möge? War sie zu einer gigantischen, von der Sonne verwüsteten Einöde geworden? Oder hatten sich die Klimazonen nur verschoben, hatten sie eine Umkehrung erfahren, die zur Folge hatte, daß die tropischen Zonen jetzt unaufhaltsam vereisten? Die Wissenschaftler von einst hätten diese Hypothese als unseriös abgetan. Aber die Wissenschaftler – wozu hatten sie getaugt?

Wenn sie wenigstens fähig gewesen wären, die Ereignisse vorauszusehen oder zu verhindern! Eines stand fest: Ob Wüste oder Eismeer – die ganze Erde war jetzt eine endlose und eintönige Folge verödeter Landstriche und unbewohnbarer Weiten. Larcan hätte gern das Gegenteil glauben wollen, um sich davon zu überzeugen, daß es noch irgendwo eine Oase des Lebens gab, wo sich allmählich das Räderwerk der Zivilisation wieder in Gang setzen würde. Oder daß Gruppen Überlebender daran arbeiteten, eine neue, andere Zukunft vorzubereiten. Er war versucht, sich diesen so verlockenden Träumereien hinzugeben, aber sie ließen sich nur eine Zeitlang aufrechterhalten. Sobald Larcan seine Nüchternheit wiedergefunden hatte, wurden sie zu schimmernden Seifenblasen, die aufschwebten und auseinanderstoben, bevor sie im Nichts platzten.

Zonen der Angst

Larcans Wohnung befand sich im 26. Stockwerk des Wohnturms. Er hatte sie vor vielen Jahren gemietet, gleich nach dem Bau der riesigen Stadtrandsiedlungen. Er hatte sie nicht gewechselt, auch nicht zu dem nun schon lange zurückliegenden Zeitpunkt, wo er sich plötzlich allein befand, als einziger Bewohner dieses Turms und der Nachbartürme. Es gab Wohnungen, die geräumiger waren als seine, aber er hatte nicht umziehen wollen. Er besaß seine Gewohnheiten und seine Manien in diesem begrenzten Raum, dessen Kartographie seit langem kodifiziert war. Von der Routine bestimmte Wege durchzogen den Raum, und er gab sich Mühe, nie von ihnen abzukommen. Jede seiner Bewegungen war genau abgezirkelt wie eine Reihe programmierter Handlungen, die ein perfektionierter Mechanismus ausführt, ohne je durch den Einfluß irgendeines Irrtums von seinem vorherbestimmten Programm abzuweichen. Die Wohnung war eine schützende Schale, in der er sich wohl fühlte, eine bergende Hülle, in der er wie in einer Nährflüssigkeit schwebte. Sie war das geographische Zentrum seines Universums. Außerhalb der Wohnung gab es den Turm, seine zahlreichen Etagen, seine Armatur aus Beton und Stahl, die geräumigen, leeren Gänge, in denen seine Schritte wie in einem gigantischen Echoraum widerhallten. Außerhalb dieses Turmes gab es die anderen Türme, die in ihrer Anonymität fremd und irgendwie feindlich wirkten. Dort begannen für ihn auf heimtückische Weise die Zonen der Angst, die dann in die Unendlichkeit der Wüste führten. Die Wohnung war seine Höhle, der Turm vertrautes, nicht wirklich erobertes, aber genügend erforschtes Gelände. Die anderen Türme waren unbekanntes Neuland, und anfangs hatte Larcan geglaubt, daß er eines Tages vielleicht den Mut finden würde, es auszukundschaften. Niemals hingegen hatte er daran gedacht, den genau begrenzten Umkreis der Türme zu verlassen und *dorthin* zu gehen, sich in das abstrakte no man's land zu wagen, das alles bedeckte, was einst die Stadt, die Welt, das Leben bedeutet hatte. Manchmal hatte er sich gesagt, daß es später notwendig sein würde, andere Türme, andere Inseln aufzusuchen, die Überlebende wie ihn beherbergen könnten. Aber das waren nur vergebliche Spekulationen, deren Sinnlosigkeit er sich schnell eingestand. Bei jedem seiner Schritte fühlte er die Allmacht der Fessel, die ihn an den Turm kettete, die Allmacht dieser Nabelschnur, die ihn unweigerlich nach dem kleinsten Streifzug in den Kokon seiner Wohnung zurückführte, in die Stille, in den Komfort, in die Wärme. Er drückte sich in die weichen Polster eines Sessels, nachdem er die elektrischen Geräte betätigt hatte, die für sein Fortleben und seine Zerstreuung sorgten, ihm Nahrung, Getränke, Musik und Videofilme spendeten. Der elektrische Strom, der sie am Leben erhielt, wurde zeitweise schwächer. Was würde dann kommen, wenn die letzten noch funktionierenden Generatoren endgültig versagten? Er stellte sich selten die Frage. Ohne Zweifel der Tod. Aber ein sanfter, stiller Tod: die Medikamente, die er sorgfältig in seinem Apothekenschrank gehortet hatte, würden dafür sorgen. Ein kleines Häufchen rosa- oder malvenfarbener Pillen, und es wäre, als versänke man in lauem, wohltätigem Wasser, um allmählich, wenn alles Denken ausgelöscht ist, in die Feuchtigkeit des ursprünglichen Nichts zurückzukehren.

Das Sandmeer war bis zum zehnten Stockwerk der Türme gestiegen. Larcan kletterte aus dem Fenster dieser Etage, wenn er einige Schritte ins Freie wagte. So weit das Auge reichte, erstreckten sich die welligen Sandflächen, unterbrochen durch die monolithischen Blöcke der anderen Türme, die in geometrischer Anordnung aufgereiht waren. Von dem, was früher die Stadt gewesen war, ragten nur hier und da in großen Abständen sehr hohe Dächer auf. Spitzen von Denkmälern oder öffentlichen Gebäuden, Glockentürmen, Kirchenkuppeln. Die übrige Stadt mit ihren Gehsteigen und Fahrbahnen, ihren Läden und Kaufhäusern war tief im Sand versunken, der sich unter der Wirkung der nie aufhörenden Winde schichtweise darauf gelegt hatte. Larcan stellte sich manchmal irgendwelche eifrigen Archäologen der Zukunft vor, die umfangreiche Ausgrabungen vornehmen, riesige Gruben ausheben und die Überbleibsel einer längst vergangenen Zivilisation vorsichtig aus der Versteinerung lösen; Autowracks, Fahrräder, Zeitungskioske, Gebäude, die aufeinandergestapelten Kaninchenställen gleichen. Er sah, wie sie sich über ihre lächerlichen Trophäen beugten: einen Fernseher, ein Telefon, eine elektrische Kaffeemaschine. Sie setzten Knochenreste zusammen und rekonstruierten sorgfältig und mit leidenschaftlicher Entdeckungsfreude das Skelett ihres Vorfahren, des Menschen gegen Ende des zwanzigsten Jahrhunderts. Würden die vom Rost zerfressenen und von diesem zerstörerischen Sand unterhöhlten Türme in jenen fernen Zeiten noch dastehen? Oder würden sie in von der Zeit und vom Alter blankpolierte Trümmer zerfallen sein? Larcan stellte sich die Frage, ohne eine Antwort zu wagen. Die Türme – genauer gesagt der Turm, in dem er lebte – waren für ihn ein Element absoluter Materialität, sie waren der fundamentale Bezugspunkt, der es ihm erlaubte, sich an die Wirklichkeit zu klammern angesichts des Unterganges und des Zerfalls, dem die Gesamtheit der einst bewohnten Welt preisgegeben war. In einer Hinsicht war es beruhigender sich zu sagen, daß die Türme unzerstörbar seien, daß sie ewig dauern würden. In ihrer Hut fühlte sich Larcan geborgen. Sie bedeuteten Gewißheit und Zuflucht. Nie entfernte er sich von ihnen, wenn er draußen war, sondern schritt vorsichtig über den leicht glasigen Sand, als wäre er voller Fallen, die auf ihn lauerten. Meist ging er hinaus, wenn der Tag sich neigte, zur Stunde, wo die Schatten der Türme sich ins Riesenhafte verzerrten auf der Oberfläche des kupferfarbenen Sandes, der im Licht der untergehenden Sonne aufflammte. Er beschrieb einen großen Bogen und entfernte sich weit genug von seinem Turm, um sich umdrehen und ihn von einer bestimmten Entfernung aus betrachten zu können, dann zog er eine weite Schleife, die ihn wieder zu seinem Ausgangspunkt zurückführte. Bevor er den Turm betrat, warf er jedesmal einen letzten Blick auf das Sandmeer, in das sich die Spuren seiner Schritte, die der Wind bald verwehen würde, eingedrückt hatten. Ihre verschlungenen Linien bildeten ein emblematisches Gewirr, das man vom Himmel aus für eine geheimnisvolle Botschaft hätte halten können, dazu bestimmt, von einem fernen Beobachter entziffert zu werden.

Wachtturm

Wenn die Sonne hoch am Himmel stand, war Larcan gern auf den Turm gestiegen. Eine baufällige Treppe führte hinauf, aus den Fugen geratene Betonstufen, rostige Eisengeländer, an denen der gelbliche Anstrich abblätterte. Zwischen jeder Etage kreuzten sich die Treppenabschnitte und wurden durch einen schmalen Treppenabsatz getrennt. Das enge Treppenhaus wurde von kalkigem Mauerwerk eingeschlossen, über das feuchte Risse liefen, deren chaotische Linien komplizierte Ideogramme darstellten. Als die Fahrstühle noch funktionierten und die brummenden Kabinen mit beschleunigter Geschwindigkeit die Last ihrer schweigenden Passagiere emportrugen und dann traubenweise ausspien, war der Treppe nur eine untergeordnete Bedeutung zugekommen. Sie war als hypothetischer Notausgang gedacht, ein unsicherer, senkrechter Steg, der sich an die Flanke des Turms mit einem mehr zufälligen Ziel preßte und nur gebraucht werden sollte im Fall einer an sich unvorstellbaren Katastrophe, eines höchst unwahrscheinlichen technischen

Versagens, das die Bewohner des Ortes gezwungen hätte, den festen Boden auf diesem gefährlichen Weg zu erreichen. (Das Risiko eines Brandes brauchte man nicht ins Auge zu fassen, da das gesamte Material des Turmes feuerbeständig war.) Heute aber war diese Treppe die wichtigste Verbindung geworden, das einzige Mittel, das es Larcan erlaubte, von unten nach oben zu gelangen. In der vorletzten Etage verengte sich die Treppe noch, zwischen dem Geländer und der Mauer betrug die Breite kaum einen Meter. An dieser Stelle durchbrach ein großer Riß mit gezackten Konturen die Betonwand, und ein Stockwerk hoch reckte sich die Treppe in den freien Himmel, dem Wind ausgesetzt, der bis in die tiefergelegenen Etagen sein hohles Echo stürzen ließ, das dem Heulen der Brandung glich. Dann führten die letzten Stufen zu einer metallenen Tür, die vom Rost zerfressen war, der sich in körnigen Gebilden daran abgesetzt hatte. Da das Türschloß nicht mehr funktionierte, hatte es Larcan vor langer Zeit durch ein System von Balken und Brettern ersetzt. Er schob die Bretter beiseite, öffnete die Tür, indem er gegen den Anprall des Windes kämpfte, und faßte draußen Fuß. Er befand sich auf einer rechteckigen Plattform, die von einer an manchen Stellen bereits niedergebrochenen Balustrade eingefaßt wurde. Er stützte sich darauf und betrachtete zwischen den massigen Umrissen der nahen Türme den diesigen Horizont, dessen Aussicht selbst bei klarem Wetter von einem safranfarbenen Nebel verschleiert wurde. In diesen Augenblicken wurde der Turm für ihn auf geradezu ideale Weise eine Stätte der Zuflucht, ein Wachtturm, eine Festung, deren Hüter und Wächter er war. Ein Vorposten, von dessen Höhe aus er wachsam in alle vier Himmelsrichtungen spähte und das spiegelnde Sandmeer mit der immer wieder verschobenen Furcht oder Hoffnung erforschte, eines Tages im Dröhnen der Hufe die unzähligen Horden einer fernen Reiterarmee auftauchen zu sehen.

Nein, die Türme würden nicht in Ruinen zerfallen. Sie waren Posten, die man aufgestellt hatte und die auf etwas warteten. Sie waren die letzten Zeugen der menschlichen Zivilisation und vielleicht würden sie noch Jahrhunderte so stehenbleiben, bis zur Rückkehr dieser Zivilisation. Diese fixe Idee hatte sich hartnäckig in Larcans Denken festgesetzt und ihr repetitiver Charakter verstärkte sich, je länger er sich solchen Träumereien überließ. Grübeleien beherrschten ihn, Zwangsvorstellungen, denen er sich widerstandslos hingab. Seine Existenz erstarrte allmählich. Sein Lebenskreis beschränkte sich nur noch auf seine Wohnung. Er verließ sie selten, schon lange war er nicht mehr auf die Höhe des Turmes gestiegen, um, wie einst, das Sandmeer zu betrachten, denn das eintönige Panorama hatte sich seinem Gedächtnis mit endgültiger Schärfe eingegraben. Manchmal schaute er durch das schmale Fenster, das die Größe eines Bullauges hatte, als wolle er noch einmal die absolute Genauigkeit seiner Vision nachprüfen. Das Sandmeer hatte sich nicht verändert oder zumindest nicht der winzige Teil der Fläche, den das Fenster einrahmte. Die Farbe des Sandes wechselte unmerklich, je nach der Tageszeit und der Tönung des Lichtes. Aber trotz dieser leichten Varianten hatte seine Gleichförmigkeit etwas Beklemmendes an sich. Manchmal, wenn er lange einen bestimmten Punkt fixiert hatte, glaubte Larcan etwas zu sehen, das sich bewegte. Er entdeckte den Anflug einer Veränderung. Etwas Vibrierendes schob sich wellenförmig über das Fensterrechteck, als krieche irgendein Lebewesen, von der Sonne betäubt, in Zeitlupe vorwärts. Ein unwahrscheinliches Lebewesen, das der universalen Zerstörung entronnen war und sich von – ja wovon konnte es sich ernähren in dieser sterilen, toten Wüste? Kopfschüttelnd trennte er sich von dieser Halluzination und kehrte langsam zu seinem Sessel zurück, auf den sich allmählich, ohne daß er es bemerkte, eine Schicht flaumigen Staubes gelegt hatte. Er stopfte mit gemessenen Bewegungen eine Pfeife und zündete sie an. Der Tabak schmeckte fad und roch nach Heu; übrigens war der Vorrat fast aufgebraucht. Aber war das Rauchen überhaupt noch ein Genuß? Eher ein Ritus, eine Methode, die Zeit im Rhythmus der Züge auf mechanische Weise zu erlegen. Oft ging die Pfeife aus, und Larcan döste vor sich hin. Sonderbare Träume suchten ihn heim, in denen er durch endlose Landschaften des Schweigens dahintrieb, dahinglitt, als bewegte ihn ein seltsamer, geheimnisvoller Mechanismus. Diese Landschaften glichen dem Sandmeer und waren doch anders. Wie die Sandflächen hatten sie etwas Unbegrenztes an sich, aber die Folge der Türme vervielfältigte sich ins Unendliche; sie waren wie die Figuren eines kosmischen Schauspiels aufgereiht, und jeder Turm – er hatte die Gewißheit, wenn er an ihnen vorüberglitt – nahm in Beziehung zu allen anderen Türmen einen Platz mit einer vorherbestimmten, genau kalkulierten Bedeutung ein, so daß die Gesamtheit ihrer jeweiligen Positionen die klare Lösung einer Aufgabe war, und nur die Fragestellung dieser Aufgabe entging ihm. Larcan erwachte jedesmal mit dem Eindruck, alle Gegebenheiten dieser Aufgabe in den Händen zu halten. Die Türme waren Wächter, die warteten: dieser Satz schien ihm den Beginn einer Definition zu enthalten, der unklare Ausgangspunkt zu sein, der zur Lösung führen müßte. Aber je häufiger er sich den Satz wiederholte, desto sinnloser erschien er ihm, wie die absurde Litanei, die ein Computer im Nichts ableiert.

Bruchstücke der Wirklichkeit

Der Wind wurde immer heftiger, ohne daß Larcan, verschanzt im schalldichten Schlupfwinkel seiner Wohnung, sich dessen bewußt wurde. Er merkte es erst am Ende eines Tages, als er von seinem Fenster aus sah, wie die Sandflächen in ockerfarbigen Wolken emporgehoben wurden, deren wirbelnde Umrisse die Sonne mit ihrem schimmernden Licht streichelte. In diesem nebelhaften Mahlstrom wurden die Umrisse der anderen Türme unscharf. Larcan spähte nach ihnen aus, versuchte ihre Formen nachzuzeichnen, die wegen der Sandkörnchen, die an den Scheiben klebten, noch verschwommener wurden. Die Türme waren nur noch Geistertürme, die sich wie nackte Gerippe in den gelblichen Himmel reckten. Der Sand hatte die Landschaft verschlungen, die Sonne verschleiert, die Türme eingehüllt, den Horizont mit fransigen Wolkenbänken gesäumt. Larcan setzte lange seine Beobachtungen fort, mit halbgeschlossenen Lidern, als ob das Licht seinen Augen schmerzte, dann wandte er sich vom Fenster ab und beobachtete alle Einzelheiten seiner Wohnung, ein Durcheinander staubiger Gegenstände, eine Ansammlung bunt zusammengewürfelter Reliquien aus einer anderen Zeit, und er hatte den Eindruck, das alles zum erstenmal zu sehen. Er schaltete die Geräte ein, die langsamer als gewöhnlich summten, er ließ einen Videofilm ablaufen, dessen Bilder schwach flimmerten mit Licht und Schattenspielen, wie die Reflexe auf den zuckenden Flügeln eines ruhenden Schmetterlings. Larcan verstand, daß alles zu Ende ging. Die Generatoren lagen in den letzten Zügen, die Invasion des Sandes hatte ihrem Leben wahrscheinlich ein Ende bereitet. Er hätte seine Bleibe wechseln und die Nachbartürme auskundschaften können, um zu sehen, ob nicht noch in einem von ihnen eine Energiequelle funktionierte. In diesem Falle hätte er sich woanders niederlassen können, um ein neues Leben zu beginnen. Aber eine lähmende Lethargie hielt ihn zurück, ein Gefühl der Vergeblichkeit erdrückte ihn. Mit einem fatalistischen Lächeln dachte er, daß er nicht ein einziges Mal versucht hatte, den anderen Türmen einen Besuch abzustatten, nicht einmal den allernächsten. Bis zum Schluß würden sie in seinen Augen isolierte Bruchstücke der Wirklichkeit bleiben, so unerreichbar, als wäre er durch unsichtbare Glaswände von ihnen getrennt. Nur sein eigener Turm hatte gezählt und die Höhle, die er sich darin geschaffen hatte, geschützt vor jedem Zugriff, diese Stätte der Zuflucht, aus der er durch das Versagen eines Systems, das ihn bis jetzt am Leben erhalten hatte, unwiderruflich vertrieben wurde. Das Summen der elektrischen Geräte hörte ganz auf, ein dichtes Schweigen, undurchdringlich wie tiefes Wasser, überflutete die Wohnung. Er verließ sie, irrte ziellos durch Gänge und Treppenhäuser. Dabei stellte er fest, daß nun auch die zehnte Etage verschüttet war; der Sand war um mehrere Meter gestiegen und häufte sich bis zur Fenstermitte des nächsthöheren Stockwerkes. Aber ein unbewußter Tropismus zwang ihn noch einmal, wie früher schon, auf den höchsten Punkt des riesigen Gebäudes. Beim Hinaufsteigen beobachtete er die unheilbaren Risse, die jetzt ganze Betonflächen zerspalteten. Unter dem Anprall des Windes löste sich die Konstruktion Stück für Stück auf. Er gestand sich, was er in seinem Innersten immer gewußt hatte: die Türme waren nicht unzerstörbar; sie waren zerbrechliche, dem Untergang geweihte Armaturen, nicht für die Ewigkeit gebaut, wie es uns die Utopie ihrer Erbauer zu einer bestimmten Zeit hatte glauben lassen. Als er ganz oben angekommen war, fand er die Plattform fast eingestürzt vor, zerlöchert und mit Schutt versperrt. Der Wind, der um ihn blies, nahm ihm den Atem und ließ ihn schwanken. Er ging bis zu den letzten Überbleibseln der Brüstung und wandte sich in die verschiedenen Himmelsrichtungen, um mit seinem Blick die verwüstete Landschaft zu überfliegen, und er hatte plötzlich den Eindruck, sie nicht wirklich wiederzuerkennen. Der Tag neigte sich dem Ende zu, goldfarbene Sandwolken tummelten sich wie märchenhafte Pferde, die Sonne ging mit purpurnen Spritzern am hügeligen Horizont unter, und Larcan blieb lange unbeweglich stehen, bis zur einbrechenden Nacht, allein auf dem Turm, der bald einstürzen wird.

Aus dem Französischen übersetzt von Helga Abret

Die Tiere

Heute morgen ist mein Tier gekommen und hat mich geweckt. Wie gern erinnere ich mich an diesen Augenblick. Tina sagt sie will sich nie von den Tieren berühren lassen. Mein Tier ist zu mir gekommen und hat mich berührt. Ich schlief noch. Ich habe etwas Warmes auf meinem Leib gespürt. Ich habe die Augen geöffnet und gesehen wie mein Tier an mir hochkroch. Es rieb sich an mir und seine Schuppen schabten an meiner Haut und ich war zufrieden. Es war lange Zeit nicht gekommen. Ich habe es gern bei mir. Anfangs weinte ich und wie Tina wollte ich nicht. Jetzt will ich. Tina weiß nichts weil sie bis jetzt noch zu jung war. Bald wird auch sie wissen.

Mein Tier fing an sich zu nähren. Ich war glücklich darüber und schloß die Augen. Ich habe gehört wie die Tür aufging. Ich habe aufgeschaut und Tina auf der Schwelle gesehen. Sie machte *oh* und verzog das Gesicht. Als sie uns sah lief sie davon. Danach war ich nicht mehr zufrieden darüber mit meinem Tier zusammen zu sein. Es störte mich daß Tina eingetreten war. Sie wird es wieder den anderen erzählen und sagen daß ich verdorben bin weil ich mich nicht wehre und alles über mich ergehen lasse. Aber die anderen können nichts dafür. Sie haben zuviel Angst.

Man sagt die Tiere seien zu ihnen böse. Mit uns die sie uns auserwählt haben sind sie es nicht. Sie kommen in unser Zimmer und wecken uns und reiben sich an uns und wärmen uns. Und dann nähren sie sich und es tut gut sie zu fühlen. Tina weiß nichts davon. Sie kann nichts wissen weil sich ihr nie ein Tier genähert hat. Man hat sie noch geschont und wartet darauf daß sie das richtige Alter hat und erst dann wird sie wissen.

Als die Tiere vom Himmel kamen waren alle ihre Feinde. Sie haben versucht sie mit ihren Waffen zu zerstören. Aber die Tiere waren stärker. Und sie kamen in solchen Mengen. Heute können sie nichts mehr gegen die Tiere tun. Sie gehorchen ihnen. Sie haben Angst vor ihnen und doch wollen die Tiere uns nichts Böses tun. Sie geben sogar allen genug zu essen ohne daß sie zu arbeiten brauchen. Mein Vater und meine Mutter haben zu essen und mein großer Bruder Leo auch. Tina und ich das ist etwas anderes. Die Erwachsenen und die Jungen sind nicht zu gebrauchen. Nur wir Mädchen sind brauchbar. Tina und ich sind von den Tieren auserwählt worden wie alle anderen Mädchen unseres Alters. Sie ernähren auch uns aber nur damit sie später zu uns kommen und sich von uns nähren können.

Heute morgen ist mein Tier länger als sonst geblieben. Vielleicht weil es mehrere Tage nicht gekommen ist. Es hat mich müde gemacht und ich bin wieder eingeschlafen. Als ich aufwachte stand Tina in einer Ecke und weinte. Sie ist zu mir ins Bett gekommen und hat sich an mich gedrückt und gesagt ich hab Angst was werden sie mir tun? Ich konnte sie nicht trösten. Sie hat uns heute morgen gesehen und seitdem ist sie noch ängstlicher. Sie glaubt daß das Tier böse ist und weh tut und das stimmt manchmal tut es weh aber das geschieht nicht aus Bosheit. Es trinkt von einem und ißt von einem und das auf zarte Weise daß man glaubt vor lauter Zartheit zu vergehen.

Sie hat auf meinem Leib die Spuren des Tieres gesehen und hat mir ihren glatten Leib gezeigt und gesagt sie wolle ihn nicht den Tieren überlassen. Sie hat mir gesagt daß die Tiere sie anwidern mit ihrem ekelhaften schwarzen Körper. Wie soll man ihr erklären daß sie nicht schön zu sein brauchen um zart und gut zu sein. Sie kann es nicht verstehen.

Beim Aufstehen habe ich die Salbe aufgetragen die wir nehmen um die Spuren der Tiere zu heilen. Danach bleiben nur weiße Narben die allmählich verschwinden. Die Tiere stellen diese Salben her und geben sie uns. Ein Mädchen aus dem Nachbargebäude sagt daß die Tiere die Salbe in Wirklichkeit nicht herstellen lassen sondern daß sie eines Tages gesehen hat wie sie aus einer Öffnung der Tiere abgesondert wird. Ich weiß nicht ob sie die Wahrheit sagt. ich bringe es nie fertig zu beobachten wie sie wirklich aussehen. Wenn mein Tier zu mir kommt denke ich nur an seinen Hunger und an meine Freude.

Weil ich es schon lange nähre bin ich abgemagert. Wir haben nirgends einen Spiegel aber ich weiß es wenn ich meinen Kopf senke um mich anzuschauen. Ich möchte zunehmen um mein Tier zu befriedigen. Ich esse immer mehr aber ich werde nicht satt. Es ist als ob alles was ich aufnehme von ihm verschlungen wird. Und es verschlingt mich noch schneller als ich essen kann. Heute morgen habe ich mich sehr schwach gefühlt nachdem ich die Salbe aufgetragen habe. Ich kann mich kaum noch auf den Beinen halten. Ich habe meine Rippen unter den Fingern gespürt und verstanden daß ich wirklich zu mager werde. Selbst Tina hat es neulich gemerkt. Manchmal möchte ich gesund und rundlich sein wie früher.

Ich fühlte mich nicht wohl und habe mich wieder hingelegt. Ich bin noch einmal eingeschlafen und habe geträumt daß mich mein Tier verschlingt. Als ich aufwachte war es Abend und das Tier war da. Sie kommen selten am Abend. Aber heute muß es besonders ausgehungert sein. Es rieb sich so stark an mir daß mich seine Schuppen wundkratzten. Während es sich nährte glaubte ich ohnmächtig zu werden.

Am nächsten Morgen saß Tina an meinem Bett und weckte mich. Sie war blaß und ihr Gesicht war schmutzig. Ihre Augen waren weit offen und starr aber sie weinte nicht. Ich verstand als ich die Spuren auf ihrem Leib sah. Sie hat die Augen gesenkt als sie meinen Blick bemerkte. Sie hat sich geschämt weil ich sah daß sie mit einem Tier zusammengewesen war. Aber ich wußte auch daß ihre Angst jetzt vorbei war und daß sie wußte was man empfindet.

Dann hat sie den Blick gehoben und mich seltsam angeschaut. Sie hat mich gefragt bist du krank? Ich sah sicher schlecht aus. Ich habe gesagt daß es nicht schlimm ist. Aber in Wirklichkeit fühlte ich mich unwohl und mir war schwindlig. Doch Tina dachte schon an etwas anderes und verließ mich gleichgültig. Sie war nicht mehr dieselbe wie vorher. Ich bedeutete nichts mehr für sie. Ich verstand sie und erinnerte mich an den Tag an dem mich zum erstenmal ein Tier berührt hatte.

Nachdem sie weg war ist mein Tier noch einmal gekommen und hat begonnen sich zu nähren. Es hat mir weh getan und ich wollte schreien. Nach einer Zeit hat es aufgehört als bemerke es daß ich krank bin trotz meiner Anstrengungen es zu verbergen. Es hat eines seiner Beine ausgestreckt und mich abgetastet. Das dauerte einige Minuten.

Ich habe geglaubt es wolle sich wieder nähren. Aber es rührte sich nicht mehr. Ich wartete. Ich fühlte mich immer noch kraftlos und jeder Atemzug schmerzte. Da ist mein Tier bis zu meiner Brust geklettert. Ich hatte es nie so nah gesehen. In dem was seinem Kopf ähnelte erblickte ich Augen und sie schienen mich anzustarren.

Dann kam ein großer Stachel heraus und seine Spitze berührte meine Haut. Traurig verstand ich daß ich ihm keine Nahrung mehr sein konnte und daß es mich nicht mehr wollte.

Der Stachel durchbohrte mich. Ich habe gedacht daß ich gern wie Tina noch einmal von vorn beginnen möchte. Etwas floß über meine Brust und ich hatte den Eindruck im Wasser unterzutauchen. Ich fühlte mich wohl. Ich war mit meinem Tier. Ich würde mit ihm einschlafen und träumen daß es in mir sei.

Aus dem Französischen übersetzt von Helga Abret

Begegnungen der vierten Art

Als ich am anderen Morgen erwachte, faßte ich mir mit beiden Händen an den Kopf und stellte mir Fragen. Hatte ich alles geträumt, oder was war geschehen? In meiner Erinnerung schien diese ganze Geschichte verdammt wahr zu sein. Es gibt einen Eindruck von Wirklichkeit, der in den Träumen nicht existiert. Ich will damit sagen: diese Gewißheit, daß man wirklich erlebt, was geschieht, daß es sich wirklich ereignet. Im Traum weiß man von sich aus, daß es sich um einen Traum handelt, oder aber man weiß es in dem Augenblick, wo man erwacht. Man bleibt nicht einfach nur auf dem Bett sitzen, um sich mit der Hand den Schädel zu reiben und sich zu fragen, was los war. Nun ja, am vorherigen Abend hatte ich getrunken. Wie an jedem Abend. Mehr sogar noch als an den anderen Abenden. Nun, sagen wir: Ich hatte einen Rausch. Der Beweis: der Druck über den Augenbrauen und das zermalmte Genick. Dies erklärt jedoch nicht alles. Denn wie gesagt, es gibt Eindrücke, die in Träumen nicht vorkommen, nicht einmal in den Alpträumen eines Säufers. Vor allem nicht in den Alpträumen eines Säufers.

Die Große Duduche lag noch schnarchend im Bett. Die Große Duduche, so nenne ich sie unter uns, vor allem wenn ich sie ärgern will, aber ihr Vorname ist Josyane. Ich öffnete die Fensterläden, das Wetter war mies nach der Sonne des vorherigen Tages, die auf eine weitere Periode miesen Wetters gefolgt war, welche sich über eine Woche erstreckt hatte. Ich murmelte: »Frühlingshure«, bevor ich, angeekelt, erneut das Fenster schloß. Ich begab mich ins Badezimmer und betrachtete mich im Spiegel. Diese dreckige Fresse, die Tränensäcke unter den Augen, die graue Haut. Das kam vom Saufen. Ich fühlte mich abgestumpft, und der Schmerz in meiner Stirn pochte jetzt bis an die Schläfen. Ich nahm eine kalte Dusche, um mir einen klaren Kopf zu verschaffen, und ging in die Küche, um Kaffee aufzuwärmen. Ich trank zwei große Tassen mit zwei Kopfschmerztabletten und bereitete mir einige Butterbrote, wobei ich versuchte, meinen Kopf wieder in Ordnung zu bringen. Dieses

Gefühl, nicht geträumt zu haben, hielt weiter an, es wurde sogar noch stärker als zuvor.

Ich trat in den Garten hinaus, un einen kleinen Spaziergang zu unternehmen und frische Luft zu schnappen; zum Glück schwankte er in diesem Augenblick nicht. Aber auf den Pfaden waren Regenpfützen, und der Rasen unter meinen Füßen verursachte ein schwammiges Geräusch. Ein Windstoß heulte von Westen her ums Haus, und weiter unten, über der Landschaft, zogen schmutzige, ekelhaft graue Wolkenfetzen über die Berge hinweg, die kaum zu sehen waren. Der Nachbar – der einzige in einer Entfernung von dreihundert Metern – hatte seine Kühe heimgeholt, und aus dem Schornstein seines Hofs stieg eine Rauchwolke empor, die sogleich von den Windstößen zerstreut wurde.

Der Wind heilte meine Migräne nicht, doch die frische Luft tat mir gut. Ich ging ins Haus zurück, um mich in die Ecke des Salons zu setzen, und während ich mich gegenüber der Terrasse niederließ, betrachtete ich mißtrauisch die Stelle, wo ich gestern abend ... Ich konnte mir darüber noch so sehr den Kopf zerbrechen, immer wieder stieß ich auf den selben Widerspruch wie schon beim Erwachen. Es gab nur zwei Lösungen. Entweder sagte ich mir: Ich habe gestern abend ein UFO bei seiner Landung inmitten eines Feldes, in der Nähe meines Gartens gesehen, und wenn ich glaube, daß dies stattgefunden hat, so ist es das Zeichen dafür, daß ich übergeschnappt oder reif für eine Entziehungskur bin. Oder aber ich dachte nur: gestern nacht habe ich von einem UFO geträumt ... und dies brachte – allem Anschein nach – alles in Ordnung. Aber das rechtfertigte nicht diesen anhaltenden Gedanken, der mir im Hirn herumspukte und dem nach ich die ganze Geschichte wirklich erlebt hatte.

Gut, in meinem Zustand war es wohl das beste, mir Klarheit zu verschaffen, zu versuchen, meine Erinnerungen zurückzugewinnen – falls es überhaupt Erinnerungen gab. Oder die Einzelheiten meines Traums wiederherzustellen – falls es überhaupt ein Traum war. Also, am Vorabend hatten die Große Duduche und ich nach dem Essen wie gewöhnlich den Fernseher eingeschaltet, ehe wir schlafen gingen, denn ohne Fernseher hat man recht wenig Gesprächsstoff, außer dem Gesundheitszustand der

Ziegen und Hasen, dem Wetter von morgen, dem Steigen und Fallen der Marktpreise – und manchmal der Politik, die, wie man weiß, keine Sache für Hausmütterchen ist, da sie von Politik sowieso nichts verstehen. Die Große Duduche saß mit ihrer Strickarbeit auf dem Sofa (sie ist tagtäglich mit einer formlosen und riesigen Strickarbeit beschäftigt, und man hat den Eindruck, daß sie dieselbe ohne Unterbrechung auftrennt und neu strickt, wie eine Penelope, die auf irgendeinen Ulysses wartet), während ich im Sessel saß, mit der Pfeife im Mund und einem Glas in Reichweite, und eine Illustrierte durchblätterte.

Auf dem Bildschirm redete ein bärtiger Typ mit Brille (ein Spezialist oder was weiß ich) über UFOs, und zwar anläßlich des Films *Begegnungen der dritten Art,* wo es um die Insassen fliegender Untertassen geht, die mit den Menschen in Kontakt treten. Der Typ redete ziemlich hochgestochen auf die Fragen des Reporters, der unbedingt wissen wollte, ob der Film denn nichts anderes beinhalte als eine einfache Geschichte, ob man, seiner Meinung nach, unter dem wissenschaftlichen und philosophischen Aspekt nicht in Betracht ziehen könnte, daß . . . Nach kurzer Zeit schaltete ich ein anderes Programm ein, denn diese Art von Sendungen verursacht gewöhnlich Brechreiz in mir. Daraufhin tobte die Große Duduche vor Wut, weil *ich* wieder mal beschlossen hätte, *mein* Programm zu wählen, sie überhaupt nicht mehr gefragt würde und die Männer alle gleich seien, einfach unmögliche Phallokraten.

Pech gehabt: Ich hatte völlig vergessen, daß fliegende Untertassen nun mal ihre Sache sind. Sie glaubt an diese außerirdischen Wesen; sie ist fest davon überzeugt, daß sie eines Tages auf die Erde kommen werden, um uns ihre Botschaft des Friedens und der Liebe zu bringen, und das Ganze nach Messias-Art mit Weihrauchdämpfen, Sphärenmusik, Hare Krishna und diesem ganzen Kram. Sie hat sich nie ganz davon erholt, in einer Zen-Gemeinschaft gelebt zu haben, aus der sie übrigens türmte, als ich sie an der Côte aufriß, wo ich mit ein paar Freunden auf der Gitarre klimperte und für die Touristen Folklieder sang. An dem Tag hatte sie die Nase voll von Zen und ich von Folk; es traf sich gut: Ich kannte einen Typ (als wir jung und dumm waren, besuchten wir zusammen die Uni, er wollte Lehrer und ich Schriftsteller werden), der mit einer Frau zusammen auf dem Land Ziegen und Kaninchen züchtete und mir vorgeschlagen hatte, sie beide zu ersetzen und ihre Hütte zu benutzen, während sie auf einem ausgedehnten Trip in Richtung Nordafrika und Naher Osten unterwegs waren. Zu zweit könnte man sich besser um die Tiere kümmern, und so wurden die Große Duduche und ich zur Rückkehr zur Erde bekehrt, indem wir auf die Märkte gingen, wo sie ihre Kaninchen und ihren Ziegenkäse und ich mein Gemüse verkaufte, das ich ohne chemischen Dünger in der vorgeschriebenen Tradition des biologischen Anbaus angepflanzt hatte.

Wir begannen also, uns wegen dieses Schwächlings im Fernsehen und seinen UFOs anzuschnauzen. Es muß gesagt werden, daß es mit uns in letzter Zeit nicht mehr so recht klappte und schon eines Vorwands bedurfte, damit etwas ausbrach. Wütend wechselte sie erneut das Programm und lieferte mich diesem Schafskopf und seinen UFOs aus. Phallokrat hin, Phallokrat her, ich entschloß mich, es bis ans Ende zu bleiben, und schaltete den Fernseher kaltblütig aus. Die Große Duduche fing zu heulen an und sagte, daß sie keinen Tag länger mit einem Miststück wie mir zusammen bleiben wollte und daß sie genug davon hätte, inmitten eines Misthaufens zu leben und den Kaninchen- und Ziegendreck wegzuputzen, und daß sie, wenn sie es vorher gewußt hätte, niemals die Dummheit begangen hätte, in eine solche Bruchbude zu ziehen. Wenn sie einmal anfängt, dann läuft es weiter wie bei einem Knäuel, das sich aufrollt, und man weiß nie, wann es ein Ende hat. Ich muß allerdings zugeben, daß wir beide uns in unserer ökologischen Superruhestätte in höchstem Maße langweilten. Die große Berührung mit der Natur, die Flucht vor der Städteverseuchung, davon bin ich längst los, und ich bin gespannt, wie er sich rausreden will, dieser Typ, der mich in diese Scheißsituation gebracht hat. Gar nicht mal so dumm: Er brauchte einen Tölpel wie mich, um in die Sonne flüchten zu können, weg von diesem verfluchten Ort, wo es die ganze Zeit regnet, er mußte die Ferien verdammt nötig haben – und dieser Schuft war es, der mir sagte: ›Du wirst sehen, es ist das Höchste, die Sonne über den Bergen aufsteigen zu sehen, und kein Lärm, und die Tiere, mein Lieber, die

Tiere beginnt man zu lieben, das ist das gesunde Leben, das wahre Leben!‹ Kurzum, in Wirklichkeit begannen die Große Duduche und ich uns gegenseitig echt auf den Wecker zu fallen, obwohl wir nie jemanden zu Gesicht bekamen, und das ist ohne Zweifel auch teilweise der Grund (das sage ich mir wenigstens, wenn ich einen Vorwand brauche), warum ich in letzter Zeit wieder so arg zu saufen begonnen habe wie zur Zeit meiner meergrünen Periode, als ich mich für einen verflucht großen Künstler hielt.

Da die Beschimpfung andauerte, fing ich an, ein Glas nach dem andern runterzukippen. Was sie außer sich bringt, da sie ganz genau weiß, daß dies für mich das beste Mittel ist, den Kampf abzulehnen, ihr zu zeigen, daß ich darauf pfeife und mich in eine kleine geschlossene Welt zurückziehe, wo ich ihre Anwesenheit ignoriere. Mit einemmal fühlt sie sich in einem Zustand der Minderwertigkeit, und es endet schließlich damit, daß sie sich in ihre Ecke zurückzieht, um zu schmollen. Ich war so ungefähr bei meinem dritten oder vierten Glas Scotch in rascher Folge angelangt – und die Große Duduche war dabei, ich weiß nicht wie, ihren Schmerz in ihrem Strickzeug und einer wüsten Zigaretten-Orgie (sie paffte Stengel um Stengel) zu ertränken –, als ich plötzlich ein komisches Geräusch hörte, in der Art eines kreischenden Pfeifens, das vom Garten her kam. Es wird behauptet, daß man als Säufer rosa Elefanten sieht (ich sehe eher grüne Kakerlaken), aber ich hatte noch nie etwas von Geräuschhalluzinationen gehört, welche dem Alkoholgenuß zugeschrieben würden. Doch der Laut dauerte an, ein schriller Ton, der meine Trommelfelle schwingen ließ wie das Heulen elektrischer Gitarren bei einem Rockkonzert, wenn man sich den Lautsprechern zu sehr nähert. Ich öffnete die Fensterläden und blieb wie versteinert stehen. Denn es handelte sich keineswegs nur um eine Geräuschhalluzination. Ich hörte noch immer das schrille Pfeifen, aber es gab auch etwas, das ich *sah*. Nämlich eine große leuchtende orangefarbene Ellipse, die langsam zu Boden sank, ungefähr fünfzig Meter vom Haus entfernt, um schließlich im gegenüberliegenden Feld aufzusetzen. In diesem Augenblick brach das Pfeifen jäh ab, und die plötzliche Stille gab mir das Gefühl, verstopfte Ohren zu haben.

Von da an könnte ich beginnen, an den Ereignissen zu zweifeln. Die einfachste und wahrscheinlichste Hypothese wäre die, daß ich in einen Säuferschlaf gefallen sei, ohne aus dem Sessel aufzustehen, und daß ich, im betrunkenen Zustand, in meinem Unterbewußtsein alles erfunden hätte (mit der Fernsehsendung über die UFOs als Ausgangspunkt), daß mich die Große Duduche im Laufe des Abends, als ich total besoffen war, ins Bett geschleppt habe, daß ich schließlich heute morgen mit diesen irrsinnigen Ideen im Kopf erwacht sei – und mit dem verrückten Gedanken, daß es vielleicht doch kein Traum war.

Wenn nicht, so gibt es noch die andere Hypothese: Alles hat sich genauso abgespielt, wie ich es in Erinnerung hatte. Und genau darin liegt der ganze Wahnsinn. Stellen wir uns vor, daß dies der Fall sei und ich nicht geträumt habe. Und kommen wir zu dem Augenblick zurück, wo ich von meinem Fenster aus beobachte, was auf dem gegenüberliegenden Feld gelandet ist. Zuerst wird mir klar, daß ich vor Angst fast sterbe, und ich gieße mir einen weiteren Scotch ein, indem meine zitternde Hand den Flaschenhals gegen den Rand des Glases stößt. Dann leere ich es in einem Zug. Anschließend gehe ich zum Fenster zurück, und plötzlich weicht die Angst der Neugierde. Ich frage mich vage, was die Große Duduche wohl anstellt: Sie ist wahrscheinlich schon eingeschlafen und hat nichts bemerkt. Unterdessen wird die zunächst so blendende Orangefarbe langsam weniger leuchtend und nimmt schließlich einen matten Glanz an, der aber immer noch genügend phosphoreszierend ist, um die Konturen der Ellipse in der Nacht sichtbar zu machen. Und plötzlich hebt eine Öffnung an der Seite der Maschine ab, zwei Wesen steigen aus. Genau wie in den Filmen. Wie in den Geschichten, die man über fliegende Untertassen erzählt. Ein Klischee! Keine einzige originelle Einzelheit! Die zwei Wesen nähern sich dem Haus, auch sie leicht phosphoreszierend. Und ich, vom Alkohol abgestumpft (oder von den PSI-Fähigkeiten, diesen berühmten PSI-Fähigkeiten manipuliert!), gehe wie ein wahrer Held auf die Terrasse hinaus, um sie kommen zu sehen, statt mich im Haus zu verschanzen. Als Begrüßungskomitee gewissermaßen. An diesem Punkt meiner Überlegungen sage ich mir, daß mit meiner Art der Tatsachenrekonstruktion irgend etwas nicht klappt. Wenn gestern abend wirklich ein UFO im Nachbarfeld gelandet ist, so muß es Spuren hinterlassen haben. Und wenn diese Spuren existieren, so sind sie zu entdecken. Sie werden als Beweis dafür dienen, daß ich nicht geträumt habe. Genau an diesem Punkt hätte ich logischerweise beginnen müssen, statt mir unnütz den Kopf zu zerbrechen. Ein augenscheinlicher Beweis dafür, daß ich seit meinem Erwachen noch keinen klaren Gedanken gefaßt habe.

Ich gehe also in den Garten zurück und umgehe die Hecken, um auf das Feld zu gelangen – dieses Schneckenkleefeld, das, nebenbei erwähnt, dem benachbarten Bauern gehört, von dem ich hoffe, daß er mich jetzt nicht sofort im Visier seines Fernglases hat, denn er ist ein widerwärtiger Typ und durchaus imstande, einen Mordsstreit vom Zaun zu brechen, nur weil ich auf seinen Feldern ein bißchen herumspaziert bin. Ich durchlaufe ungefähr die Entfernung, die mich von dem Platz trennt, wo ich das UFO landen sah, ich orientiere mich am Haus, weil die besagte Stelle sich senkrecht zur Terrasse befindet ... und untersuche aufmerksam die Örtlichkeiten.

Nichts. Absolut nichts. Nicht ein winziger Kreis schwarzer Erde oder verbrannten Grases, wie er in den Berichten von Augenzeugen vorzukommen pflegt. Ich weite mein Forschungsgebiet aus – vielleicht habe ich mich in der Entfernung geirrt. Schließlich beginne ich das ganze Feld zu untersuchen, ohne eine einzige verdächtige Spur zu entdecken.

Nun gut. Aber davon abgesehen, was beweist das schon? Im Grunde genommen nichts. Denn erst spät wird mir klar, daß die verdächtigen Spuren, wenn es welche gab, schon lange verwischt sein müssen. Seit gestern abend hat es solche Regengüsse gegeben, daß das Feld eine einzige matschige Fläche geworden ist, in der die jungen, plattgedrückten Stengel versinken. Folglich sind hieraus keine Schlüsse zu ziehen.

Bleibt nur noch der Hof des Bauern. Er ist nahe genug, um das UFO sehen oder dieses ohrenbetäubende Pfeifen hören zu können. Theoretisch wenigstens. Denn zuerst einmal geht der Kerl – ein Väterchen, das etwa 65 Jahre auf dem Buckel hat und allein lebt – mit den Hühnern schlafen. Und dann säuft er noch schlimmer als ich an meinen schlimmsten Tagen, diesen schweren Rotwein vom Faß, was bewirkt, daß er, wenn er schläft, dermaßen geladen hat, daß das Dach über ihm zusammenstürzen könnte, ohne daß er es bemerkte.

Keine Beweise, keine Zeugen. Aber doch, es gibt noch die Große Duduche. Was hat sie denn, *sie,* was hat sie denn gestern abend gesehen? Ich laufe schnell ins Haus und kehre ins Zimmer zurück. Sie schläft immer noch und hat nicht einmal die Lage geändert, seit ich das Bett verlassen habe. Ich rüttle an ihr, ohne von ihr als Antwort etwas anderes zu kriegen als Knurren, Rülpsen und halbgeöffnete Lider über verdrehten Augen. Diese Hure! Ich wette, daß sie wieder gefixt hat. Sie hatte doch versprochen, ihre Spritze nie wieder anzurühren. Gut – ich, ich trinke. Aber wenigstens komme ich während der Nacht wieder zu mir, einen Kater habe ich, sicher, aber am andern Tag bin ich trotzdem wieder voll da. Aber sie, wenn sie einen Trip hatte, ist es die wahre Qual, sie wieder auf die Beine zu bringen. Gestern nach unserm Streit muß sie etwas genommen haben. So bleibt mir nichts anderes übrig, als sie auspennen zu lassen, bis sie wieder alle Sinne beisammen hat.

Ich steige ins Erdgeschoß hinunter, und da ich weiterhin mit meinen Gedanken allein bin, habe ich keine andere Wahl als mich ihnen wieder hinzugeben. Und erneut komme ich auf diesen fatalen Augenblick zurück (wie es in den Fortsetzungsromanen heißt), wo ich mitten in der Nacht wie angewurzelt auf der Terrasse stehe, mit dem phosphoreszierenden Ding, das zu pochen scheint, vor Augen, und zwischen ihm und mir die zwei Wesen, die sich langsam nähern. Von da an ist eine Lücke in meinen Erinnerungen, so, als wäre irgend etwas verklebt, ich kann mich nicht mehr an den – im Prinzip doch wesentlichen – Augenblick der Kontaktaufnahme erinnern. Alles, was ich weiß: daß ich (wie gelähmt durch die Strahlen einer dieser Pistolen aus den alten Heften meiner Kinderzeit) auf der Terrasse stand und sie auf mich zukommen sah. Und gleich danach, ohne zu kapieren, was mir hätte passieren können, fand ich mich im Garten wieder, den Rücken zum Haus gekehrt, mich dem UFO nähernd, dessen Umrisse man noch immer undeutlich mitten auf dem Feld leuchten sah. Aber ich war nicht allein: Neben mir stand eines der beiden Wesen und gab mir mit beruhigenden

Gesten ein Zeichen, mitzukommen, wie ein Erwachsener etwa, der einen Knirps dazu bringt, keine Angst vor dem Zahnarzt zu haben, da der gute Onkel ihm nichts tun wird.

Nun sah ich das Wesen aus der Nähe und stellte fest, daß es eine ganz und gar menschliche Silhouette hatte: einen Kopf, zwei Arme, zwei Beine, etwa meine Statur, das Ganze in einen asbestfarbenen Anzug gezwängt und mit einem Helm, der das Gesicht bedeckte. Der übliche Sphärenanzug, oder? Immer diese guten, alten Klischees! Mehr und mehr hatte ich den Eindruck, in ein Film-Universum versetzt worden zu sein, und wirklich erkannte ich – ein unpassender Gedanke unter den gegebenen Umständen – die Szene wieder, wo der aus dem All kommende Typ in *Der Tag, an dem die Erde stillstand* (einem alten amerikanischen Film der fünfziger Jahre) vor einer erstarrten Menschenmenge aus seiner Untertasse klettert. Zur gleichen Zeit begann eine Art körperlose Stimme in meinem Kopf zu ertönen, indem sie mein Hirn durchbohrte, eine Stimme, die zu mir sprach, aber nicht mit wirklichen Worten, und etwas sagte wie: »Nun ja, einige eurer Vorstellungen waren nicht gar so weit von der Wirklichkeit entfernt.« Das hatte mir gerade noch gefehlt! Nun ging's auch noch um Telepathie! Echt, es war alles möglich! (Und aus diesem Grund, vor einer solchen Häufung abgegriffener Einzelheiten fällt es mir beim Nachdenken trotzdem schwer, mir einzureden, daß es etwas anderes war als der Traum eines Alkoholikers, trotz dieses Gefühls der Echtheit der Ereignisse.)

Einen Augenblick später befanden wir uns vor dem UFO, das man sehr wohl mit diesem Namen bezeichnen muß, und wir stiegen die Rampe bis zu einer ovalen Öffnung hoch, die sich aufschob, um uns vorbeizulassen. Unter den grellen Lichtern, die mich blendeten, nach dem Halbdunkel der Nacht blinzelte ich mit den Augen. Es gab Wände aus Metall, bizarre Objekte, die glitzerten. Das Wesen zog mich weiter mit sich fort, nach wie vor wie einen Knirps, den man an der Hand führt, und ich fragte mich, wieso wir nur zu zweit waren. Wo war der andere Insasse des UFOs geblieben, den ich seit dem Augenblick nach der Landung nicht mehr gesehen hatte? Aber mir blieb nicht die Zeit, mich lange zu fragen, denn eben betraten wir einen kreisförmigen Raum von beschränkter Größe, wo die Beleuchtung etwas gedämpfter war. Das Wesen stellte sich mir bewegungslos gegenüber. Es griff mit den Händen an den Helm, der wie ein undurchsichtiger Globus den Kopf umgab, mit nur einer geraden Spalte in Höhe der Augen, und hob ihn hoch, um ihn abzunehmen. Es befreite seinen Kopf, indem es ihn schüttelte wie jemand, der aufatmet, nachdem er in schlechter Luft gewesen war. Und dann, welche Überraschung! Es war eine Frau.

Sie hatte langes kupferfarbenes Haar. Ihr Gesicht ähnelte ganz und gar dem eines Kindes der Erde. Aber es war nicht irgendeines, sondern das Gesicht, das man nicht vergißt, wenn man es einmal gesehen hat: eine eurasische Morphologie, vorstehende Backenknochen und das Kinn in Form der drei Winkel eines Dreiecks, goldgelbe Haut, Augen, die mir den Atem verschlugen, groß, tief, von der Farbe einer Flamme. Und dann dieser Körper, denn – welch erneute Überraschung, o fabelhafte Betäubung! – mit langsamen Bewegungen zog sie ihren Sphärenanzug aus, unter dem sie nackt war. Von da an spürte ich, wie meine Knie schlotterten, wie Wirbel an meinem Hinterkopf drehten und *Wrummwrumm* machten. Dies aus zwei Gründen. Das erste war, daß ein derartiges Weib, ob außerirdisch oder nicht, einfach zum In-die-Knie-gehen war. Der lebendige Traum, die paradiesische Vision. Das Ideal aller sexbesessenen Typen, die frustriert sind, seit die steigende Flut der Feministinnen begonnen hat, ihre kleinen Tagträume zu kastrieren. Die Frau in Blockbuchstaben, die *echte* Frau. Weder die heimlich begünstigte Liebhaberin noch die ewige Brummbärin, nicht die Nutte der Art MLF* mit dem Leichenwagengesicht.
Nein, der Superstil Raquel Welsh, fleischig und saftig, ganz samtig, ganz glatt, mit Rundungen an den Stellen, wo sie hingehören, aber nichts Schlaffes, nicht ein Gramm Fett, eine elastische und feste Haut und darunter den genau richtigen Muskelproportionen. Ein Rasseweib. Und der zweite Grund, warum mir so sonderbar wurde: dieses Traumwesen gab mir ganz genau zu verstehen – wenn auch auf dem Weg der Telepathie –, was es von mir erwartete.

---

* Mouvement de Libération de la Femme: franz. Frauenbewegung (Anm. d. Üb.)

Also, wenn ich ihre geistige Botschaft richtig deutete, so hatten die Wesen ihrer Rasse, die aus einer Welt kommen, deren Zivilisation der unseren weit überlegen ist, unseren Planeten schon lange aus der Entfernung beobachtet. Seit kurzem hatten sie beschlossen, im Geiste einer friedlichen und brüderlichen Zusammenarbeit mit uns in Verbindung zu treten. In der Tat hofften sie, daß zwischen ihnen und uns eine fruchtbare Gemeinschaft entstehen könnte, zu unserem gegenseitigen Wohle und aufgrund der vollkommenen Ähnlichkeiten, die uns miteinander verbanden.

Waren wir nicht ein Zwillingsgeschlecht? Und mit dem Ziel, diese Gemeinschaft auf die Probe zu stellen, ihr in der Praxis einen Anfang zu setzen, schickten sie nun Freiwillige auf unsere Erde, um mit uns sexuelle Kontakte aufzunehmen, in der Hoffnung, daß, gemäß der ihnen eigenen Philosophie, dort, wo sexuelle Verbindungen möglich seien, auch jede andere Verbindung möglich sei. Anders ausgedrückt und um die ganze Sache mit wenigen Worten zusammenzufassen: Die Frau aus dem All hatte mich ganz einfach aufgegabelt, um mit mir zu bumsen, und das völlig umsonst!

Einigermaßen verdutzt vom unerwarteten Verlauf dieser Sache ließ ich mich in den erstbesten Sessel fallen. Unmengen von Gedanken schwirrten in meinem Kopf herum und zogen mit großer Geschwindigkeit vorüber. Ich stellte mir die Visage des Typs mit der Brille und dem päpstlichen Gesichtsausdruck aus dem Fernseher vor, wenn er an meiner Stelle gewesen wäre. Ich erinnerte mich an den Film *Begegnungen der dritten Art,* dessen Titel man erklärte, indem man angab, diese *dritte Art* bezeichnete den materiellen Kontakt mit den UFO-Insassen, und ich sagte mir, daß ich in dem Fall schon einige Etappen übersprungen hatte und an dem Punkt, wo ich nun angelangt war, schon das nächste Stadium, die von den Filmautoren nicht eingeplante Begegnung der vierten Art, erreicht hatte. Ich dachte auch an den Scotch, den ich geschluckt hatte, dessen Nachwirkungen ich immer noch spürte und die meinen Körper vollständig entleert zurückließen.

Während dieser Zeit deutete mir meine schöne Außerirdische mit unzweideutiger Geste an, daß auch ich mich ausziehen mußte. Was ich zu tun begann, während sie sich auf der kleinen Liege ausstreckte, welche die dunkelste Ecke des Raumes einnahm. Ich drehte ihr den Rücken zu und fühlte mich ebenso verarscht und von den Ereignissen überwältigt wie ein pickelgesichtiger Jüngling, der zum erstenmal eine Hure vögelt. Und nach und nach überkam mich dieselbe Panik, die jener Jüngling verspüren mag, wie eine kalte Dusche. Wie nicht anders zu erwarten bei diesem Whiskykonsum, war meine Moral am Ende, und meine Eier waren am toten Punkt angelangt. Seit Monaten nörgelte die Große Duduche an mir herum, wiederholte, daß der Alkohol mich unfähig machte, daß ich im Bett nur noch ein hosenscheißender Fettwanst wäre, daß sie sich anderswo ficken lassen würde, wenn es mit mir so weiterginge. Das Schlimme ist, daß sie recht hatte, diese Schlampe.

Ich war fertig ausgezogen und wagte einen Blick über meine Schulter, um die nach wie vor ausgestreckt daliegende Frau aus dem All zu beäugen. Obwohl ich sie schon nackt gesehen hatte, nachdem sie ihren Anzug ausgezogen hatte, versetzte mir diese plötzliche neue Vision einen Schock. Vielleicht wegen ihrer Stellung, dieser entkräfteten Pose, von der ein Hauch Obszönität ausging, vielleicht wegen der über einer dunklen, nur angedeuteten Feuchtigkeit wie ein Schattenmund in Erwartung halb geöffneten Schenkel.

Plötzlich überkam mich ein erster Schauer, der Verstand wurde verrückt, das Herz pochte, und ich wußte, daß alles glatt gehen würde, daß ich zu Unrecht Angst gehabt hatte. Nun ging es los, nun pumpte es unterhalb meines Bauches im Rhythmus des Blutes, das in meinen Schläfen hämmerte, die Eier unter meinem Arsch wurden härter und härter, ich hörte nicht auf anzuschwellen, ich wurde riesig, ich drehte mich zu ihr um und ging auf die kleine Liege zu. Sie so aus der Nähe zu sehen, erregte mich noch stärker, ich hatte den Eindruck, daß ich niemals aufhören würde, anzuschwellen: der wahnsinnige Zipfel, der verrückte Bolzen, die Männlichkeit im Anmarsch, und sie mit den noch gespreizteren Schenkeln und diesem Schattenmund, der sich noch immer weiter öffnete, und ich mit dem Geschlecht, das bereit war, unter dieser phantastischen Erektion zu platzen, die mein Fleisch auseinanderspannte und meine Haut gewaltsam dehnte, indem sie die Schwelle des Schmerzes streifte.

Ich lehnte mich an sie, hatte ihren Körper vor Augen, ich legte meine Hand in die Mulde zwischen ihren Schenkeln. Ich verstand noch nicht, was los war. Aber sie, sie wußte es natürlich schon. Es hatte ihr genügt, mich auf sie zukommen zu sehen, mich prüfend anzuschauen. Sie lächelte sehr menschlich, halb belustigt, halb traurig. Die wortlose Stimme in meinem Kopf sagte etwas wie: »Es tut mir leid. Ich konnte es nicht wissen.« Ich jedoch verstand noch immer nicht. Ohne Anstrengung ließ ich meine Finger, meine ganze Hand bis über das Handgelenk hineingleiten, in diese feuchte und warme Höhle, die meine ganze Faust nicht ausfüllen konnte, deren Ende meine ausgestreckten Finger nicht berühren konnten, diese riesige vaginale Höhle, die im Vergleich zu den Maßen unseres Planeten überdimensional war. Und in diesem Augenblick bedurfte ich keiner Erklärung mehr. Ich zog meine Hand zurück und brach zusammen, erdrückt von diesem monumentalen Reinfall.

Ich betrachtete meine Latte in ihrer vollen Pracht, denn meine Nervenzellen hatten noch nicht die Zeit gehabt, ihr die Nachricht des Mißerfolgs zu übermitteln, die ihrem Eifer ein jähes Ende bereiten würde. Und ich betrachtete die Öffnung dieser phänomenalen Vagina, diese pulsierende Lippen, diese Wände, deren rosa Farbe ebenso delikat war wie bei den Frauen dieser Welt. Mit der Fingerspitze folgte ich den Rändern dieser enormen Vulva, die vielleicht an sich monströs, aber gleichzeitig so unglaublich schön und ergreifend war, daß es mir den Atem verschlug. Meine Augen gingen zwischen ihrem und meinem Geschlecht hin und her, ich wußte nicht, ob ich im nächsten Augenblick zu heulen beginnen oder, im Gegenteil, in ein hysterisches Lachen ausbrechen würde, so grotesk und unvorstellbar war diese Situation. Das Hündchen, das auf einen Schemel geklettert ist, um die Hündin zu ficken, deren Ausmaße dreimal größer sind als die seinen. Einfach lächerlich!

Ihre Augen begleiteten die Bewegungen der meinen und hielten auf meinem Organ inne, das schon an Umfang verlor und ebenso lächerlich disproportioniert war im Vergleich zu ihrem Vagianalapparat wie das erste Glied meines kleinen Fingers, wenn ich behauptet hätte, eine Frau zum Höhepunkt zu führen, indem ich sie damit kitzelte. Ein weiteres Mal vernahm ich ihre wortlose Stimme, die sagte: »Unsere beiden Geschlechter waren sich so ähnlich. Niemals hätten wir vorhersehen können, daß es *diesen* Unterschied gibt.« Sie schien wirklich untröstlich zu sein, was ausgesprochen freundlich von ihr war, obwohl dies eine gewisse unterschwellige Ironie nicht auszuschließen schien angesichts des physischen Makels, von dem ich betroffen war. Diese Art, wie sie einen verständnisvollen Blick auf diesen Teil meines Körpers richtete. Fasziniert, verdutzt, aber voller Nachsicht, wie man es einem besonders unterentwickelten Krüppel gegenüber sein kann. Etwa wie der Blick einer Frau vor einem erwachsenen Mann mit dem Glied eines vierjährigen Kindes. Eine Lust zu lachen, die vom Mitleid überwältigt wird.

Ihre telepathische Stimme fügte hinzu, was mich mit Sicherheit trösten sollte: »Schade. Du hast mir gut gefallen.« Sie stand auf und begann schon, sich wieder anzuziehen. Ich tat dasselbe, mit schlaffem Pimmel und eingebrochenem Gehirn. Zudem war ich nach diesen verschiedenen Erregungen so erschöpft, daß ich mich kaum mehr auf den Beinen halten konnte. Sie führte mich wieder aus der Allmaschine hinaus, ließ mir eine letzte, kleine telepathische Berührung zukommen, eine zärtliche Liebkosung, wie man sie im Vorübergehen einem tapferen Köter gibt, und schickte mich dann allein nach Hause. Ich ging hinauf und ließ mich ins Bett fallen, benommen vor Müdigkeit und Whiskyfolgen, stumpfsinnig inmitten dieses verschwommenen Tohuwabohus, das ich eben erlebt hatte und das sich, angesichts einer totalen Abwesenheit von klaren Gedanken, im Wunsch nach dem sofortigen Aufkommen einer Gedächtnisschwäche auflöste. Ich legte mich seitlich in die Dunkelheit, ohne das Bett abzutasten, um festzustellen, ob die Große Duduche da lag. Ich hatte keine Ahnung, wie spät es war, und fiel sogleich in einen bleiernen Schlaf, der mich in einem Zug in den andern Morgen beförderte: bis zu dem Augenblick, wo ich eben erwachte, stumpfsinnig und ratlos, verwickelt in diese wahnsinnigen und zugleich schrecklich genauen Erinnerungen, die einem Traum zu entstammen schienen, und dennoch kam ich nicht zur Überzeugung, daß sie nur eingebildet sein könnten.

So. Nun hab ich mir das Ganze noch einmal vor Augen geführt. Und ich bin am selben Punkt angelangt: das heißt, völlig im unklaren. Entweder habe ich dieses Abenteuer erlebt, und niemand wird es mir jemals glauben – nicht einmal ich selbst! Oder mein Unterbewußtsein hat dies alles während des Schlafs erfunden, und in dem Fall kann ich nur sagen, Hut ab! Das würde beweisen, daß mein Unterbewußtsein in Sachen szenische Darstellung und Spezialeffekte verdammt gut ausgestattet ist, sogar wenn es in einer schweren alkoholischen Verwirrung eingekapselt ist. Abgesehen davon bleibt mir nichts anderes übrig als zu schlußfolgern, daß es sich um einen ziemlich verdrehten Traum gehandelt hat. Das ist dann beruhigender. Später werden die Einzelheiten dieser Geschichte aus meinem Gedächtnis weggewischt sein, und eines Tages werde ich die Gewißheit haben, daß sie vollständig erfunden ist.

Also ist diese Sache erledigt. Sogleich fällt mir ein Stein vom Herzen. Nichts ist einfacher, ein Problem zu lösen, als seine Existenz zu verneinen! Und schließlich ist es schon fast zwei Stunden her, seit ich aufgestanden bin. Ich wäre vielleicht an der Zeit, mich ein wenig um andere Sachen zu kümmern. Als erstes könnte ich hinaufgehen, um nachzusehen, wo die Große Duduche steckt, ob sie noch immer in demselben Schwächezustand dahindämmert? Ich gehe mit erleichtertem Herzen ins Zimmer zurück, doch weit davon entfernt, in diesem Augenblick vorauszuahnen, was mich erwartet, was sich anbahnt, um mich wie ein Keulenschlag niederzustrecken. Es ist immer dasselbe: In dem Augenblick, da man glaubt, entkommen zu sein, fällt man mit gebundenen Füßen wieder zurück.

Ich betrete das Zimmer und, o Wunder, die Große Duduche hat ein Auge halb geöffnet. Ein eher triefendes Auge, um ehrlich zu sein, das sie sogleich wieder schließt. Ich rüttle sie, indem ich ihr ins Ohr flüsterte: »Na, Dicke, ausgeschlafen?« Sie stammelt: »Bräbräbrä.« Ich rüttle weiter an ihr, bis sie die Augen endlich öffnet. Sie schaut mich an, ohne mich zu sehen, vermutlich noch ganz benebelt. Ein klein wenig idiotisch. Nicht, daß sie wirklich häßlich ist, an ihr ist alles dran, so vom Körper her. Ein hübsches Pflänzchen, wie man früher auf dem Dorf sagte: »Los, steh auf«, sage ich, indem ich ihr eins auf ihren herrlichen prallen Arsch gebe. Der ist nämlich das Schönste an ihr. Und im Moment heben die Bettlaken ihre Rundungen ganz nett hervor, da sie beinahe flach auf dem Bauch liegt.

Ich reiche ihr das Päckchen Gauluches, sie nimmt eine heraus, die ich ihr anzünde, und sie beginnt zu rauchen, auf einen Ellbogen gestützt und mit emporstehenden Titten. Sie schläft stets nackt, ein Umstand, der die wilden Triebe des in mir schlummernden Tieres, zur Zeit unserer verrückten Nächte, ganz schön aufstachelte. Ich sehe, sie beginnt zu sich zu kommen, und obwohl ich einen Augenblick zuvor die Absicht hatte, ihr nichts zu erzählen, ist der Drang danach nun stärker als ich, und plötzlich beschließe ich das Gegenteil. Ich setze mich an den Bettrand.

»Kannst du dir vorstellen, daß ich diese Nacht einen wahnsinnigen Traum hatte?«

»So?« Sie streckt sich, indem sie mich ansieht. »Und worum ging's?«

»Schwer zu erklären.«

»Bemüh dich nicht. Ich weiß Bescheid.«

»Wie?«

»Nun ja.« Sie lächelte zufrieden. »Mir ging's genauso.«

»Was?« Da wird mir ganz schlapp zumute.

»Aber glaubst du wirklich, daß es sich um einen Traum handelte?« fährt sie in einem Ton voller Anspielungen fort.

Ich sehe sie scharf und prüfend an.

»Weißt du«, fügt sie hinzu, »mir ist *genau dasselbe* passiert.«

»Wie passiert? Willst du damit sagen, daß . . .?«

»Sicher doch, ja. Du weißt doch Bescheid. Die fliegende Untertasse und so weiter.«

Einen Augenblick lang bin ich sprachlos. Ich hatte mich also nicht geirrt, als ich glaubte, alles sei wahr gewesen? Jetzt geraten die Dinge in meinem Kopf schrecklich durcheinander. Ich verliere die Fassung, werde verrückt. Ich versuche, mich aus dieser Verwirrung zu lösen und wieder vernünftig nachzudenken. Und überhaupt, was hat die Große Duduche da zu suchen? Wieso ist sie in diese Geschichte verwickelt, wo ich doch keinen Augenblick bemerkt habe, daß sie teilnimmt?«

»Wo warst du denn eigentlich gestern abend?« frage ich sie.

»Ich glaubte, du hättest von deinem Stoff genommen. Eben hast du dich überhaupt nicht gerührt, als ich dich wecken wollte.«

»Bei dir stimmt's wohl nicht ganz? Ich habe ganz einfach geschlafen. Ich mußte mich *erholen*«, erklärte sie mit pfiffiger Miene.

»Also haben sie ... sie dich auch entführt?«

Sie nickt mit dem Kopf. »*Er* hat mich entführt«, verbessert sie.

Und sie erzählt mir ihr Abenteuer, das dem meinen ganz schrecklich ähnelt, mit der Ausnahme, daß ihr außerirdisches Wesen der *andere* war! Derjenige, der sich nach der Landung des UFOs auf geheimnisvolle Weise verflüchtigt hatte. Notgedrungen mußte er sie also abgeholt haben, während mein Weib aus dem All mich an Land zog. Und er führte sie in einen anderen Teil der Maschine, so daß wir uns nicht begegnen konnten.

Doch wenn ich sage, daß unsere beiden Abenteuer dieselben waren, so ist das nur ein Teil der Wahrheit. Denn ihr Wesen – derselbe eurasische Typ wie in meinem Fall – gehörte zum männlichen Geschlecht. Was uns zu einem anderen Detail führt ... Einem Detail, das alles ändert, wie man in der Werbung lesen kann. Und die Eigenart dieses Details müßte mir logischerweise klarwerden, bevor sie plötzlich sehr geschwätzig und mit vielversprechender Miene ihre Geschichte zu erzählen beginnt.

Zu meiner Studentenzeit hatte ich eine Freundin, die nur mit Schwarzen ficken wollte, da diese, wie sie behauptete, *so einen Langen* hatten, was in mir wiederum so manche Komplexe hervorrief, obwohl ich damals ganz lässig einen Ständer bekommen konnte und diese Freundin ganz gerne gevögelt hätte. Aber ich stellte sie mir im Bett vor, mit einem Meßband bewaffnet, um Maß zu nehmen und dieses anschließend in ihr kleines Notizheft einzutragen, weil sie Vergleiche anstellte.

Da ich dies nie überprüft habe, weiß ich nicht, ob meine Freundin übertrieb oder der Ruf der männlichen Afrikaner, wie sie ihn so gerne verbreitete, in diesem Punkt berechtigt ist, aber nun weiß ich, falls ich der Großen Duduche glauben soll – angesichts des leuchtenden Kopfes hat man nicht den Eindruck, sie plaudere nur, um sich totzulachen –, daß dieser Typ aus dem All nicht einen *so Langen* hatte, sondern einen SO LANGEN! Und um es mir zu zeigen, streckt sie ihre Arme von sich, hält die Zeigefinger aufrecht und die übrigen Finger gekrümmt: die Geste des angeberischen Anglers, der seine Freunde verblüffen will, indem er ihnen auf diese Weise die Länge des Fisches angibt, den er geangelt zu haben behauptet. Dann betrachtet sie die mehr als respektable Entfernung, welche die beiden Zeigefinger voneinander trennt, mit ganz saftigem Blick und samtartigen Augen, mit dem genüßlichen Gesichtsausdruck einer Milch schlabbernden Katze.

Bis dahin ist es bereits mühsam zu ertragen. Aber nach diesen technischen Erläuterungen glaubt sie sich nun noch veranlaßt zur – sagen wir – qualitativen Bewertung überzugehen.

»Und wenn du dann noch wüßtest, wie das auf mich einwirkte«, sagt sie verträumt. »Er war . . .«, sie sucht nach dem richtigen Wort, und hie und da überrascht sie mich mit Begriffen, die man nicht erwartet hätte; und sie schließt in einem lüsternen Ton, der mich erschaudern läßt: ». . . unvergleichlich.«

Ich schlucke ohne irgendeinen Kommentar. Es wird immer schwieriger, dies alles zu verdauen. Ich fühle mich wie aufgelöst. Völlig k.o. Diesen Keulenschlag, von dem ich vorhin sprach, bekam ich voll in die Schnauze. Es ist nicht nur mein männlicher Stolz, der hier lächerlich gemacht wird, nicht nur wegen des unerträglichen Gesichts der Großen Duduche, die sich in völliger Ekstase auf den Rücken gelegt hat und die Augen zur Decke dreht. Es ist vor allem die Tatsache, hinnehmen zu müssen – nun! –, daß diese Sache tatsächlich stattgefunden hat.

Es ist nur logisch, wenn man bedenkt, was sie über ihren Kerl aus dem All erzählt hat. Diese Leute müssen ganz einfach kopulieren. Und deshalb stimmen die Dimensionen ihrer Geschlechtsorgane überein. Wenn man dann an diese enormen vaginalen Ausmaße denkt, vor denen ich den Schwanz einziehen mußte . . .

Dennoch sträube ich mich dagegen. Es gelingt mir einfach nicht, die Geschichte der Großen Duduche zu verdauen. Sie ähnelt zu sehr obszönen Scherzen, den säuischen Witzen, die man nach einem Hochzeitsmahl zum besten gibt, um die Braut erröten und die Gäste vor Lachen an ihren Servietten ersticken zu lassen.

Ich versuche zu argumentieren: »Einverstanden, ich will dir gerne glauben. Aber was beweist dir, daß dies alles in Wirklichkeit geschehen ist? Während der letzten Stunden habe ich mich gefragt, ob ich geträumt hatte, ohne auf eine sichere Antwort zu kommen. Also haben wir beide vielleicht ganz einfach nur denselben Traum gehabt. Ein Zufall eben.«

Sie unterbricht mich: »Unmöglich. Ich weiß ganz genau, daß ich nicht geträumt habe.« Sie wirft die Bettlaken bis zu ihren Füßen zurück. »Den Beweis, den habe ich da. Ich *fühle* ihn.« Voller wehmütiger Erinnerung tastet sie die Stelle zwischen ihren Schenkeln ab. »So eine Sache«, fährt sie fort, »die vergißt man nicht.« Sie tätschelt ihre Scheide. »Wenn du wüßtest, wie es in mir schmerzt«, stellt sie fest. »Es tut mir noch immer weh. Dieses brutale Aas ist von allen Seiten in mich eingedrungen. Er hat mir Erinnerungen zurückgelassen, die, wie man sagt, schmerzhaft sind.«

Da kann ich nicht mehr. Dieser Schock der verwüsteten Vagina, dieses unlöschbare Merkmal einer Frau, über die Attila hinweggedonnert ist, nein, das ist zuviel. Ich erhebe mich vom Bett. Sie scheint meine Reaktion nicht einmal bemerkt zu haben und fährt fort: »Es war so enorm, verstehst du. Dann diese Länge, und dabei ist er noch nicht einmal ganz eingedrungen. Und der Umfang ...« Eine erneute Geste ihrer Hände, die sich biegen, indem die Finger sich berühren, um ein zylindrisches Volumen anzuzeigen. »Ich hatte Angst«, gibt sie zu. »Aber er hat mich beruhigt. Er sagte mir, ich sollte mich entspannen, es mit mir geschehen lassen ... er ist zärtlich vorgegangen ... und schließlich hat es geklappt.«

Ich gehe nervös im Zimmer auf und ab. Ich versuche, keinen Anfall zu bekommen, andernfalls ich grölen und mich geifernd und schäumend am Boden wälzen würde. »Gut, nehmen wir an«, sage ich in einem *sehr* ruhigen Ton, »du bist von einem Jahrmarktsphänomen gefickt worden: der Wunderbulle, der Mann mit dem Bohrer aus Beton. Und dann? Wo bleibt das Vergnügen? Alle Sexologen sagen, daß nicht nur die Größe des

Phallus zählt. Es ist all das andere, die Umstände zählen. Du weißt ganz genau, daß die meisten Frauen vor allem Klitorianerinnen sind. Und folglich . . .«

»Deine Sexologen können sich mal . . .« Und sie spuckt ein Schimpfwort aus, das ganz genau zum Thema unserer Unterhaltung paßt. Dann scheint sie die Depression, in der ich mich befinde, zu bemerken. »Mein armer Schnucki«, sagte sie, plötzlich sehr mütterlich. »Dir geht's wohl nicht gut. Wenn ich recht verstehe, war's bei dir der Wanst. Hattest du wieder mal zuviel getrunken? Oder besser: *Sie* war zu groß für dich. Stimmt's?«

Ich schweige, und mein Schwanz ist schlaffer denn je zuvor. Ich habe den Eindruck, daß eine Frau, die noch irgendwann etwas mit ihm anfangen will, Lockenwickler darin einrollen kann.

»Nun komm schon«, sagt die Große Duduche, großzügig und hochherzig. »Ich werde versuchen, dich alles vergessen zu lassen.« Nicht ohne einen hinterlistigen Ton fügt sie hinzu: »Und ich verspreche dir, keine Vergleiche anzustellen.«

Ich beginne, ihn von oben zu greifen: Man hat doch schließlich seinen Stolz! Sie besteht darauf, und als sie sieht, wie wenig ich in der Lage bin mitzumachen, benützt sie Überzeugungsmittel, die ich als unredlich bezeichnen würde. Und plötzlich erregen mich meine nächtlichen Erinnerungen, zusammen mit dem, was sie mir eben erzählt hat, gewaltig. Das Mindeste, was man von ihr sagen kann, ist, daß sie noch unter dem Schock der Aufregung steht, denn nicht nur äußerlich ist sie wie geschmolzen. Ich dringe wie in Butter in sie ein.

»Nicht so schlecht«, bemerkt sie wenig später. »Deutlich besser als in letzter Zeit. Gib's zu: *Sie* hat dich trotzdem ganz schön beeindruckt, oder, alter Dreckskerl?«

Und so haben die Große Duduche und ich durch die gebieterischen Launen des Schicksals, die unvorhersehbar die Existenz der Menschen bestimmen (wie Guy des Cars sagen würde), begonnen, eine wilde Idylle zu erleben. Komischerweise war es, als hätten unsere beiden Erfahrungen jener Nacht, ungeachtet ihrer verschiedenen Resultate, in uns dieselbe Spur hinterlassen: etwas, das uns einander näherbrachte. Wir sprachen fast nie darüber, nur manchmal fiel nebenbei ein kleines Wort, doch es gab keine großen Gespräche. Wir erwähnten es völlig losgelöst, so, als wäre es außerhalb von uns, wie Menschen, die über einen Film reden, den sie irgendwann zusammen gesehen haben. Und wir vermieden es, uns gegenseitig Fragen zu stellen. Vielleicht zog es jeder von uns vor, ohne es sich einzugestehen, zu glauben, diese ganze Geschichte wäre in unseren kleinen Gehirnen entstanden. Und nach einigen Monaten hörten wir endgültig auf, dieses Thema anzuschneiden. Es muß gesagt werden, daß wir ein anderes Interesse hatten: Die Große Duduche erwartete ein Kind. Wie Dummköpfe hatten wir sogar beschlossen zu heiraten.

Fast auf den Tag genau neun Monate nach der Landung des UFOs – mit einem Schlag war mir klargeworden, daß sie am 1. April stattgefunden hatte: ein Witz erster Klasse! – bin ich Vater geworden. Offiziell wenigstens, was den Zivilstand betrifft. Was die Richtigkeit dieser Vaterschaft angeht, so war es eine andere Sache. Und in dieser Hinsicht war mir ein wenig mulmig zumute.

Das Neugeborene, ein Junge, wog ungefähr sieben Kilo. Ein Rekordgewicht, das sogar in den Zeitungen erwähnt wurde. Man mußte die Große Duduche – die doch gewiß nicht eng ist – arg massakrieren, bevor sie endlich niederkam: klar doch, daß ihre Öffnung nicht dazu vorgesehen war, ein solches Ding rauszulassen.

Das Baby hatte ein eurasisches Aussehen. Ich sehe jetzt noch die verdutzten Gesichter der Krankenschwestern, die abwechselnd seinen und meinen Kopf betrachteten. Aber das war absolut nichts im Vergleich zu ihrer Bestürzung angesichts des ungewöhnlich dimensionierten Zinkens, der dem kleinen Wesen mit der rührenden Obszönität eines Frankfurter Würstchens zwischen den Beinen pendelte.

Mit sechs Monaten war er ein richtiges kleines Monster: kahler Schädel, Fledermausohren, gedrungene Augen von imponierender Starrheit, ekelerregende Visage. Die Große Duduche versuchte, ihre Mutterrolle so gut wie möglich zu spielen, aber mir ging er ganz einfach gegen den Strich. Und zudem begann ich, mich vor ihm zu fürchten. Manchmal lief mir ein Schauer über den Rücken, und wenn ich mich umdrehte, entdeckte ich wie zufällig seinen böse auf mich gerichteten Blick. Dieses Phänomen wiederholte sich immer häufiger. Eines Tages, als ich ein wenig zuviel getrunken hatte, konnte ich seine Art, mich hinterlistig zu belauern, nicht mehr ertragen und fuhr ihn hart an:

»Du hörst jetzt auf, mich anzustarren, kleines, dreckiges Miststück, oder ich breche dir den Hals! Du bist nämlich überhaupt nicht menschlich, du gehörst nicht in diese Welt.«

Er sah mich weiterhin scharf an, und im selben Augenblick vernahm ich eine schrille telepathische Stimme, die mir das Hirn durchbohrte und mir ungefähr folgende Antwort gab:

»Altes Arschloch! Wart nur, bis wir zahlreicher aus den Schößen eurer Frauen herausgestiegen sind, und du wirst erleben, was wir aus deiner verdammten Welt machen!«

Aus dem Französischen übersetzt von Josiane Geisler und Georges Hausemer

Welche Katastrophe?

Um am Morgen in der Hauptstadt zu sein, hatte Orthez den Nachtzug genommen, einen Schnellzug, der in fast keinem Bahnhof hielt. Es gab nur wenig Reisende, und sein Abteil war leer. Er schlief ruhig und wurde erst beim Grenzübergang von den Zöllnern gestört, die kamen, um seinen Paß zu kontrollieren.

Orthez, der aus dem Schlaf geholt wurde, betrachtete schläfrig die beiden Männer mit dem grauen Käppi, die ihn im gelblichen Licht musterten, das plötzlich angemacht wurde. Er hielt wortlos seinen Paß hin und drückte sich in die Abteilecke. Einige Sekunden vergingen. Orthez bemerkte, daß die beiden Zöllner miteinander verhandelten, während sie ihn beobachteten. Er verstand die Worte nicht, die sie in ihrer rauhen Sprache miteinander wechselten. In der kurzen in ihrem Land verbrachten Zeit hatte er sich nicht einmal die Anfangsgründe dieser Sprache angeeignet.

Schließlich trat einer der Männer näher und sagte ungeschickt:

»Sie zurückkommen? Nach dem, was passiert?«

Er hatte einen so starken Akzent, daß Orthez nur mit Mühe die Worte unterscheiden konnte.

»Ob ich zurückfahre?« sagte er. »Natürlich, ich habe nicht die Absicht umzukehren.«

»Letzter Zug für Ihr Land«, sagte der Zöllner, »dann Grenze zu, zu spät für zurück.«

Orthez, der nicht richtig verstanden hatte, gab keine Antwort. Die beiden Männer schauten sich wieder an, und derjenige, der den Paß hielt, gab ihn zurück und schloß ihn mit einem harten Geräusch, das in der Stille widerhallte. Orthez steckte ihn ein, verärgert über die lästige Unterbrechung. Der Zollbeamte, der ihn angesprochen hatte, sagte etwas zu seinem Kollegen, und der andere nickte, wobei er Orthez anstarrte. Ihre massiven Gesichter drückten ein undefinierbares Gefühl aus, aber Orthez fragte sich nicht nach der Art ihres Interesses für ihn. Sie grüßten ihn mit einer seltsamen Bewegung, die weniger dem reglementären Gruß mit der Hand am Käppi glich, sondern eher dem Abschiedsgruß auf einem Bahnsteig, mit dem die Bleibenden den Abreisenden zuwinken. Dann zogen sie sich zurück und schlossen die Tür. Orthez schlief sofort ein, gewiegt vom Schütteln des Zuges, der weiterfuhr.

Als er wieder aufwachte, zeigte seine Uhr fünf Uhr morgens an, und er war erstaunt darüber, daß die Zollbeamten seines eigenen Landes nicht vorbeigekommen waren. Er stand auf, räkelte seine steifen Glieder und lehnte sein Gesicht gegen die Scheibe. Der Zug fuhr mit mäßiger Geschwindigkeit durch schwärzliche Ebenen, wo nichts auf menschliche Gegenwart hinwies. Orthez ging auf den Gang und suchte einen Reisenden, den er hätte fragen können, welcher Stadt man sich näherte. Da es bald Tag sein würde, dürfte die Hauptstadt nicht mehr weit sein. Aber der Gang war leer, und als er ihn von einem Ende zum anderen durchschritt, sah er nichts als leere Abteile oder andere, deren Türen geschlossen und deren Vorhänge zugezogen waren. Er zuckte die Achseln, kam zurück, stellte sich an das Fenster, das seinem Abteil gegenüberlag, und betrachtete den noch düsteren Himmel.

Bald darauf kündeten zunächst verstreut, dann in dichteren Gruppen liegende Häuser an, daß man sich einer größeren Ortschaft näherte. Orthez ließ die Scheibe herunter und lehnte sich hinaus, aber es war noch nicht hell genug, und nirgends konnte er den Namen der Stadt erkennen. Doch der Zug kam in die Nähe eines Bahnhofs, und als er langsamer fuhr, nahm Orthez an, daß er halten würde. Ich könnte ein paar Schritte auf dem Bahnsteig machen, sagte er sich, um mir die Füße zu vertreten.

Mit einem zischenden Geräusch hielt der Zug. Orthez hatte längs des Bahnsteigs kein Schild bemerkt. Er wartete auf die Durchsage eines Lautsprechers, aber nichts war zu hören. Der Bahnhof sieht seltsam verödet aus, dachte er, als er die Wagentür öffnete und auf den Bahnsteig stieg. An dessen Ende glaubte er im Halbdunkel die Gestalten einiger Reisenden zu erkennen, die dem Ausgang zueilten, aber im übrigen war der Bahnhof wie ausgestorben. Kein Leben, kein Kommen und Gehen, kein Geräusch von Gepäckkarren. Auf den anderen Gleisen standen leere Züge ohne Licht. Nirgends sah man einen

Bahnbeamten, und in Orthez' Zug schien kein neuer Reisender gestiegen zu sein.

Da nichts auf eine sofortige Abfahrt hinwies, beschloß Orthez, die Nebengleise in Richtung des Hauptgleises zu überqueren. Dort würde er wenigstens etwas Leben finden, die Bahnhofsgaststätte, Schalter, einen Zeitungskiosk. Er würde Zeitungen kaufen; seit dem Beginn seines Aufenthaltes im Ausland hatte er keine einzige Zeitung seines Landes mehr gelesen, da diese nirgends zu bekommen waren. Er hatte Interesse, sich über die letzten Neuigkeiten zu informieren.

Als er auf dem Hauptbahnsteig angekommen war, schaute er sich aus der Entfernung den Zeitungsstand an. Aber als er darauf zuging, sah er, daß kein Verkäufer die Auslage hütete. Im gleichen Augenblick fiel ihm die Stille auf, die herrschte, und er bemerkte auch, daß wider Erwarten selbst dieser Teil des Bahnhofs ohne jegliches Leben war, getaucht in eine seltsame Art von Verlassenheit. Er näherte sich dem Zeitungsstand und bediente sich, nahm mehrere Tageszeitungen und warf einen flüchtigen Blick auf die Schlagzeilen. Es waren harmlose Überschriften. Das Leben in der Welt und in seinem Land ging seinen Lauf, nichts Ungewöhnliches geschah.

Er legte das Geld für die Zeitungen hin und ging wieder auf seinen Zug zu, als er das Pfeifen und Zischen hörte, das die Abfahrt ankündigt. Der Zug setzte sich in dem Augenblick in Bewegung, als er auf dem Trittbrett seines Wagens stand. Er sah den unerklärlich leeren Bahnhof langsam an sich vorbeiziehen und empfand ein leichtes Unbehagen, das er nicht zu bekämpfen versuchte. Dann betrat er den Gang, setzte sich in sein Abteil und entfaltete die Zeitung. Da überraschte ihn ein Detail, das er vorher nicht beachtet hatte. Die Zeitung war nicht von diesem Tag. Er schaute sich die anderen genauer an und stellte fest, daß sie alle das gleiche Datum trugen: das von vorgestern.

Eine Ahnung durchzuckte Orthez, und zum erstenmal dachte er an den Zöllner der vergangenen Nacht. Worauf hatte dieser mit seinen unbeholfenen Worten angespielt? Orthez hatte sich sicher in einer Art Dämmerzustand befunden, denn er war unfähig, sich der Worte zu entsinnen. Er erinnerte sich nur noch daran, daß es so aussah, als wollte der Mann ihn warnen. Er hatte sein Gesicht wieder vor Augen und auch das seines Kollegen. Sie ließen ihn an Gesichter von Chirurgen denken, die der Patient sieht, kurz bevor er in die Narkose versinkt, und er sah auch den Ausdruck dieser Gesichter, einen Ausdruck, der ihm bei genauerem Nachdenken leicht ängstlich und fast verwundert erschien.

Aber was es auch damit auf sich hatte, etwas Anormales war geschehen, das stand fest, diese alten Zeitungen bewiesen es. Orthez stand auf. Im Zug würden Reisende sein, die ihm Auskunft geben könnten. Diesmal untersuchte er beim Durchschreiten des Ganges auch die geschlossenen Abteile und öffnete eine Tür nach der anderen. Aber die Abteile waren nicht besetzt, außer ihm war der Wagen leer.

Er ging in den nächsten. Im dritten Abteil gab es Licht. Ein dunkelhäutiger Mann hob bei seinem Eintritt den Kopf, neben ihm saßen ein alter fratzenhafter Mann und eine Frau mittleren Alters mit neugierigem Blick. Orthez sprach sie vergeblich an. Sie betrachteten ihn unentschlossen, sie verstanden seine Sprache nicht. Einige Abteile weiter wiederholte sich dasselbe und dann noch einmal in einem anderen Wagen. Alle Reisenden waren Ausländer, die höchstwahrscheinlich nur durchreisten, denn der Zug würde nach Orthez' Land seinen Weg über eine andere Grenze fortsetzen. Orthez war augenscheinlich der einzige seiner Nationalität, der in diesem Zug saß.

Es blieb noch ein letzter Wagen. Er traf dort auf einen Mann, der im Gang stand und rauchte. Zu seiner Überraschung erhielt Orthez von ihm eine Antwort.

»Ich kenne Ihre Sprache ein wenig«, erklärte der Mann zögernd, »ich habe sie an der Universität gelernt.«

»Hören Sie«, sagte Orthez heftig, »können Sie mir sagen, was hier geschieht?«

Der Mann starrte ihn an, und sein Gesichtsausdruck wechselte. Orthez war es, als würde er Widerwillen in diesem Blick lesen.

»Sie . . . kehren zurück?« fragte der Mann langsam.

Orthez bejahte. Er wiederholte, indem er seine Worte deutlich artikulierte.

»Können Sie mir sagen, was hier geschieht?«

»Lassen Sie mich«, sagte der Mann. »Ich weiß nichts. Ich habe Ihnen nichts zu sagen.« Und er drehte Orthez den Rücken zu.

»Warum?« fragte dieser. »Warum wollen Sie nichts sagen?«

Der Mann wandte sich ihm wieder zu und schaute ihn einen Augenblick an, mit einem Ausdruck, der Orthez bekannt vorkam, einem ängstlichen Ausdruck, in dem auch etwas Mitleid lag. Dann ging der Mann in ein Nachbarabteil und schloß die Tür.

Während er zu seinem Abteil zurückging, fiel Orthez ein, warum ihm der Gesichtsausdruck des Mannes vertraut vorgekommen war. Er glich demjenigen der Zöllner, bevor sie ihn verlassen hatten.

Den Rest der Fahrt fühlte er sich unbehaglich. Er hatte es eilig anzukommen, und ohne genau bestimmen zu können, warum, fürchtete er sich gleichzeitig vor dem Ende der Reise. Er fragte sich auch, als er die düstere Landschaft hinter der Scheibe vorbeiziehen sah, warum alle Ortschaften, durch die der Zug fuhr, in einen so lethargischen Zustand getaucht waren, den man sich in der Nähe einer Hauptstadt schwerlich erklären konnte. Obgleich die Zeit vorrückte, gab es keine Spur von Leben, kein Zeichen einer Tätigkeit, nichts als schwarze Häuser folgten aufeinander, ohne daß ein einziges Licht die Leere eines Fensters belebte. Auf die Dauer erfüllte dieser Anblick Orthez mit einer solchen Beklemmung, daß er aufhörte, aus dem Fenster zu blicken. Er schloß die Lider und döste vor sich hin; nach einem unbestimmten Zeitraum merkte er, daß der Zug langsamer fuhr und die Vororte der Hauptstadt ereicht haben mußte.

Er öffnete die Augen. Er stellte fest, daß es immer noch dunkel war, dann erinnerte er sich daran, daß das unmöglich war, es müßte jetzt hell sein. Und trotzdem blieb alles finster draußen. Orthez schaute auf seine Uhr, sie war stehengeblieben. Er näherte sich dem Fenster. An der Bahnlinic ragten schwarze Fassaden in den nächtlichen Himmel. Kein Licht war zu sehen. Orthez wollte die Scheibe herablassen, aber sie klemmte, und er hämmerte mit der Faust dagegen, in einer Geste sinnloser Gewalttätigkeit. Er verließ das Abteil. Auch dieser Zug fuhr ohne Lichter. Orthez tastete sich im Gang vorwärts. Als er am Ende des Wagens angelangt war, hielt der Zug plötzlich. Orthez durchlief die letzten Meter des Ganges und klammerte sich an den Türgriff. Die Tür öffnete sich in eine tintenschwarze Leere. Als Orthez auf dem Trittbrett zögerte, stolperte er, und als er sich am Türgriff festhalten wollte, rutschte er die Stufen, die ihn vom Boden trennten, hinab. In diesem Augenblick setzte sich der Zug wieder in Bewegung und beschleunigte so heftig seine Fahrt, daß Orthez, der mühsam aufstand, keinesfalls die Zeit gehabt hätte, auf den fahrenden Zug aufzuspringen. Das ratternde Geräusch der Räder auf den Schienen entfernte sich, löste sich in dichtes Schweigen auf. Der Zug verschwand, führte seine unbekümmerten Fahrgäste einer anderen Bestimmung zu, und Orthez blieb allein zurück. Seine Augen gewöhnten sich an das Zwielicht, in dem man die Gegenstände ringsum gerade noch unterscheiden konnte. Er sah, daß er sich in einem Bahnhof befand, und an seinen massiven Formen erkannte er den Hauptbahnhof der Hauptstadt.

Der Bahnhof war ein riesiges Betonskelett, das sich in der Dunkelheit aufrichtete. Hinter seinen Mauern war nichts von den Geräuschen der Stadt zu hören; es gab keine Geräusche mehr, nur noch das Schweigen der seit tausend Jahren verlassenen Dinge. Orthez bahnte sich tastend einen Weg, er stieß gegen verlassene Gepäckkarren, gegen sich auf dem Bahnsteig stapelnde Koffer, gegen aufgeplatzte Postsäcke, deren Inhalt niemals mehr abgeschickt würde. Er gelangte an eine Treppe und ging sie langsam hinunter, indem er auf das seltsame Echo seiner Schritte unter dem hohen Gewölbe lauschte. Der Ausgang des Bahnhofs mündete in ein dunkles Nichts. Und dieses dunkle Nichts war die Stadt.

Orthez verstand, daß etwas Furchtbares geschehen war. In seiner Abwesenheit hatte ein Kataklysmus sein Land sozusagen von der Karte ausradiert, hatte alle Bewohner heimgesucht, nur diese Öde hinterlassen und die Herrschaft einer endlosen Nacht. Handelte es sich um eine entsetzliche Naturkatastrophe oder um den Angriff eines besser organisierten Feindes? Sicher war, daß niemand dem Unheil entgangen war. Er war das letzte lebende Wesen in dieser Stadt.

Um den Bahnhof herum standen Trauben leerer Autos. Orthez stieg in eines von ihnen, dessen Tür offen war und dessen Schlüssel noch steckte. Er ließ den Wagen anspringen und fuhr langsam aufs Geratewohl los, oft stieß er gegen Hindernisse und versuchte, sie zu umfahren. Er dachte nicht nach. Er hatte nur noch einen Gedanken: nach Hause zu kommen und sich dort zu verbarrikadieren. Der Weg erschien ihm endlos. Er konnte nur mit Mühe die Verkehrsadern unterscheiden, die er entlangfuhr, indem er sich die Gegenden ins Gedächtnis rief und sich an bekannten Punkten zu orientieren versuchte. Als er angekommen war, ließ er den Wagen mitten auf der Straße stehen und betrat das Haus, wo er wohnte. Er stieg die Treppe bis zu seiner Wohnung hinauf, steckte den Schlüssel ins Schloß, verriegelte die Tür von innen und lehnte sich mit einem Seufzer dagegen.

Er stellte fest, daß die Elektrizität nicht funktionierte, und setzte sich in der Dunkelheit hin. Um ihn lagerte Schweigen. Orthez rührte sich nicht.

Die Zeit verrann. Er wußte nicht, wieviel Zeit. Er hatte den Begriff für das Verfließen der Stunden verloren.

Es begann auf unmerkliche Weise. Etwas hatte plötzlich die Stille zersetzt. Orthez hielt den Atem an. Die Stille löste sich auf, zerfiel, zerbröckelte. Zunächst war da ein fernes, kaum hörbares Geräusch, das von jenseits der Nacht zu kommen schien. Dann überlagerten sich winzige Geräuschschichten, bis sie nur noch einen einzigen Ton bildeten, der stärker wurde und am Rand der Stadt widerhallte, noch viele Kilometer entfernt. Und allmählich wurde dieses Geräusch stärker, genauer, vielfältiger, wurde zum Schlurfen von Millionen Raupen, zum dumpfen Trippeln einer Horde von Ratten, zum unterirdischen Wühlen einer Armee von Maulwürfen. Es erreichte die Nachbarstraßen, kam näher, breitete sich aus, weckte das Echo zwischen den Fassaden der leeren Häuser. Es schwoll unaufhörlich an, erschütterte die Grundmauern des Hauses von Orthez, ließ die Scheiben des Zimmers klirren, in das er sich geflüchtet hatte.

Orthez wartete. Er wußte, was dieses Geräusch bedeutete. Man hatte ihm einen Aufschub gewährt, aber er war verurteilt. Verurteilt wie vor ihm alle anderen Einwohner der Stadt, die jetzt verschwunden waren. Er würde ihr Schicksal erleiden.

Er versuchte nicht zu fliehen. Er sagte sich, daß es sinnlos wäre. Er lauschte auf das Geräusch. Die Treppe zitterte wie unter dem stetigen Druck einer vorwärts drängenden Masse. Das Geräusch wurde zum Tumult. Die Wände vibrierten. Hinter der Tür war ein Scharren zu hören wie das Kratzen von Krallen. Orthez rührte sich immer noch nicht.

Einige Meter von ihm entfernt zersplitterte die Tür.

Aus dem Französischen übersetzt von Helga Abret

Die Vana

Slovic war fünfundzwanzig, als er sich entschloß, eine Vana zu erwerben.

Slovic wohnte in Neu-Paris, im Wohnviertel von Meudon. Sein funktionelles Appartement lag im siebenundzwanzigsten Stockwerk eines Wohnblocks von mittlerer Größe. Slovic verlebte dort seine Tage in aller Stille. Er kam seinen Pflichten als Staatsbürger nach, indem er täglich seine zwei Stunden obligatorischer Arbeit ableistete. Die übrige Zeit blieb seiner Entspannung vorbehalten.

Slovic war von Natur aus still und sensibel. Gern empfing er Freunde bei sich, die unverheiratet und so alt waren wie er. Miko, sein bester Freund, arbeitete in derselben Verwaltung wie er, doch trafen sie sich dort selten, denn ihre Arbeitszeit lag verschieden. Miko und Slovic gingen oft zusammen essen.

Das Gesetz untersagte Männern unter dreißig Jahren, mit einer Frau zusammen zu leben. Miko meinte, ein Mann solle ruhig seine besten Jahre ausgiebig nutzen und abwarten. Er ließ auch kein Vergnügen aus.

Slovic hatte bescheidenere Wünsche. Er bedauerte manchmal, nicht in der Vergangenheit, im zwanzigsten Jahrhundert, zu leben, von dem man behauptete, daß dort ein Junge das Recht gehabt hatte, gleich nach der Pubertät ein Heim zu gründen. Aber zu dieser Zeit war der Planet auch noch nicht übervölkert. Erst das katastrophale Anwachsen der Geburtenrate hatte zum Inkrafttreten dieses Gesetzes geführt.

Miko machte sich über Slovic lustig, als ihm dieser anvertraute, daß es ihm nicht mißfallen würde, wenn eine Frau seine Existenz teile. Er lachte und bezeichnete Slovic als einen zu spät gekommenen Jungen, der nicht wisse, worüber er rede. Und er überredete ihn, mit ihm ins Haus der Frauen in der reservierten Zone zu gehen. Dort werde er Gelegenheit haben, seine verrückten Ideen zu vergessen.

Slovic begleitete Miko. Aber an manchen Tagen hatte er keine Lust, ihn zu sehen. Dann schloß er sich zu Hause ein, meist im Harmoniezimmer, in dem die triphonische Akkustikanlage die Musik durch große, in die Wand eingelassene Lautsprecher wiedergab.

Slovic hatte Gewohnheiten, die seine Freunde für rückständig hielten. Er mochte die Musik seiner Zeit mit ihren subtilen Ansammlungen komplexer Klangelemente nicht. Er bevorzugte die sprödere Tonalität der Komponisten aus der Mitte des zwanzigsten Jahrhunderts; Gerry Mulligan, John Lewis, Horace Silver, Theolonious Monk, Vorläufer des gegenwärtigen musikalischen Ausdrucks. Zu Liebhaberpreisen versuchte er die seltenen und alten Aufnahmen ihrer Werke zu erwerben.

Wenn er keine Lust hatte, Musik zu hören, stieg er in sein Turboprop-Auto und machte eine Spazierfahrt zum Meer. Er wählte die obere Fahrspur der Etagenautobahn, weil diese kaum einmal überfüllt war. Die Geschwindigkeit versetzte ihn in einen Rausch. Er hatte das Empfinden, intensiver zu leben. Dabei sagte er sich mitunter, daß er die Gesellschaft seiner Kameraden verabscheue.

Doch das war nur ein vorübergehendes Gefühl. Wenn er sich wieder mit Miko oder seinen anderen Freunden traf, konnte Slovic nicht verstehen, wie er auf solche Gedanken kommen konnte. Er sprach übrigens niemals davon. Er hatte Angst, daß ihn die anderen wie einen seltsamen, etwas geschmacklosen Gegenstand betrachten könnten. Und es hätte das Gerücht entstehen können, daß er sich des Verbrechens des Individualismus schuldig mache; man hatte schon Leute wegen geringerer Delikte ins Gefängnis gesteckt.

So verlief Slovics Leben zwischen seiner Arbeit, der Musik, seinen Autofahrten, den gemeinsamen mit Miko oder den anderen Freunden verbrachten Stunden, den Ausflügen ins Haus der Frauen oder auch manchmal ins Haus der Spiele. Slovic machte sich nicht die Mühe, darüber nachzudenken, ob er glücklich war oder nicht. Dieses Problem existierte sowieso nur in den Büchern aus der Vergangenheit. Niemand war deshalb »unglücklich«. Was das Wort »Glück« betraf, so war es zu einem archaischen Ausdruck geworden, sein zeitgemäßes Synonym hieß »Komfort«.

Dennoch empfand Slovic für Momente eine Art Schamgefühl, als ob er sich etwas gewünscht hätte, was es nicht gab. Er wußte nicht, was, und er machte sich übrigens auch keine weiteren Gedanken über dieses Gefühl. Nichts fehlte ihm; er hatte – wie alle anderen auch –, was er zum Leben brauchte. Es waren auch nicht Frauen, die er brauchte, denn im Haus der Frauen konnte er alle haben, die er begehrte. Und was das Zusammenleben mit einer von ihnen betraf, da hatte Miko wahrscheinlich recht: Das war eine jungenhafte Utopie und kein bißchen erstrebenswert.

Slovic hätte also weiter so in den Tag hinein gelebt, wenn es nicht die Vanas gegeben hätte. Miko hatte ihm zum erstenmal von den Vanas erzählt. Ehrlich gesagt, Slovic hatte schon von ihrer Existenz gehört, aber er hatte dem Gerede keine weitere Aufmerksamkeit geschenkt. Er interessierte sich kaum für aktuelle Dinge, er schätzte ein, daß es niemals etwas wirklich Neues geben würde.

Die Vanas waren eine Spezies von Lebewesen, die man in der Galaxis entdeckt hatte. Eine Expedition hatte einige Exemplare davon von einem erdähnlichen Planeten aus der Oriongegend mitgebracht. Die Gerüchte, die über ihren Wert kursierten, veranlaßten einige reiche Sammler, diese lebenden Wesen aufzukaufen. In der Folge verdichteten sich die Gerüchte um sie immer mehr.

Die Einfuhr von Formen außerirdischen Lebens war durch mehrere Erlasse streng reglementiert. Durch entsprechende Tests mußte der Nachweis erbracht werden, daß es sich nicht um eine intelligente Art handelte und daß sie keine gesundheitsschädigenden Keime übertrug. Die Vanas entsprachen diesen beiden Bedingungen. Man hatte somit eine Art Pendelverkehr mit ihrem Herkunftsplaneten eingerichtet; die Nachfrage nach ihnen war gestiegen, und der Handel mit ihnen blühte.

Anfangs hatte man die charakteristischen Merkmale der Vanas geheimgehalten, und ohne Zweifel hatte Slovic deshalb keine Möglichkeit gehabt, etwas über sie zu erfahren. Die Öffentlichkeit wußte nur soviel, daß es humanoide Wesen waren, allerdings nichtintelligente. Aber diese Informationslücke existierte nicht lange. Die Wahrheit, die insgeheim schon über die Vanas kursierte, drang eines schönen Tages auch bis zu Slovic. Es war Miko, der sie ihm enthüllte.

Miko hatte vor, auf eigene Kosten eines dieser Lebewesen zu kaufen. Er zeigte Slovic ein dreidimensionales Foto, das ihm ein Freund, der in einer galaktischen Importgesellschaft beschäftigt war, besorgt hatte. Slovic schaute es sich an und wußte mit einemmal, warum man solch ein großes Gewese um die Vanas machte. Denn das war eine Frau, die er da vor seinen Augen hatte, oder vielmehr die perfekte Abbildung einer menschlichen Frau, und diese Frau war auf eine rätselhafte Art schön.

Slovic schaute Miko, dessen Augen glänzten, fragend an. Und der erzählte ihm, was ihm sein Freund erklärt hatte: Die Vanas waren Tiere, hochentwickelte Tiere zwar, aber nichtsdestoweniger Tiere, die weder mit Intelligenz noch mit Sprache ausgestattet waren, dafür aber mit dem Aussehen und – hier bekam Mikos Stimme einen nachhaltigen Ausdruck – allen Funktionen einer Erdenfrau. Die Biologen der Expedition, die sie entdeckt hatten, studierten die Spezies eingehend. Diese – weiblichen – Wesen reproduzierten sich durch Parthenogenese. Die Existenz männlicher Individuen hatte man nicht nachweisen können. Der Name, den man ihnen gegeben hatte, ging auf ihren Schrei zurück, einen weichen, langgezogenen Schrei, der den beiden Silben »va-na« ähnlich war.

Die Vanas waren Vegetarier; sie verbrachten den Tag mit Nichtstun. Die Anwesenheit von Männern bei der ersten Expedition hatte sie nicht verscheucht. Die Expeditionsmitglieder hatten sich um sie gekümmert. Einer von ihnen war zuerst ihrem Reiz erlegen, und zahlreiche Erdenbewohner machten in der Folgezeit die gleiche Erfahrung. So hatte man entdeckt, daß die Vanas zur Liebe geeignet waren.

Nach Einführung der ersten Exemplare auf der Erde hatte man feststellen können, daß sich die Vanas leicht akklimatisierten. Ihre Nahrung war hauptsächlich Gras. Die hydroponischen Kulturen der Erde produzierten nunmehr eine Vegetation, die der ihres Heimatplaneten entsprach. Es bestätigte sich, daß sich die Vanas vollkommen davon ernähren konnten.

Sie wurden ebenso leicht zahm wie eine Katze oder ein Hund und waren für jede Laune ihres Meisters empfänglich. Ihretwegen kam es auch recht schnell zu Ausschreitungen. In Nordamerika lösten sie eine neue Welle des Puritanismus aus. Eiferer zitierten Fälle, in denen Männer mit zwei oder drei Vanas gleichzeitig zusammen lebten, und unterstellten ihnen schamlose Praktiken; man tuschelte, daß Vanas von brutalen und sadistischen Männern umgebracht worden waren. Die Kommission für öffentliche Moral wie auch die Gesellschaft zum Schutz galaktischer Tiere begannen sich einzumischen.

In Europa, wo man gerade erst begonnen hatte, die Vanas in größerem Umfang einzuführen, stellten sie noch kein Problem dar. Die Regierung, die das Zusammenleben eines Mannes unter dreißig mit einer Frau unter Kuratel gestellt hatte, gestattete, daß derselbe Mann mit einer Vana unter einem Dach lebte. Hauptpunkt aller Sorgen in Europa war die Bevölkerungsdichte. Nun, und die Verbindungen mit den Vanas blieben schließlich kinderlos.

Miko berichtete Slovic all diese Neuigkeiten und schloß damit, daß er ihm anvertraute, er wolle seine Vana so schnell wie möglich bestellen. Er würde sie sich – dank einem Freund in der Importgesellschaft – rasch besorgen können. Er fragte Slovic, ob dieser nicht die günstige Gelegenheit nutzen und sich durch seine Vermittlung nicht ebenfalls eine Vana bestellen wolle. Slovic lehnte ab, sagte, daß ihn so etwas nicht interessiere.

Plötzlich fiel sein Blick jedoch erneut auf das Foto, das ihm Miko gezeigt hatte. Die Vana war sehr schön. Slovic antwortete, ohne zu überlegen und fast ohne zu wissen, warum, daß er einverstanden sei, eine zu nehmen.

Er erhielt die Vana in der Woche darauf. Man lieferte sie ihm in einem Spezialkäfig, der mit einem undurchsichtigen Plastüberzug umhüllt war. Dadurch wollte man verhindern, daß die Vanas beim Transport den Blicken der Leute ausgesetzt waren. Die wenigen Male, wo man diese Vorsichtsmaßnahme vergessen hatte, war es zu Volksaufläufen gekommen.

Als die Spediteure wieder gegangen waren, näherte sich Slovic dem umhüllten Käfig. Mit einer einzigen Bewegung riß er die Umhüllung herab und sah die Vana vor sich. In einer Ecke des Käfigs zusammengerollt, betrachtete sie ihn. Slovic war überrascht, denn sie war schöner, als er sie sich vorgestellt hatte. Sie sah genauso aus wie die, die er auf dem Bild gesehen hatte (alle Vanas ähnelten sich wie Schwestern, hatte Miko gesagt) aber ihre physische Präsenz hatte eine verführerische Kraft, die kein Foto hätte wiedergeben können.

Zwei Dinge faszinierten Slovic: die Farbe der Vana und ihr Geruch. Miko hatte es unterlassen (vielleicht wußte er es selbst nicht), ihm zu sagen, daß die Haut der Vanas nicht wie die der Menschen war. Das war aber auch das einzige Merkmal, worin sie sich vom menschlichen Äußeren zu unterscheiden schienen. Ihre Haut, die wie ein seidiges Tierkleid glänzte, war von sanfter safrangelber Tönung, auf der rötliche Reflexe schimmerten. Der Geruch dieser Wesen war dem von Moschus sehr ähnlich.

Slovic öffnete die Tür des Käfigs. Die Spediteure hatten ihm versichert, daß er nichts zu befürchten habe, daß die Vana wie alle ihre Artgenossinnen vollkommen friedlich sei, selbst wenn sie auf den ersten Blick ein bißchen wild erscheinen mochte. Er streckte die Hand aus, und sie ließ sich, ohne mit der Wimper zu zucken, streicheln. Ihre glänzende Haut war merkwürdig weich und warm. Er fühlte, daß unter dieser Haut Leben war, zitternd bis an die Oberfläche drang. Es war ein unendlich verwirrender Kontakt. Er hatte bei einer Frau noch nie dieses Gefühl verspürt.

Die Vana sah ihn immer noch an. Zum erstenmal senkte Slovic seine Augen in die ihren und bekam einen Schock. Die Augen des Wesens waren von einem äußerst hellen Türkis, ihre Iris war sehr groß; ihr fließender Blick schien den seinen aufsaugen zu wollen. Aber was einen noch viel seltsameren Effekt hatte, das war das Fehlen jeglichen menschlichen Ausdrucks in diesem Blick. Er spiegelte weder Freude noch Furcht, noch Schmerz wider. Er schien leer.

Slovic ließ die Tür des Käfigs offen, und nach einigen Minuten erhob sich die Vana und trat heraus. Sie war von kleinem Wuchs; ihre Hände und Füße waren zierlich und ihre Fesseln zerbrechlich. Ihr nackter Körper entsprach in allen Einzelheiten dem einer Frau, allerdings hatte sie keine Schambehaarung. Das Gesicht der Vana rahmte jedoch ein dichter Haarkranz ein, der allerdings weniger Haaren als einem dichten goldfarbenen Pelz ähnelte. Ihre Gestalt war harmonisch, ohne Unregelmäßigkeiten, die geschwungenen Hüften bildeten einen Kontrast zu der schmalen Taille. Ihre Brüste waren spitz und im Gegensatz zum übrigen Körper sehr entwickelt; die Brustwarzen waren rötlich.

Schließlich war da noch das Gesicht der Vana. Dieses fast dreieckige Antlitz mit den großen türkisfarbenen Augen hatte eine tierische Anmut, einen geheimnisvollen Charme. Der kleine Kopf, der auf dem langen Hals ruhte, erinnerte an eine Blume auf ihrem Stengel. Die Vana neigte den Kopf zur Seite, als warte sie auf etwas, und betrachtete Slovic. Ihre Haltung schien ein Streicheln herauszufordern. Alles an ihr war Erwartung. Slovic verstand, weshalb sich Käufer aus der ganzen Welt um die Vanas rissen.

Die Vana gewöhnte sich schnell an Slovic. Er nannte sie Sylve und begann, damit sie sich heimisch fühlen sollte, sie zu füttern. Er hatte die besten Nahrungsmittel in einem Spezialgeschäft für Vanas erworben. Sie bedankte sich dafür, indem sie ihre Wange an ihm rieb. Slovic tätschelte sie mit der Hand. Man hatte ihm geraten, die Vana anfangs nicht zu brüskieren, sondern sich damit zufriedenzugeben, sie zu streicheln. Sie suchte auch ständig dieses Streicheln.

Am Abend des zweiten Tages führte Slovic Sylve in sein Bett. Das tat er dann jeden Abend. Anschließend brachte er sie zu dem Strohlager, das er ihr in einem leerstehenden Zimmer eingerichtet hatte. Eines Abends war er viel zu müde, um sie auf ihr Strohlager zurückzuschicken, und so schlief sie neben ihm ein. Slovic entdeckte, daß es ihm Spaß machte, die Nächte mit der Vana zu verbringen. Er behielt sie von da an ganz in seinem Bett. Wenn er morgens erwachte, berauschte ihn ihr Moschusduft. Er streckte den Arm aus und berührte ihren Körper, der sich an ihn gekuschelt hatte. Sie erwachte dann mit einem kleinen Seufzer. Er zog sie an sich und umschlang ihren warmen Körper.

Miko besuchte ihn. Er war begeistert von seiner eigenen Vana. Sie würde ihm jede Befriedigung verschaffen, sagte er. Er war überrascht und schien geradezu schockiert, als ihn Slovic wissen ließ, daß seine Vana manchmal in seinem Bett schlafe. Er hatte sich jedoch schnell wieder gefaßt. »Du behandelst sie ja wie eine richtige Frau«, sagte er lachend. Slovic wog diese Bemerkung ab, er fand sie ungehörig. Dennoch hatte Miko mit seinem Vorwurf vielleicht recht, er würde achtgeben müssen, daß er der Vana nicht zu viele Vertraulichkeiten gewährte.

Doch nach einigen einsamen Nächten stellte er mit einem gewissen Staunen fest, daß ihm Sylves Gegenwart fehlte. Eines Tages erwachte er im Morgengrauen. Das Bett schien ihm kalt und leer. Er erhob sich, um die Vana zu holen. Sie schlief auf ihrem Strohlager in ihrer zusammengerollten Lage. Er weckte sie durch ein Streicheln.

Sie schlug die Augen auf und schaute ihn mit einem zerfließenden Blick an. Er wollte, daß sie in sein Zimmer kommen sollte. Aber als sie sich vor seinen Augen mit dieser katzenhaften Anmut erhob, begehrte er sie plötzlich auf der Stelle. Er sank auf das von ihrem Duft durchsetzte Strohlager nieder. Auf ihrem Körper spielten Lichtreflexe.

Seit diesem Tag hatte er die Gewohnheit angenommen, Sylve entweder in seinem Bett schlafen zu lassen oder zu ihr auf das Strohlager zu schlüpfen. Unbewußt begann er auch, tagsüber ihre Gesellschaft zu suchen. Er begab sich schon lange nicht mehr in das Haus der Frauen oder in das Haus der Spiele. Miko wunderte sich über Slovics mangelnde Initiative, sich zu amüsieren. Er war übrigens gekränkt, daß ihn Slovic seltener als früher in seine Wohnung einlud.

Miko war mit seiner Vana sehr zufrieden und lieh sie auch manchmal seinen Freunden, indem er ihnen den Schlüssel zu seinem Appartement gab. Eines Tages bat er Slovic, ob er ihm nicht seine Vana für einen Abend überlassen könne, seine eigene sei schon einem Freund versprochen. Slovic lehnte empört ab, und Miko war überrascht. Ein Schweigen machte sich zwischen den beiden Freunden breit, bis Miko mit einem Unterton von Ekel in der Stimme sagte:

»Slovic, du . . ., du bist ja in dieses Tier *verliebt.*«

Slovic fuhr hoch und schaute ihn durchdringend an. Auf Mikos Gesicht las er dessen Abscheu. Mit schneidender Stimme schrie Slovic, ohne sich bewußt zu werden, was er sagte:

»Ich verbiete dir, sie als Tier zu bezeichnen.«

Miko entgegnete nur:

»Du bist verrückt geworden.«

Dann lief er hinaus und schlug die Tür hinter sich zu. Slovic war leichenblaß. Er ging zu Sylve und nahm sie in die Arme. Ihr dichtes goldfarbenes Haar streichelnd, wiederholte er mehrmals: »Du bist kein Tier. Du bist kein Tier.« Sylve rieb seine Wange an ihm, wie sie es getan hatte, als er ihr am ersten Tag zu essen gegeben hatte. Sanft schnurrte sie: »Va-na.« Slovic nahm an, vor Zufriedenheit.

Von nun an teilte Sylve Slovics Leben. Er nahm sie mit sich in das Harmoniezimmer, wo sie sich an seine Seite kuschelte, während er die Musik hörte, die er liebte. Sie schloß ihre schlitzförmigen Augen bis auf einen schmalen Spalt, durch den sie Slovic beobachtete. Er nahm sie auch in seinem Wagen mit, wobei er die am wenigsten befahrenen Straßen benutzte, um neugierigen Blicken zu entgehen. Sylve schmiegte sich in den Sitz, ihr Haar flog im Wind. Slovic platzte vor Lachen und wurde sich mit einemmal darüber klar, daß er früher gar nicht gewußt hatte, was das hieß – vor Lachen platzen. Er hatte das Gefühl, etwas für ihn bisher Unbekanntes entdeckt zu haben; er begriff vage, daß es wahrscheinlich ein Gefühl war, nach dem er schon lange unbewußt gesucht hatte.

Eines Tages nahm er Sylve mit ans Meer, an einen leeren Strand. Er wußte nicht, wie das Meer auf dem Planeten der Vanas beschaffen war, aber Sylve schien glücklich. Sie schwamm und tollte im Wasser herum, dann spielte sie im Sand, und ihr Körper glänzte in der Sonne.

Slovic sagte sich, daß sie ganz sicher gelacht haben würde, wenn sie gekonnt hätte. Danach streckte sie sich neben ihm aus und leckte ihm den Hals mit ihrer langen, rauhen Zunge. Mit den langen Fingern, deren Nägel er ihr regelmäßig schnitt, liebkoste sie seinen Körper.

Ein andermal amüsierte er sich damit, sie zu kämmen. Sie wich zurück, als er begann, mit dem Kamm durch ihren Pelz zu fahren. Er beruhigte sie, indem er ihr sanft zuredete und sie streichelte. Sie ließ es zu, daß er sie frisierte und ihr Haar durch ein Band hinter dem Kopf zusammenband. Als er ihr Profil sah, dachte er an ein altes Bild. Er fand dessen Reproduktion in seiner Mikrofilmsammlung: Es war ein Porträt des jungen Mädchens mit dem Pferdeschwanz, das Picasso 1954 gemalt hatte, ein geometrisches Profil, dessen mit großer Klarheit geführte Linien, die sich von dem hellen Hintergrund abhoben, an eine Gestalt auf einem kretischen Fresko denken ließ. Slovic war von der Ähnlichkeit hingerissen.

So vergingen die Tage; er wich Sylve nicht mehr von der Seite. Er war sich durchaus darüber im klaren, daß er sich von der Welt, in der er früher gelebt hatte, zurückzog, aber das war ihm gleichgültig. Seine Freunde mieden ihn. Man redete schon über die ungebührliche Leidenschaft Slovics für seine Vana, davon, daß er zu einem Tier degeneriert sei. Er war zu einem Fall allgemeiner Mißbilligung geworden. Die Leute, die er kannte, wandten den Blick ab, wenn er ihnen begegnete. Slovic ging immer seltener aus dem Haus.

Miko besuchte ihn eines Tages noch einmal, er beschwor ihn im Namen ihrer einstigen Freundschaft, von seiner Verirrung abzulassen. Slovic hörte ihm lächelnd zu. Als Miko gesprochen hatte, rief er Sylve zu sich, streichelte sie vor seinem ehemaligen Freund und erklärte:

»Miko, erinnerst du dich, daß ich einmal zu dir gesagt habe, ich würde gern mit einer Frau zusammenleben? Sie ist diese Frau.«

Miko rief entgeistert:

»Du bist verrückt, du hast keine Wertvorstellung mehr. Das sind Tiere, Spielzeuge, nichts anderes. Sie sind noch viel minderwertiger als die Frauen im Haus der Frauen. Und du wagst zu behaupten, daß du eine von diesen Kreaturen *liebst*!«

Slovic wurde bleich vor Zorn. Er begnügte sich damit, Sylve fest an sich zu pressen, ohne etwas zu sagen, und Miko herausfordernd anzublicken. Miko gab auf. Er verließ Slovic, nachdem er ihn vor den Konsequenzen, die seine Haltung hervorrufen würde, gewarnt hatte. »Die Gesellschaft wird solch ein abartiges Verhalten nicht einfach hinnehmen.« Als er gegangen war, umarmte Slovic Sylve.

Einige Zeit danach wurde Slovic wegen Erregung öffentlichen Ärgernisses mit einer Geldstrafe belegt. Er war angeklagt, sich mit seiner Vana in der Öffentlichkeit gezeigt zu haben. Zu jener Zeit begannen sich in Europa nach dem Muster der amerikanischen Vorgänger Antivanaligen zu bilden. Ein andermal wurde Slovic von aufgebrachten Nachbarn beschimpft und mit Steinen beworfen, als er nach Hause kam. Er entschloß sich, Sylve nicht mehr nach draußen mitzunehmen.

Sylve teilte jetzt sein Zimmer. Slovic hatte das Strohbett, das er ihr notdürftig hergerichtet hatte, weggeworfen. Sie folgte ihm überallhin in die Wohnung und achtete auf jede seiner Gesten. Slovic liebte es, seinen Blick in ihren rätselhaften Augen versinken zu lassen. Manchmal glaubte er, in ihnen etwas Außergewöhnliches und Unbeschreibliches zu lesen, das wie ein Sog auf der Oberfläche eines tiefen Wassers war. Eine vielleicht nur flüchtige Gegenwärtigkeit dieses rätselhaften anderen Lebens auf der Erde.

Slovic wußte von nun an, was das alte Wort »Glück« bedeutete. Er konnte Stunden mit Sylve verbringen, ohne etwas anderes zu tun, als mit ihr zu spielen oder sie stumm zu betrachten. Er litt nicht darunter, nicht mit ihr sprechen zu können. Im Gegenteil, ihr Schweigen tat ihm gut. Morgens badete und frisierte er sie. Abends schlief er, sie in seinen Armen haltend und ihren Geruch atmend, ein. Manchmal schaltete er nachts leise eine Lampe an, um Sylve im Schlaf zu betrachten.

Einmal wurde Sylve krank, und er dachte schon, sie würde sterben. Tag und Nacht saß er am Kopfende ihres Bettes, machtlos dieser unbekannten Krankheit ausgeliefert. Sylve siechte dahin. Ihre Haare waren stumpf und farblos, sie hatte nicht die Kraft, sich zu bewegen. Slovic liebkoste sie behutsam, er umarmte sie, als wolle er ihr seinen eigenen Atem einhauchen. Er hatte ein Gefühl, als sei sie sein Kind. Sie genas, ohne daß er hätte sagen können, wie. Eines Nachts fuhr er aus dem Schlaf, weil sich jemand an ihn kuschelte. Ihr Blick war wieder glänzend und flehend.

Es wurde Sommer. Die Stadt war von ihren Einwohnern, die in alle vier Himmelsrichtungen in den Urlaub gefahren waren, entvölkert. Die großen Wohnblocks standen leer. Durch die weitgeöffneten Fenster drang die Sonne in die Wohnung. Slovic und Sylve schliefen auf dem Boden, um die Sonnenstrahlen genießen zu können. Er hatte sich angewöhnt, nackt herumzugehen wie sie. Sein Körper hatte bald einen kupferfarbenen Teint angenommen, der mit Sylves Körpertönung harmonisierte. Eines Tages standen sie vor dem Spiegel, und er stellte fest, daß er ihr ähnlich, daß er fast wie sie geworden war.

Schläfrig in der Sonne ausgestreckt, gab sich Slovic seinen Träumen hin. Er wäre am liebsten weggefahren, hätte Sylve entführt, sich mit ihr auf ihrem Heimatplaneten niedergelassen. Dort würden sie zusammenleben ohne jeden Ärger. Slovic schuldete weder dieser Gesellschaft noch irgendwelchen Personen etwas. Er wußte natürlich, es war nur ein Traum; aber es machte ihm Spaß, sich ihm zu überlassen.

Mehr und mehr hatte er das Empfinden, in einer anderen Welt zu existieren, in einer Welt, in der er mit Sylve allein war. Die Umwelt war für ihn zu einer Nebensache geworden. Die Stadt, deren geometrische Wohnblocks und Terrassen er durch seine geöffneten Fensterflügel sah, war von ihm durch eine Mauer getrennt. Sie war nur ein bedeutungsloses Bild für ihn. Slovic gehörte weder zu dieser Stadt noch zu dieser Welt.

Wenn er sich manchmal über seinen Balkon beugte, wurde er von einem Schwindel erfaßt, als wenn die fünfzig Meter unter ihm liegenden Straßen plötzlich zu ihm heraufsteigen würden. Schweißnaß wich er dann von der Brüstung zurück, er merkte, daß er im Begriff war, das Gleichgewicht zu verlieren. Eine heimtückische Schwäche hatte sich in seinen Gliedern breitgemacht. Schwankend mußte er sich an die Hauswand lehnen. Anfangs schenkte Slovic diesen Symptomen keine Aufmerksamkeit, aber nach einigen Wochen mußte er feststellen, daß diese Anfälle häufiger wurden. Die Schwäche schien seinen ganzen Körper zu beherrschen, als wollte sie ihn paralysieren. Er war gezwungen, sich hinzulegen. Sylve legte sich zu ihm, und er blickte sie verständnislos an; diese Krankheit war so plötzlich über ihn gekommen, als ob er auf einer dünnen Eisfläche eingebrochen wäre.

Eines Morgens fühlte er sich besonders schwach und erhob sich deshalb nicht. Um sich abzulenken, schaltete er den Fernsehapparat in seinem Zimmer ein. Seit langem schon hatte er sich dafür nicht mehr interessiert, er war ausschließlich mit Sylve beschäftigt gewesen. Von seinem Bett aus sah er auf dem Bildschirm zum erstenmal wieder die Neuigkeiten, die in der

Welt, von der er sich zurückgezogen hatte, vor sich gingen. Und so erfuhr er, was die übrige Welt schon wußte.

Er betrachtete die Bilder, hörte die Stimme des Sprechers, ohne eine Bewegung zu machen. Die Vanas haben der Erde den Tod gebracht, sagte die Stimme in dramatischem Tonfall. Die Gelehrten zeigten sich schon beunruhigt, als die ersten Besitzer von Vanas an einer unbekannten Krankheit litten, an der sie kurz darauf starben. Seitdem waren alle Besitzer von Vanas kurz nacheinander gestorben. Die Geschöpfe waren Träger eines Virus, dessen Vorhandensein von den Experten bei der biologischen Untersuchung nicht bemerkt worden war. Und dieser Virus war auf lange Sicht tödlich für die Menschen.

Auf dem Bildschirm zeigten Mikroskopaufnahmen den Virus, den zu isolieren endlich gelungen war. Der Sprecher fuhr mit seinen Erklärungen fort.

Die Vanas übertrugen den tödlichen Erreger auf den Menschen im Moment des Beischlafes. Jede Wiederholung des Aktes erhöhte die Ansteckung. Es war ein schleichendes Gift, das den Organismus nach und nach vollständig zerstörte. Aber die Gelehrten hatten inzwischen das Mittel gefunden, um den Krankheitserreger einzudämmen.

Die Epidemie war in Amerika ausgebrochen, wo die Vanas zuerst eingeführt worden waren. Aber sie hatte schon begonnen, auf Europa überzugreifen; es hatte bereits die ersten Fälle gegeben.

Alle Besitzer von Vanas hatten sich ohne Verzug von ihrem Tier zu trennen und es dem Hygieneservice abzuliefern, der die Vanas in Gaskammern vernichten würde. Ferner hatten sich die Besitzer sofort zur Behandlung in eine Spezialklinik zu begeben, andernfalls könnten die Ärzte nicht für ihr weiteres Schicksal garantieren.

Der Sprecher verstummte. Durch die Fernbedienung schaltete Slovic von seinem Bett aus den Fernsehapparat ab. Lange Zeit blieb er regungslos liegen. Auf seinem Gesicht zeigte sich keine Gemütsregung. Als er aufstehen wollte, schien der Boden unter seinen Füßen zu schwanken. Noch nie hatte er sich so schwach gefühlt. Bei jedem Schritt, den er tat, mußte er sich stützen. Er war schweißgebadet.

Sylve schlief auf einem Sofa im Nebenzimmer. Slovic ging auf sie zu und betrachtete sie lange. Er zitterte, als ob er Fieber hätte. Er beugte sich über sie und berührte ihre Haut leicht mit seinen Fingerkuppen. Sie wurde wach und sah ihn mit der geheimnisvollen Wärme ihrer nichtmenschlichen Augen an.

»Sylve, meine kleine Sylve«, murmelte er, während er sich an sie schmiegte.

Aus dem Französischen übersetzt von Bernhard Thieme

Alptraum in Rosa

Ulrich, der Biologe, und sein Kamerad, der Chemiker Selme, waren seit drei Tagen auf Syrtige, als der Unfall geschah. Ulrich war allein, und es war Abend. Um ihn glänzte das Innere der Basis kaltschimmernd im bläulichen Licht, das die Metallwände umspielte. Auf Ulrichs Tisch lagen verschiedene Proben organischer Materie, die er während des Tages gesammelt hatte. Er prüfte sie unter dem Mikroskop und notierte mit langsamer, sorgfältiger Schrift seine Beobachtungen in einem Register. Wenn er die Augen hob, konnte er durch das Fenster die Landschaft des Planeten sehen, eine ausgebrannte Wüste, verdüstert durch ein gelbliches Zwielicht.

Die Explosion war kurz und glich einem dumpfen Knall. Sie kam von dem Verschlag, wo sich der Generator befand. Ulrich stürzte hin und sah, als er die Tür öffnete, Selmes Körper.

Er kniete neben seinem Gefährten nieder. Selme war tot. Ein brandiger Geruch schwebte in der Luft. Als er die Apparate prüfte, stellte er fest, daß Drähte ohne Isolation bloßlagen. Selme hatte einen Schlag bekommen. Ein absurder Unfall, an dem ohne Zweifel ein unerklärlicher Leichtsinn von Selme schuld war. Niedergeschlagen verließ Ulrich den Raum. Als erstes benachrichtigte er die Station, die sich Millionen Kilometer weit entfernt befand. Eine Viertelstunde verging, bevor der Kontakt hergestellt war. In lakonischen Sätzen teilte Ulrich den Unfall mit und wartete dann auf Antwort. Wieder verging ein Zeitraum, und das Knistern des Weltraums erfüllte die Stille. Endlich erklang die ferne Stimme, die jetzt seine einzige Verbindung mit der Welt der Menschen war. Der Operateur der Station unterrichtete ihn davon, daß ein Rettungsraumschiff mit einer Ablösungsmannschaft drei Wochen später auf Syrtige landen würde.

Die Techniker, die mit der Erforschung neuer Planeten beauftragt waren, arbeiteten immer in Gruppen von mindestens zwei Leuten. Im Weltraum und auf fremden Planeten war die Einsamkeit das schlimmste aller Übel. An dieses Übel mußte sich Ulrich jetzt gewöhnen.

Mit mechanischen Bewegungen holte er aus einem Schuppen einen Exkavator und transportierte ihn zweihundert Meter weit von der Basis, dabei leuchtete er sich in der immer stärker werdenden Dämmerung mit einer Lampe. Die Maschine fraß sich in den Boden: Ulrich markierte ein Loch von der Größe eines menschlichen Körpers. Als es tief genug war, ging er zur Basis zurück, hob Selmes Körper auf und trug ihn hin. Bevor er die Grube zuschüttete, warf er einen letzten Blick auf Selme. Das Gesicht seines toten Kameraden mit den geschlossenen Augen schien zu schlafen. Als er fertig war, suchte Ulrich nach etwas, womit er das Grab kennzeichnen könnte. Er fand nur Steine und begnügte sich damit, sie einfach daraufzulegen.

Als er zur Basis zurückkehrte, wurde ihm plötzlich schwindlig, als ob ihm die Luft ausginge. Er stolperte und fiel auf den Boden. Eine gewisse Zeit verstrich, deren Dauer ihm unklar war. Dann verging sein Unwohlsein, Luft strömte in seine Lungen, und er hatte das Gefühl, aus einer Ohnmacht zu erwachen. Er stand auf und sah verwundert das Schauspiel, das sich ihm bot. Die Wüstenlandschaft von Syrtige schien in ein rosafarbenes Licht getaucht zu sein und mit einer üppigen purpurnen Vegetation bedeckt.

Ulrich riß die Augen auf. Das Bild zerfloß, wurde von der Dämmerung verschluckt. Er schaltete seine Lampen an und sah nichts als den nackten Boden des Planeten. Er kehrte ohne einen weiteren Zwischenfall zur Basis zurück, betroffen von dieser Halluzination. Hatte Selmes Tod ihn so verwirrt, daß sein Wahrnehmungsvermögen getrübt worden war?

In dieser Nacht schlief er schlecht. In seinem Hirn zogen Träume vorbei, in denen das tote Gesicht Selmes abgelöst wurde von der Landschaft mit der purpurnen Vegetation. Am nächsten Morgen beschloß er, die Arbeit routinemäßig fortzusetzen, als ob nichts geschehen wäre. Er beendete die Untersuchung der Proben, die er in dem Augenblick von Selmes Tod unter dem Mikroskop gehabt hatte. Als es Tag wurde auf Syrtige, später als nach Ulrichs Standardzeit wegen der langsameren Umlaufbewegung des Planeten, nahm er eine Essensration zu sich und verließ die Basis.

Ein spärlicher Teppich von Moosen und Flechten bedeckte fleckenweise die gemäßigteren Zonen des Planeten, wo man die Basis errichtet hatte. Bis jetzt hatte Ulrich nur die allerprimitivsten Lebensformen beobachten können. Einzellige Arten, die sich durch Zellkernteilung vermehrten. An diesem Tag sammelte er wie gewohnt seine Proben und entfernte sich nie mehr als einen Kilometer von der Basis. Geländefalten entzogen seinem Blick manchmal das Gebäude, das sich vom Horizont abhob. Das Fehlen von Bäumen verstärkte die intensive Strahlung, und Ulrich mußte eine Brille mit getönten Gläsern tragen.

Doch als er während seiner Arbeit den Kopf hob, stellte er fest, daß das Licht ihn auf ungewöhnliche Weise blendete. Er starrte auf die Wüste und bemühte sich, ihren Glanz zu ertragen. Dabei schien es ihm, als ob kreisförmige Wellen allmählich sein Sehfeld trübten, und er zuckte zusammen, als plötzlich – wie einem anderen Universum entrissen – ein Fragment der purpurnen Landschaft auftauchte.

Ulrich schaute in Richtung der Basis; sie war hinter einer Geländewelle versteckt. Er versuchte, einige Schritte zu machen. Der Boden schwankte unter seinen Füßen. Um ihn herum verschwand die Wüste von Syrtige wie in einem Dunst, und von allen Seiten erschienen Flecken der purpurnen Vegetation.

Ulrich hatte das Gefühl, in das Innere der Landschaft zu dringen. Er befand sich inmitten einer rötlichen Fauna an einem Fluß, an dessen Ufer sich Bäume von unbekannten Formen erhoben. Er empfand Sehnsucht nach Ruhe, das Bedürfnis, sich auf diesem Pflanzenteppich auszustrecken und zu schlafen. Dann hatte er den Eindruck, nicht allein zu sein, und als er sich umdrehte, bemerkte er ein Geschöpf, dessen Oberkörper halb aus dem Wasser auftauchte und das ihn ansah. Er blickte in das Gesicht einer Frau von tierhafter Schönheit, mit runden Schultern und Brüsten, die das Wasser streiften. Er war von der Erscheinung fasziniert. Eine plötzliche Begierde packte ihn.

Doch faßte er sich wieder. Sein Verstand konzentrierte sich auf Abwehr. Er schloß die Augen, lange. Als er sie wieder öffnete, war die Vision verschwunden, er war allein inmitten der ockerfarbenen Wüste. Er kehrte zur Basis zurück, fand seine abgeschlossene, klimatisierte Welt wieder. In der Kabine stehend überlegte er einige Minuten, setzte sich dann hin und öffnete eine leere Seite seines Registers. Er notierte alle Einzelheiten seiner Vision und bemühte sich, sie ganz exakt zu beschreiben. Er endete mit den Worten: *Alles geschah so, als ob ich das Opfer einer hypnotischen Suggestion gewesen wäre, eines unbekannten telepathischen Phänomens, das mein Wahrnehmungsvermögen getrübt hat.* Er zögerte einige Augenblicke und fügte dann hinzu: *Eine solche Hypothese erscheint selbstverständlich irrational, aber welche andere Erklärung ließe sich vorschlagen?*

Zwei Tage vergingen, und Ulrich dachte, daß sich die Erscheinung nicht mehr wiederholen würde. Aber sie kam am dritten Tag mit verstärkter Kraft erneut. Ulrich, der draußen war, sah, wie ihn die purpurne Landschaft umzingelte und wie die Kreatur aus dem Fluß stieg und mit schlängelnden, reptilhaften Bewegungen auf ihn zukam. Er kämpfte gegen die Vision an, aber die Kreatur kam immer näher. Aus der Nähe unterschied er das Gesicht, das von einer schimmernden Mähne eingerahmt war, und den nackten, feuchten Körper. Sie zog ihn auf unaussprechliche Weise an und stieß ihn gleichzeitig ab. Als sie ihn fast berührte, gewann sein Verstand noch einmal die Oberhand, und er flüchtete aus der purpurnen Landschaft. Schwankend faßte er Fuß in der vertrauten Umgebung von Syrtige und stand vor einem bräunlichen Gewächs, das sich vom nackten Wüstenboden abhob. Der Schauder, der ihn in dem Augenblick überlaufen hatte, als die Kreatur die Hand nach ihm ausstreckte, hielt noch an.

Am nächsten Morgen, als er durch sein Fenster sah, glaubte er zu träumen: Sie war da, zwanzig Meter von der Basis entfernt, und streckte die Arme lockend nach ihm aus. So verfolgte sie ihn sogar bis zu seinem Zufluchtsort. Er beschloß, bis auf weiteres nicht mehr hinauszugehen, er verkroch sich in seine enge Wohnzelle und verbrachte dort mehrere Tage über sein Mikroskop gebeugt und unterbrach diese Beschäftigung nur, um zu schlafen. Die Isolation bedrückte ihn, und er gewöhnte sich allmählich daran, Selbstgespräche zu führen. Als er keine Proben mehr hatte, sah er noch einmal alle früheren Untersuchungen durch, die die Lebenserscheinungen auf dem Planeten betrafen. Als er das Register durchblätterte, fiel sein Blick auf die Seite, wo er seine erste Vision niedergeschrieben hatte. Er las sie mehrmals; sein Gedächtnis erschuf noch einmal das Gesicht des seltsamen weiblichen Wesens, die Tieraugen, den Mund, der einer Wunde glich. Ganz plötzlich, ohne über das, was er schrieb, nachzudenken, kritzelte er einige Zeilen an den Rand: *Sie ist mehr als schön – sie ist das Endziel aller Träume, aller Sehnsüchte.*

An diesem Abend versank er in einen schweren, betäubenden Schlaf, aus dem er mit dem Eindruck auftauchte, sich einem Mineralreich zu entreißen. Seine Gedanken schwebten einen Augenblick am Rand des Bewußtseins und tauchten dann an die Oberfläche. Er sah nach, wie spät es war, und wunderte sich, so lange geschlafen zu haben. Auf Syrtige war es schon Tag geworden, obgleich er nach seinem minutiös geregelten Zeitplan mitten in der Nacht hätte aufstehen müssen. Er verließ sein Lager und zog sich mit ungeschickten Bewegungen an, Opfer einer Schwäche, die seine Glieder auf heimtückische Weise lähmte.

Das Unbehagen wurde stärker; das Gefühl einer Gegenwart, die Überzeugung, belauert zu werden, drängten sich ihm auf. Als er sich plötzlich umdrehte, fiel sein Blick auf das Fenster. Ein Gesicht zeichnete sich darin ab, wie ein Porträt in einem ovalen Rahmen. Zusammenzuckend erkannte er das Geschöpf. Das dicke, konkave Material der Scheibe wirkte wie eine Lupe und vergrößerte das Gesicht. Strähnen umringelten es wie Schlangen – als ob ein heftiger Wind draußen wehte. Aber auf Syrtige gab es nie Wind ...

Ulrich fragte sich, seit wann sie ihn beobachtete, ob sie seinen Schlaf belauert habe. Was wollte sie von ihm? Sie konnte unmöglich nur das Produkt seiner Einbildungskraft sein. Sie existierte, er war überzeugt davon. Eine blitzartige Einsicht enthüllte ihm die vermutliche Wahrheit: Sie selbst war wirklich, nur ihre Erscheinungsform war es nicht. Die äußere Form war dazu bestimmt, ihn besser zu täuschen, ihn leichter zu verführen. Vielleicht war sie eine Art mentales Chamäleon und erschien jedem in der Gestalt, die am besten seine Abwehrkräfte lähmte.

Er hatte sich abgewandt und den Kopf gesenkt. Jetzt starrte er die Kreatur von neuem an. Sie streckte die Arme aus und wich zurück, forderte ihn auf, ihr zu folgen. Ein wahnwitziger Gedanke durchzog Ulrichs Gehirn: die Basis verlassen, sie um jeden Preis einfangen. Dann würde er *wissen.* Ganz gleich, welche Folgen das haben würde. Zum erstenmal fiel es ihm schwer, den hypnotischen Zustand zu brechen, den die Vision hervorrief. Mit schwerfälligen Bewegungen, als ob er eine Last abschüttelte, betätigte er den Mechanismus, mit dem man das Fenster verdunkeln konnte. Dann setzte er sich an den Tisch und vergrub sein Gesicht in die Hände.

Am gleichen Tag übermittelte er der Station folgenden Funkspruch: *Trotz erster Forschungsergebnisse wahrscheinlich auf Syrtige Vorhandensein einer fremden Lebensform, fähig zu telepathischem Einwirken auf unsere Sinne.*

Das war sein letzter hellsichtiger Akt. Danach war er völlig niedergeschlagen, ernährte sich auf maschinelle Weise und wurde hin und wieder für längere Zeit vom Schlaf heimgesucht. Dieser Zustand dauerte mehrere Tage an. Er wußte nur noch, daß er aus einem Grund, an den er sich kaum noch erinnerte, auf keinen Fall die Verdunklung des Fensters öffnen durfte. Manchmal näherte er sich dem Register und versuchte etwas aufzuzeichnen. Aber seine Hand kritzelte nur unleserliche Hieroglyphen. Einmal öffnete er eine Seite, die er einst beschrieben hatte; er konnte seine eigene Schrift nicht mehr entziffern.

Dann kam ein Augenblick, wo er aus einer seiner Schlafperioden auftauchte und sein Geist wie vom Körper losgelöst schwebte. Ein Rausch überfiel ihn, begleitet von Schwindelanfällen, die dem Gefühl glichen, das langes Fasten mit sich bringt. Ohne zu überlegen, stand er auf, erreichte die Tür; ein Instinkt, den sein Verstand nicht mehr kontrollierte, trieb ihn vorwärts.

Er öffnete die Tür. Im rosafarbenen Licht breitete sich eine üppige purpurne Vegetation vor ihm aus. Eine Gestalt löste sich zwischen den schlanken Baumstämmen. Wie ein Raubtier kam sie mit geschmeidigen, reptilhaften Bewegungen auf ihn zu. Er wich, als er sie erblickte, ins Innere der Station zurück. Sie lehnte sich in den Türrahmen, ihre Formen hoben sich vom rötlichen Hintergrund der Landschaft ab. Ulrich zog sich weiter zurück. Die Kreatur kam mit wiegenden Bewegungen auf ihn zu. In ihrem herzförmigen Gesicht sah er die gelben Augen glänzen. Ihre hypnotisierenden Augen. Aus den Tiefen von Ulrichs Bewußtsein stieg eine mythologische Erinnerung auf und setzte sich in einen Namen um, der sich seinem Geist aufzwang: Medusa. Die Kreatur drückte sich an ihn, war über ihm, er lag auf dem Boden und sie umschlang ihn. Gleichzeitig löste sich ihre tierfrauenhafte Erscheinung auf. Etwas drang in Ulrichs Fleisch ein, und er stieß ein Brüllen aus. Im gleichen Augenblick versank sein Denken im Nichts.

Das Raumschiff, das die Station auf Syrtige geschickt hatte, kam zwei Wochen später an und landete in der Nähe der Basis. Die drei Mitglieder der neuen Mannschaft verließen es und gingen auf das Gebäude zu. Nichts rührte sich, niemand war gekommen, um sie zu begrüßen. Sie waren darauf gefaßt gewesen, seit die Basis auf ihre Funkrufe stumm geblieben war. Nicht ein einziges Mal während der Reise hatten sie den Kontakt herstellen können. Sie zögerten einen Augenblick, bevor sie in das Gebäude gingen, sie starrten auf die offenstehende Tür. Ihr Gesichtsausdruck war gespannt. Als sie endlich eintraten, erblickten sie sofort Ulrichs Leiche. Sie näherten sich. Der Körper war mumifiziert, vertrocknete Haut klebte an den Knochen. Tiefe Einschnitte markieren die Brust und die Lenden. Das Ganze sah kaum noch menschlich aus.

Sie hoben den Körper auf; dieser, ohne seine Eingeweide, wog kaum noch etwas. Er war trocken und spröde wie Glas. Weil sie ihn zu plötzlich bewegt hatten, zerbröckelte ein Arm und zerfiel unter ihren Fingern zu Staub. Sie legten die groteske Leiche an ihren Platz zurück und untersuchten die Basis, prüften Ulrichs Akten, das Register, in das er seine Beobachtungen eingetragen hatte. Die Lektüre erklärte seinen Tod nicht, ließ sie aber verstehen, welcher Faszination er erlegen war. Ulrichs letzte Funknachricht, die von der Station aufgefangen worden war, hatte die Existenz einer feindlichen Lebensform mit telepathischen Fähigkeiten erwähnt. Diese Fähigkeiten mußten stark genug gewesen sein, um direkt auf Ulrichs Gehirn einzuwirken, so daß er, obgleich gewarnt, sich nicht wehren konnte. Aber welcher Art war diese Gefahr, auf welche Weise tötete die Kreatur? Und vor allen Dingen, wie sah sie genau aus, denn ihre Stärke mußte in den Bildern von sich selbst liegen, die sie projizierte.

In den folgenden Tagen wagten sich die drei Männer nach draußen, konnten aber nichts entdecken. Erst am fünften Abend kehrte einer von ihnen, der jüngste, schweigsam und sehr bleich in den Wohnraum zurück, wo seine Kameraden bereits warteten. Mit zögernder Stimme und starrem Blick begann er zu sprechen, und die Augen seiner Zuhörer wurden unruhig. Er erzählte, daß er auf dem Rückweg zur Basis dem Ungeheuer begegnet war, das Ulrich getötet hatte. Aber es war ihm nicht als Ungeheuer erschienen, sondern als eine Frau von namenloser Schönheit. Dem Tagebuch nach hatte Ulrich ein halb tierisches Geschöpf von rein sinnlicher Anziehungskraft getroffen. Der junge Mann, der seine Erzählung beendete, hatte ein zartes überirdisches Wesen erblickt, mit blondem Haar und engelhaftem Gesicht. »Ein Gesicht, wie ich es manchmal in meinen Träumen sehe«, erklärte er mit einem unecht klingenden Lachen. Mit diesem Satz lieferte er den Schlüssel zu den Erscheinungen, und alle waren sofort auf der Hut. Die Kreatur holte also aus dem Unterbewußtsein ihres Gegenübers den Archetypus, nach dem es sich bildete: das Bild der Träume und der individuellen Sehnsüchte. Die Tierfrau hatte wahrscheinlich den geheimsten Wünschen Ulrichs entsprochen. Die engelhafte Frau dagegen war das unbewußte Ideal des jungen Mannes. Wie aber sah, hinter diesen Masken, das wirkliche Gesicht des Ungeheuers aus?

»Es klingt unglaublich«, sagte der junge Mann weiter, »obgleich ich gewarnt war, trieb mich etwas zu ihr hin. Ich mußte mit aller Kraft widerstehen. Es war, als ob mein Wille nicht mehr existierte.«

Sie schauten sich gegenseitig an. In ihren Augen war zornige Entschlossenheit zu lesen: Sie würden Ulrich rächen und das Tier mit den vielfältigen Masken besiegen.

Der junge Mann hieß Sagir; er war fünfundzwanzig Jahre alt. In der folgenden Nacht fand er keinen Schlaf. In seinem Geist wiederholte sich die Vision, deren Zeuge er gewesen war; die engelhafte Frau mit dem blonden langen Haar, die auf dem Boden dahinzugleiten schien und ihn lockte. Das Bild wurde abgelöst durch das eines Ungeheuers von unbestimmtem Aussehen. Das Ungeheuer kroch auf ihn zu, um ihn zu umklammern und zu ersticken. Er wälzte sich unruhig auf seinem Lager. Seine Hände waren feucht. Er hörte in der Nähe das regelmäßige Atmen seiner beiden Gefährten. Er beneidete sie. Als ihn endlich der Schlaf überkam, hatte er den Eindruck, stundenlang wachgelegen zu haben.

... Er fuhr ganz plötzlich empor. Er wußte nicht, wie spät es war, aber auf dem Planeten war es jetzt Morgen. Blasses Licht drang durch die Scheiben. Neben ihm schliefen seine Kameraden immer noch. Er blieb einige Minuten unbeweglich mit trübem Blick liegen. Ein Unbehagen bemächtigte sich seiner, das Gefühl einer Gegenwart. Plötzlich verstand er. Sein Kopf wandte sich dem größten Fenster zu. Ein Gesicht war dort zu sehen. Ein engelhaftes Gesicht, das ihn anschaute und undurchdringlich lächelte.

Als sie aufwachten, wußten sie, was geschehen war. Das Ungeheuer hatte wieder zugeschlagen. Sagir hatte die Basis verlassen. Ein letzter Reflex hatte ihn wahrscheinlich die Tür schließen lassen und so verhindert, daß seine Gefährten Ulrichs Schicksal ereilte. Aber er selbst – war es noch Zeit, ihn zu retten?

Bleich, mit zusammengepreßten Lippen zogen sie ihre Schutzanzüge an und luden ihre thermischen Pistolen. Sie gingen in die Einöde des Planeten hinaus. Sagirs Spuren waren schwach sichtbar und verwischten sich in einiger Entfernung. Sie erforschten methodisch die Umgebung. Aber der junge Mann blieb unauffindbar.

Den ganzen Tag setzten sie ihre Suche fort. Sie mußten ihn finden, sie wollten sich nicht mit der Feststellung ihrer Niederlage begnügen. Sie wollten ihre Kameraden rächen. Sie wollten, selbst unter Lebensgefahr, die Wahrheit entdecken, die Natur der Gefahr erkennen, die dem Menschen auf diesem Planeten drohte.

Am nächsten Tag erweiterten sie den Umkreis ihrer Nachforschungen und entfernten sich mehrere Kilometer von der Basis. Der Boden wellte sich an dieser Stelle in Hügeln, die den Horizont oft verbargen. Als sie auf einer der Erhebungen angekommen waren, blieb derjenige von ihnen, der voranging, stehen. Sein Gefährte trat zu ihm. Der erste zeigte auf etwas, beide starrten zum Fuß des Abhangs hinab, der sich bis jetzt ihrem Blick entzogen hatte.

Am Boden erblickten sie den Körper ihres Kameraden, und über ihm lag eine Gestalt von unbestimmten Konturen. Sie liefen hinunter. Als sie näher kamen, wurde das Aussehen der Gestalt deutlicher. Beide erkannten eine Frau, die sich langsam zu ihnen umwandte, sie schmachtend ansah. Als sie später ihre Eindrücke austauschten, stellten sie fest, daß sie jedem von ihnen in anderer Gestalt erschienen war. Aber wichtig war, daß beide in ihr ein Bild der Schönheit von unwiderstehlicher Verführung erblickt hatten.

Sie schenkten ihrem Kameraden, der leblos auf dem Boden lag, keine Beachtung mehr. Sie sahen nur noch diese Frau, die, halb aufgerichtet, sich von dem Leichnam löste, über dem sie gelegen hatte. Rosafarbenes Licht umspielte sie; sie beobachtete die Männer gelassen und streckte die Arme aus. Einige Meter von ihr entfernt blieben sie stehen. »Man muß ... sie töten«, murmelte einer von ihnen mit Anstrengung. Er hob seine Pistole. »Du bist verrückt«, flüsterte der andere. »Sieh sie doch an.« Er legte die Hand auf den Arm seines Kameraden; seine Stimme hatte einen hypnotisierten Klang. Er trat noch näher an sie heran. Die Umrisse der Kreatur wurden vor den Augen des anderen verschwommen, er sah, wie sie ihre Fangarme auf denjenigen auswarf, der sich in die Falle stürzte.

Diese Vision ernüchterte ihn. Langsam legte er seine Waffe an. Dann drückte er, ohne sein Ziel anzusehen, mit beiden Händen auf den Abzug und schoß mehrmals. Feuerzungen schossen hervor, er blickte auf die zusammenbrechende Kreatur. Blitzartig, als zerrisse ein Schleier, sah er, wie sich die telepathische Illusion auflöste. Eine widerliche Form kämpfte gegen die Flammen, die sie verzehrten, und wand sich auf dem Boden. Etwas weiter taumelte, noch ganz betäubt, sein Gefährte. Der

Mann zielte ein letztesmal. Die Kreatur bäumte sich in einer verzweifelten Zuckung auf. Mit schwerem Schritt trat er an das schwärzliche Gebilde heran und betrachtete es ungläubig.

Offensichtlich war die Kreatur pflanzlichen Ursprungs. Ihre Formen erinnerten an einen massigen Busch mit knotigem Stamm und dicken braunen Ästen von lederartiger Struktur. Die hypertrophierten Wurzeln glichen Tentakeln. Jede von ihnen besaß spitze, schneidende Ranken.

Die Männer traten zusammen. Derjenige, der seinem Phantasiegebilde fast unterlegen war, gewann wieder Kontrolle über sich. Beide betrachteten Sagirs Körper, an dem das Geschöpf sein Werk begonnen hatte. Auf der Brust und an den Lenden bezeichneten Löcher, gesäumt von trockenem Blut, die Stellen, wo die Ranken eingedrungen waren.

»Ein Pflanzenvampir«, murmelte einer der Männer. Sie verstanden jetzt, warum Ulrichs Körper ausgeweidet worden war. Er hatte der Kreatur als Nährboden gedient, als Muttererde. Sie hatte sich in ihm eingewurzelt, hatte aus seinem Fleisch die Substanzen gezogen, die sie nährten. Und nachdem diese Substanzen absorbiert worden waren, hatte sie sich von ihm gelöst; mit Hilfe der Wurzeln, die ihr zur Fortbewegung dienten, Wurzeln, die Gliedmaßen glichen, war sie in die Wüste zurückgekehrt, wo sie sich verkroch und lauerte. Bis zu dem Augenblick, wo die Ankunft einer neuen Mannschaft ihren zerstörerischen Instinkt abermals geweckt hatte.

Nachdem die beiden Männer ihren Kameraden begraben hatten, gingen sie wortlos zur Basis zurück. Einer von ihnen brach endlich das Schweigen und formulierte die Frage, die sich beide in ihrem Innern gestellt hatten: »Seltsam, daß wir nur ein Exemplar dieser Art getroffen haben. Keine Lebensform existiert in einem einzigen Exemplar.«

Der andere erwiderte nichts. Was hätte er auch hinzufügen sollen? Sie waren zur Basis zurückgekehrt. Sie hatten noch zu tun. Sie verbrachten den Tag damit, Ulrichs Aufzeichnungen zu ordnen und ihren eigenen Bericht vorzubereiten. Sie hatten beschlossen, am nächsten Tag abzufliegen und bei ihrer Rückkehr zu verlangen, daß man über den Planeten eine Quarantäne verhängte. Als es Abend wurde, schliefen sie ein. Beim Erwachen begannen sie mit den Abfahrtsvorbereitungen. Als sie endlich die Basis verließen, blieben sie stehen und taumelten geblendet. Draußen kamen in einem gleißenden rosa Licht Hunderte lächelnder Frauen mit ausgestreckten Armen auf sie zu.

Aus dem Französischen übersetzt von Helga Abret

In eine ferne Fremde

Hier, wo ich jetzt bin, führe ich über die Tage nicht mehr Buch. Ich weiß, daß dies einst eine Stadt war, mein Gehirn liefert mir diese Auskunft. Aber ich habe im Grunde genommen vergessen, was eine Stadt war. Die Erinnerungen an die vergangenen Zeiten sind aus meinem Gedächtnis verschwunden.

Oder besser gesagt: Mir ist eine abstrakte Vorstellung davon geblieben. Ich erinnere mich daran, daß es von Menschen auf den Straßen wimmelte, daß sich überall Autos stauten. Es gab Leben, Lichter, Geräusche. Die Stadt summte wie ein Bienenstock. Aber dieses Bild ist durch die Flucht der Zeit getrübt worden. Mir gelingt es nicht mehr, Einzelheiten genauer zu bestimmen.

Ich gehe durch die düsteren, leblosen Straßen. Meine Tritte hallen auf den Bürgersteigen wider, erwecken ein gedämpftes Echo zwischen den toten Häuserfronten. Eine Stadt war die Gesamtheit von Gebäuden, die sich in Stadtviertel gruppierten. Die Gebäude wurden von Menschen bewohnt. Die aneinandergereihten Fensterrechtecke erhellten sich, wenn es Abend wurde, wie Lebensfunken.

Aber die Häuserfronten sind tot und die Fenster dunkel. Nichts lebt mehr außer dem Wind, der sich über die Gassen und Durchgänge stürzt, der auf den Straßenkreuzungen herumwirbelt und in seinem unsteten Flug Abfälle mit sich reißt, Laub, zerfetzte Zeitungsblätter, und sie mir manchmal entgegenschleudert.

In der letzten Zeit bläst der Wind immer heftiger und immer häufiger, als ob seine Gewalttätigkeit selbst während der windstillen Zeiten weiterschwelen würde, bereit, bei der ersten Gelegenheit wieder loszubrechen. Ich glaube nicht, daß es früher einen so ausdauernden Wind gegeben hat – zumindest lassen sich in meinem Gedächtnis keine Spuren einer Erinnerung daran finden. Liegt es daran, daß sich die atmosphärischen Bedingungen geändert haben, daß die Luftströmungen unseres Planeten eine Umwälzung erfuhren, seit das Ereignis stattfand?

Das Ereignis: Noch mehr als alles andere habe ich vergessen, was es war. Ja, mehr als alles andere, mehr noch als die Natur der Städte oder die Lebensbedingungen in ihnen, mehr noch als meine eigene Identität, die mir in manchen Augenblicken halb bewußt wird, aufgezeichnet in meinem Geist wie die geheimnisvollen Zeichen eines Aktenstückes.

Es gibt Augenblicke – die immer häufiger wiederkehren und immer länger dauern –, da ich selbst den schon in weiter Ferne liegenden Einbruch des Ereignisses vergessen habe. Ich gehe durch die Straßen, ich laufe zwischen den schwärzlichen Häuserfronten mit den blinden Fenstern dahin, ich weiß nicht, woher ich komme und wohin ich gehe, ich bin nicht mehr fähig zu denken, ich gehorche nur noch dem mechanischen Rhythmus meiner Schritte, der automatenhaften Bewegung meiner Füße, die unter den Sohlen die Weite des Raumes in kleine Abschnitte zerlegen. Und für lange Momente vergesse ich, daß das Ereignis stattgefunden hat.

Was war dieses Ereignis? Wann ist es geschehen? Was kam danach? In meinem Gehirn liegt ein harter glatter Block, in dem alle Angaben, die mir fehlen, eingeschlossen sind, ein erstarrter Gedenkstein, der meinen Kopf schwer macht bis zu dem Tag, an dem er vielleicht bersten und die Fasern der Erinnerungen freilassen wird; und die Erinnerungen werden bis auf den Grund meines Bewußtseins spritzen und sich dort ausbreiten wie dickes schwarzes Blut. Dann werde ich es vielleicht wissen. Und vielleicht werde ich dann wahnsinnig werden.

Vielleicht bin ich schon wahnsinnig. Vielleicht ist dieser Monolog die Irrede eines Wahnsinnigen in seiner Zelle, der sich einbildet, allein in einer toten Welt überlebt zu haben, in einer toten Stadt, nach einer geheimnisvollen Katastrophe, nach einem namenlosen Ereignis, das alles menschliche Leben auf der Erde auslöschte.

Vielleicht bin ich ein Mythomane, der die Fäden der Einsamkeit und des Todes verknüpft, indem er in seinem düsteren Zimmer, fern von den Menschen, in ein Schulheft schreibt und die Seiten fieberhaft mit einer Schrift bedeckt, die so abgerissen und so gehetzt ist wie seine Gedanken. Diese Stadt ohne Leben, durch die ich Tag für Tag auf ein unbekanntes Ziel zugehe – vielleicht erfinde ich sie nur.

Oder bin ich vielleicht ein Schläfer, der träumt, und bald werde ich aufwachen, mein Zimmer verlassen, mich an der Klarheit der Dinge freuen, bald werde ich auf die sonnenüberflutete Straße gehen und ein Lächeln von Frauenlippen und verstohlene Blicke erhaschen. Und ich werde nicht mehr wissen, woher mir dieser finstere Alptraum kam, der mich in seinen Sog herabziehen wollte.

Natürlich ist es verlockend, die Gewißheit zu leugnen. Es wäre gut, an die Gaukelbilder eines Traums oder die Überspanntheit eines kranken Hirns zu glauben. Ich weiß wohl, daß sich mein Geist immer mehr verwirrt. Ich kann die Wirklichkeit nicht mehr ganz von der Einbildung unterscheiden, die konkrete Wahrheit, die sich meinen Augen bietet, zerbröckelt und gibt manchmal dem Ansturm meiner Phantasien nach.

Aber in meinen hellsichtigen Augenblicken bin ich überzeugt davon, daß dieser Ort die einzige Realität ist, dieser verlorene Ort, der früher eine Stadt war und wo ich bis zur Erschöpfung laufe zwischen den endlosen Ziegel- oder Betonmauern, zwischen diesen schwärzlichen Fronten, die man einst Häuser, Gebäude nannte.

Ich habe gesagt, daß ich über die Tage nicht mehr Buch führe. Und noch weniger über die Monate – vielleicht über die Jahre? Wieviel Zeit ist seit dem Ereignis vergangen? Wieviel Monate oder Jahre sind seit dieser Katastrophe verflossen, deren Erinnerung wie ein abscheuliches Geheimnis tief in meinen Hirnfalten versteckt ist? Wo sind die anderen geblieben? Was ist aus der Menschheit geworden?

Manchmal zweifle ich daran, daß diese Menschheit früher einmal existiert hat, selbst wenn die Stadt da ist, um mich von der äußeren Realität zu überzeugen, selbst wenn mein Körper da ist, um mir zu beweisen, daß ich lebe. Die Stadt ist das Werk von Menschenhand, alles weist darauf hin. Sie hat sich nicht einfach aus dem Nichts materialisiert. Und doch ist alles so, als ob ich in meiner Einbildung diejenigen erschaffen, die sie erbauten, als ob ich ihre Bewohner nur erträumt hätte.

Ich gehe durch die Straßen. Wie lebe ich? Wovon ernähre ich mich? Ich stöbere hier und da etwas Eßbares auf, ich bediene mich an den unnütz gewordenen Lebensmittelvorräten. (Alle diese Vorräte sind doch wohl von Menschen angelegt worden, damit sie wiederum von Menschen *verbraucht* werden: das ist also der *Beweis,* den ich zu suchen heuchle und der sich mir manchmal in den Augenblicken entzieht, in denen mein mentaler Einfluß auf die Dinge schwächer wird und die Substanz des Universums vor meinen Augen zerbröckelt.)

Ich ernähre mich und ich lebe. Ich schlafe dort, wo mich der Zufall hinführt, in irgendwelchen Wohnungen, in denen nichts auf menschliche Gegenwart hinweist. Die Welt, in der ich mich bewege, läßt an eine riesige Theaterkulisse denken, wo alles nur Schein ist, eine Kulisse, die nie das wirkliche Leben, seine Unruhe, seinen Tumult gekannt hat. Die Betten, in die ich mich lege, sind sorgfältig gemacht, die Küchen, in denen ich esse, sind blitzsauber, die Wohnräume gleichen Museumssälen, dazu bestimmt, möglichen Besuchern der Zukunft den Rahmen zu zeigen, in dem diejenigen lebten, die meine Zeitgenossen waren.

Ich lebe – besser gesagt: Ich überlebe. Und dieses Überleben kommt mir immer unwirklicher und illusorischer vor. Wozu aktiv sein in einer Welt, die nur noch ein geräumiges, totes Gerippe ist? Wozu diese kleine, absurde Mechanik, die ich aufziehe, indem ich die Funktionen meines Körpers unterhalte, indem ich das Räderwerk meines Organismus weiterlaufen lasse? Ich schlafe, ich esse, ich scheide aus. Wenn mich das Vergessen überkommt, wird mein Denken abgeschaltet. Ansonsten denke ich – oder ich träume, daß ich denke.

Und ich gehe weiter durch die Stadt. Ich ziehe von Straße zu Straße, von Stadtviertel zu Stadtviertel, zwischen den aschgrauen Häuserfronten, im wirbelnden Tosen des Windes (wird er je eines Tages aufhören?), unter dem Himmel, der zur Zeit farblos ist, als wären für immer mit dem Wind auch die tiefhängenden grauen Wolken gekommen, die über der Stadt wie ein bleierner Deckel lasten.

Am erstaunlichsten sind vielleicht die offensichtlich maßlosen Dimensionen der Stadt. Je länger ich laufe, desto mehr scheinen die Grenzen (wenn es überhaupt Grenzen gibt) über einen unsichtbaren Horizont zurückzuweichen, der sich immer wieder verschiebt. Oder ich ziehe Kreise beim Gehen, beschreibe Bahnen um mich selbst, die sich kreuzen, und durchlaufe so immer wieder die gleichen Stellen. Und man muß zugeben, daß alle Straßen der Stadt ähnlich aussehen, rechtlinige Breschen zwischen gleichförmigen Gebäudereihen, die nie einen Anhaltspunkt bieten, der auffälliger ist als ein anderer und so die Aufmerksamkeit auf sich lenkt.

Und doch habe ich den Eindruck, geradeaus zu gehen. Zwar kann ich mich nicht nach der Sonne richten (sie ist immer abwesend). Aber ich bemühe mich nach Kräften, einer bestimmten Richtung zu folgen, ohne an den Kreuzungen im rechten Winkel abzubiegen, und ich zweige nur ab, wenn mich eine Straße, was selten ist, durch eine Krümmung dazu zwingt, wobei ich dann versuche, diese Abweichung wieder zu korrigieren, um meine ursprüngliche Richtung weiterzuverfolgen.

Aber das ändert nichts daran, daß es so aussieht, als sollten meine Irrfahrten durch die Stadt nie ein Ende nehmen. Als erstrecke sich diese Stadt in unermeßlicher Entfernung auf einem Gebiet, wo auf früheren Karten niemals eine große Stadt eingetragen war. Bin ich dazu verurteilt, weiter so zu laufen, und wie lange, ohne je die Stadt zu verlassen? Und selbst wenn ich irgendwann an die bis jetzt unerreichbare Grenze gelangen würde, dann ist die Idee, die mir manchmal kommt, die schrecklichste von allen: eines Tages, ganz unerwartet, am Ende einer Straßenschlucht zu sehen, wie die Stadt *abbricht,* wie freies, unberührtes Land die Häusermassen ablöst, und es scheint mir, daß ich dann von panischer Angst ergriffen würde, daß ich es vorziehen würde umzukehren, um mich wieder mit gesenktem Kopf diesem ziellosen Marsch hinzugeben, der mir zu vertraut geworden ist, als daß ich darauf verzichten möchte.

Noch andere Gedanken suchen mich immer häufiger heim. Und wenn ich nicht allein in der Stadt wäre? Wenn vielleicht eine einzige andere Person existierte, die wie ich geduldig das Labyrinth erforscht, nie an der gleichen Stelle wie ich, nie in der gleichen Sekunde? Vielleicht nur durch einen einzigen Straßenzug von mir getrennt, durch einen einzigen Häuserblock, einige Meter von der Kreuzung entfernt, ohne daß das Heulen des Windes es erlaubt, unsere Schritte zu hören.

Jemand anderes. Vielleicht eine Frau? Eine anonyme Frau, die auch ziellos herumirrt, auf der Suche nach etwas Unbekanntem. Und vielleicht hat sie die Erinnerung an das Ereignis bewahrt, statt wie ich ein Gedächtnis zu haben, betäubt durch die Schleier der Amnesie, die in meinem Kopf schweben und, Flammen einer Kerze gleich, das Licht meiner Erinnerung unstet flackern lassen?

Eine Frau, ja, das ist es, ich bin fast sicher. Und bemerkte ich nicht neulich abends zum erstenmal am Fenster eines Zimmers, wo ich die Nacht verbringen wollte, das winzige Zeichen einer menschlichen Gegenwart, am Ende der grauen Straße, die sich vor meinen Augen zwischen den Mauern der Gebäude im Licht des sinkenden Tages dahinzog? Ein gelblicher Fleck, der sich am Boden bewegte, ein Fleck, der von weitem an ein Kleidungsstück denken ließ, an das Kleid einer Frau, das leicht im Rhythmus des Gehens hin und her schwang.

Das gelbe Kleid einer Frau. Es verschwand gleich darauf an einer Straßenbiegung. Ich hätte mich irren können. Aber es war nicht der Wind, der dieses Etwas bewegte, nicht auf eine so regelmäßige und stete Weise. Der Wind läßt das, was er emporhebt, aufflattern und wirbelt es herum, er löst keine langsame, rhythmische Bewegung aus.

Ich lief aus dem Gebäude, wo ich Zuflucht gesucht hatte, ich stürzte auf die Straße, rannte bis zur nächsten Kreuzung. Aber so weit ich auch meinen Blick schweifen ließ – nichts war zu sehen, und ich hatte schon gesagt, daß die Straßen dieser Stadt im allgemeinen geradlinig sind. War die Frau, die ich zu sehen geglaubt hatte, in eine Nebenstraße eingebogen? Oder stand sie unter einem Torbogen? Wie hatte sie sich einfach in Luft auflösen können? Ich hatte das sichere Gefühl, daß sie in meiner Nähe lauerte, bereit, mich zu verhöhnen oder mich auszulachen.

Dann suchte ich sie vergeblich beim Zurückgehen. Es gelang mir nicht, unter den Gebäuden dasjenige wiederzufinden, aus dem ich gekommen war, als ich den gelben Fleck (ihres Kleides?) bemerkt hatte. Nachdem ich eine Zeitlang hin- und hergeirrt war, gelang es mir nicht einmal mehr, die Straße zu finden, in die sie eingebogen war (sie sehen sich so ähnlich, alle besitzen die gleiche trostlose Monotonie). Und am nächsten Tag setzte ich meinen Weg durch die Stadt fort, ich ging weiter durch die hohen Gebäudereihen, allein im Tosen des Windes, der mich von Zeit zu Zeit an den Straßenecken ansprang und mich schwanken ließ.

Einer der Zeitungsfetzen, die manchmal den Bürgersteig entlangflattern und die der Wind zerknittert und zerdrückt, preßte sich gegen meine Beine. Ich war nie so neugierig, mich zu bükken, um einen im Vorbeigehen aufzuheben. Aber als ich diesen abschütteln wollte, drängte mich etwas, einen Blick darauf zu werfen. Das Papier war vergilbt und verschmutzt. Es war die zerfetzte Seite einer Tageszeitung, die zickzackförmig zerrissen war. Eine Tageszeitung ... ich hatte fast vergessen, was das war. Informationen ... Nachrichten vom Tage ... Diese Spur einer vergessenen, fast mythisch gewordenen Vergangenheit war so auffallend und gleichzeitig so ergreifend, daß meine Hände, die den Papierfetzen hielten, zitterten. Das war doch das unwiderlegbare Zeichen, der Beweis dafür, daß Menschen auf der Erde gelebt hatten! Aber wie alt war diese Zeitung? Sie trug weder Datum noch Namen.

Der ganze Zeitungsfetzen bestand aus Schlagzeilen in riesigen Lettern, und ich konnte nur verstümmelte Fragmente, abgerissene Wörter lesen. Die Art der auf diese Weise übermittelten Information blieb seltsam unklar, ja rätselhaft, es war mir unmöglich, sie mit irgendeiner Bedeutung zu versehen. War diese Zeitung eine Fälschung, eine Attrappe? Oder rührte mein Zögern von der Verlangsamung meiner Denkkraft her, von dieser Unfähigkeit, Konzepte zu formulieren, die meinen Verstand immer häufiger heimsuchte?

Mit der Zeit schien es mir aber, als enthielte dieses zerrissene Zeitungsfragment tatsächlich eine Art Botschaft, die nur mir allein bestimmt war, aber dessen Inhalt nur enträtselt werden konnte, wenn man den Schlüssel besaß, den Geheimkode, der es erlaubte, den Sinn zu entziffern. Und gleichzeitig war ich mir vollkommen darüber klar, daß die verstümmelten Wörter, die ich las, mir unentzifferbar blieben und es immer bleiben würden. Die Buchstabengebilde tanzten vor meinen Augen, trugen höhnisch ihren aufreizenden rebusartigen Charakter zur Schau zwischen den zackigen Rändern des Risses, der sie ironisch umrahmte, um ihre Sinnlosigkeit besser zu unterstreichen:

Ich schüttelte den Kopf, um die sich verdichtenden Schatten zu verjagen, die summenden Fliegenschwärme, die meinen Geist verdüsterten und ein verschwommenes Dunkel verbreiteten. Die Phasen der Leere, in denen mein Verstand in Wellentäler versinkt, werden in letzter Zeit immer drückender und kehren immer häufiger wieder. Schon lange habe ich den Vorrat rosafarbener Kapseln aufgebraucht, die ich irgendwo gefunden hatte und die in meinem Gehirn blitzartig ein intensives Wahrnehmungsvermögen aufflammen ließen sowie ein klares Bewußtsein der Vergangenheit. Aber ich erinnere mich auch daran, daß in diesen Augenblicken der Hellsicht Visionen auftauchten, die mich in tiefe Verwirrung stürzten – eine Verwirrung, von der ich jetzt nicht mehr genau sagen kann, woher sie kam und wie sie sich äußerte. Einerseits mochte ich die rosafarbenen Kapseln nicht. Ihre Wirkung ängstigte mich. Vielleicht habe ich sie sogar mit eigener Hand in einem Augenblick der Verwirrung weggeworfen, um der Versuchung zu entgehen, sie zu schlucken. Vielleicht wollte ich so die schwarzen Wellen beschwören, um nicht mehr Gefahr zu laufen, diese Anfälle geistiger Schärfe zu erleben.

Und so gehe ich wieder durch die Stadt. Wieder sehe ich, wie Straße auf Straße die endlosen Gebäudereihen einander ablösen. Die Tage scheinen noch düsterer zu sein, der Himmel noch grauer, so daß ich manchmal nicht mehr zehn Meter weit sehe. Oder sind meine Gedanken daran schuld, daß sich mein Blick trübt? Werden nach und nach alle meine Empfindungen abstumpfen? Funktioniert mein gesamter Organismus nur noch verlangsamt? Meine Füße tragen mich mit Mühe, es fällt mir schwer, sie zu bewegen, ich wate durch ein zähflüssiges Meer.

Hinter mir, ganz in meiner Nähe, fühle ich jetzt die schwarzen Wellen schlagen. Ich kann sie sogar sehen, sie sind nicht nur dazu da, meinen Geist zu ersticken, sondern auch, um meine Bewegungen zu hemmen und zu lähmen. Sie sind da, ich fühle, wie sie am Rand meines Gesichtskreises anschwellen, bereit, über mir zusammenzuschlagen und mich zu ertränken. Und das klebrige Meer, in das meine Füße einsinken, wird immer dicker, ein Magma, das mich hinabsaugen will und dem ich mich nur noch mit Anstrengung entziehe.

Die Mauern der Gebäude werden immer höher und drohender, es sieht aus, als würden sie sich allmählich vorbeugen, als würden Risse ihre Fronten zerspalten, die bereit sind, auseinanderzubrechen, zusammenzustürzen, um mich unter ihren Trümmern zu begraben. Schritt für Schritt schleppe ich mich weiter durch den Schlamm, der an meinen Füßen klebt. Die schwarzen Wellen umspülen mich. Der Schatten breitet sich aus. Ein einziges Licht durchdringt ihn: die lebhafte Erinnerung – scharf wie eine Messerschneide – an den gelben Fleck, der sich am Ende der Straße bewegte, und dieses Gelb wächst an wie eine blendende Sonne, vor der ich mit dem Arm meine Lider schütze und auf dem Platz taumle, als wolle ich zusammenbrechen. Ich schließe die Augen.

Als ich sie wieder öffne, sind die schwarzen Wellen verebbt. Mein Geist ist wieder klar, meine Gedanken sind frei wie zur Zeit der rosafarbenen Kapseln. Mit einem Unterschied: Meine mentale Öffnung mündet nicht mehr in Angst, die mit der Einnahme der Kapseln verbunden war – diese Angst, deren Gegenstand sich mir entzog, aber die von etwas Entsetzlichem herrührte. Jetzt wirkt die Hellsichtigkeit meiner Vision beruhigend auf mich. Das zähflüssige Meer ist verschwunden. Der Boden unter meinen Füßen ist fest und sicher, die Gebäude, die mich umgeben, ragen nicht mehr drohend auf, der Himmel scheint heller zu sein und zartrosa getönt. Die Stadt ist da wie ein schützender Kokon. Sie ist nicht mehr das verwirrende Labyrinth, in dem sich meine Schritte verlieren.

Ich drehe mich um und sehe plötzlich, wie sie auf mich zukommt. Sie taucht aus den sich auflösenden Schatten auf und nähert sich mir, die Hände leicht ausgestreckt, und ich sehe sie aus der Nähe, ich sehe ihr gelbes Kleidungsstück, das kein Kleid, sondern eine lange schimmernde Tunika ist. Sie geht barfuß, und es sieht aus, als gleite sie über den Boden, so leicht sind ihre Schritte, so unmerklich ist der Rhythmus ihres Ganges. Ihre Haare sind zerzaust und wehen im Wind, bewegen sich wie Flammen, fast habe ich den Eindruck, Funken knistern zu sehen. Und je näher sie kommt, desto mehr inneres Licht strömt sie aus, Licht, das aus ihrem Körper kommt oder aus der Substanz ihres Fleisches – ein Licht, das mich so stark blendet, daß ich die Einzelheiten ihres Gesichts nicht erkennen kann, von dem ich nur ein verschwommenes Oval zwischen den kupferroten Flammen ihres Haares unterscheide. Ich bringe diese visuelle Täuschung mit den Folgeerscheinungen des Trugbildes von vorhin in Verbindung, erkläre sie aus dem plötzlichen Wechsel von der Dunkelheit, die mich bedrohte, zu dieser unerwarteten Helle. Dann denke ich nicht mehr nach. Ich gehe auf sie zu und fasse entschlossen ihre Handgelenke, presse sie zwischen meinen Fingern, als fürchte ich, daß sie, kaum aufgetaucht, schon wieder verschwinden könnte. Ich sprudle Worte heraus, reihe abgehackte Sätze aneinander, deren Fragmente sich verwirren, ich staune ungläubig beim Klang meiner Stimme, die ich nicht mehr wiedererkenne, so lange ist es her, daß ich sie nicht mehr gebraucht habe. Ich bedränge sie mit Fragen und höre ihre Antworten nicht, ich spreche und berausche mich an meinen Worten, an diesem wiedergefundenen Wortschwall, der meine Einsamkeit beseitigt, an dieser unerhörten Wiedereroberung der Sprache, und der Strom meiner Worte steigt mir in den Kopf und breitet seinen sonoren Widerhall kreisförmig in meinem Schädelinnern aus.

Sie schaut mich an und schüttelt flüchtig den Kopf. Vielleicht hält sie mich für wahnsinnig, für jemanden, den die Isolation und der Schock krank gemacht haben. Sie hat recht: Man muß warten. Wir werden später miteinander sprechen. Später wird sie mir alles über sich erzählen, wer sie ist, woher sie kommt. Wir werden uns Geständnisse zumurmeln in der Stunde, wo wir zu zweit sein werden, wo uns nichts mehr trennen wird, weder der Wahnsinn noch die Einsamkeit, wo nichts anderes mehr zählen wird, nicht einmal mehr diese ungeheure, abwesende Erinnerung, die sich in mein schwachgewordenes Gedächtnis verkrochen hat, die Erinnerung an eine hypothetische Katastrophe, die einst die Menschheit getroffen hat, deren Existenz mir jeden Tag unwirklicher erscheint. Ich lasse ihre Handgelenke los. Sie tritt zurück und winkt mir unmerklich mit der Hand, indem sie sich halb abwendet und mich zum Mitkommen einlädt. Dann entfernt sie sich, und ich folge ihr, achte auf die Wellenbewegung ihrer Haare, auf das Unkörperliche ihres Ganges, auf das wechselnde Farbenspiel auf dem durchsichtigen Gewebe ihrer Tunika.

Wir gehen durch die Straßen der Stadt, die plötzlich wie eine andere Stadt aussieht. Allein durch ihre Gegenwart verwandelt meine Gefährtin alles, was sie umgibt. Wir gehen Hand in Hand wie Kinder, die spielen wollen, aber ihr Blick ist ernst – ich erkenne jetzt ihre Augen – und verbiete mir zu denken, daß es sich um etwas so Harmloses wie ein Spiel handeln könnte. Ich ziehe sie an mich, umfasse ihre Taille, ich fühle, wie ihr Körper mir entgegenkommt. Die schwarzen Wellen am Rande meines inneren Horizonts sind verschwunden, mein Bewußtseinsfeld breitet sich aus und umgibt mich wie eine freie Ebene, drängt alle Ängste, Zweifel und die nebelhaften Spuren der Ungewißheit bis an die äußersten Grenzen zurück. Noch einmal ertappe ich mich dabei, sprechen zu wollen, aber sie legt den Finger auf den Mund, läßt mich ausdrücklich verstehen, daß das Schweigen die stumme Regel ist, der wir beide gehorchen müssen. Ich wende mich ihr zu, ich erforsche ihr Gesicht, wiederum überrascht mich der seltsame Lichteffekt, der sich auf alles in ihrer Nähe auswirkt, ihre Züge unkenntlich macht und nur die Konturen erahnen läßt. Ich könnte über dieses Rätsel verärgert oder einfach erstaunt sein, aber ich habe die Fähigkeit verlernt, Fragen zu stellen. Ich gebe mich damit zufrieden, neben dieser Frau zu laufen, die Sanftheit ihres Körpers zu empfinden, der sich bewegt und mich berührt, und zum erstenmal seit Beginn meiner Wanderung durch die Stadt habe ich die Überzeugung, daß ich irgendwohin gehe, daß ich nach meinem langen Marsch endlich an ein Ziel gelangen werde.

Ein Druck ihrer Hand auf meiner Schulter und ihrer Hüfte, die sich gegen meine preßt, fordern mich auf stehenzubleiben. Ich sehe, daß wir am Fuß eines hohen Wohnturms angelangt sind, dessen kompakte Front steil wie ein Monolith von gigantischen Ausmaßen zum Himmel aufragt. Es sieht aus, als würden sich ganz oben die Wolken zerstreuen, als würde das viereckige Flachdach des Turmes sie mutwillig zerreißen, indem es deutlich seine Stirnwand gegen die graue, schleimige Atmosphäre des Himmels reckt. Ich senke den Kopf und schaue um mich. Die Helligkeit in ihrer Nähe ist noch stärker geworden, als würde der Glanz, in dem meine Gefährtin badet und der von ihrem ganzen Wesen auszustrahlen scheint, sich auch auf ihre Umgebung übertragen. Sie wendet sich mir zu, und ich habe den Eindruck – aber vielleicht ist es eine auditive Täuschung – zu hören, wie sie mit kaum hörbarem Murmeln sagt: »Bald.« Dann zieht sie mich zum Eingang des Turmes, wir steigen zusammen die mit Trümmern besäte Vortreppe hinauf, die zur Vorhalle führt.

Innen entfalten im grünlichen Dämmerlicht eines Aquariums riesige Kakteen, die bräunlich geworden sind wie Fossilien, in großen Kästen ihre sich schlängelnden Formen. Verstaubte Marmorfliesen führen zu den Fahrstühlen, die längst nicht mehr funktionieren. Ich schaue meine Gefährtin fragend an: Sie zeigt auf eine Treppe im Hintergrund, und ich gehe sofort darauf zu. Meine Schritte wecken, Stufe für Stufe, ein hohles, dröhnendes Echo, das stärker wird und sich überlagert. Bald wird die ganze Treppe zu einem riesigen Echoraum, dessen Vibrationen mich betäuben, während die Füße meiner Gefährtin die Stufen nur streifen und so durch ihre Geräuschlosigkeit die Unschicklichkeit des Lärms, den ich verursache, noch verstärken.

Nach einer Weile habe ich den Eindruck, unser Aufstieg daure endlos. Die Etagen folgen aufeinander, greifen mit strenger Regelmäßigkeit ineinander, sind alle auf gleiche Weise durch einen Treppenabsatz, auf den zwei Seitengänge münden, voneinander getrennt, und ich habe darauf verzichtet, sie zu zählen. Meine Füße sind wie Blei, meine Schläfen pochen, und ich keuche, weil ich versuche, den gleichen Rhythmus beizubehalten, während sie den Aufstieg mühelos fortsetzt und keine Erschöpfung zu verspüren scheint. Schließlich fühle ich auf einem Treppenabsatz, daß ich am Ende meiner Kräfte bin, und ich bleibe stehen. Ich lehne mich schwankend an sie, ich spüre mein Herz in der Brust flattern wie ein aufgescheuchtes Tier. Ich schließe einen Augenblick die Augen, und mir ist, als laste das Gewicht einer schweren, uralten Müdigkeit auf mir, unter dem ich zusammenbrechen werde und das mich daran hindern wird weiterzugehen.

Der Druck ihrer Hand auf meinem Arm wird drängender, und diesmal höre ich dicht an meinem Ohr ihre Stimme die Worte »Armer Kleiner« aussprechen. Es scheint mir, als befände ich mich für kurze Zeit an ihrer Brust, geborgen im Schutz ihrer Arme, die sich über mir schließen, als wollten sie mich wiegen. Dann zwingt sie mich, den Aufstieg, der mich erschöpft, fortzusetzen, wieder spüre ich unter meinen Füßen diese endlose Treppe, es ist viel Zeit vergangen, seit wir hier sind, eine Zeit, die so lange währte, daß ich ihre Dauer nicht mehr abschätzen kann, es gibt keine Zeit mehr, die Zeit hat sich aufgelöst, verliert allmählich ihre Konsistenz, wird zu einer abstrakten und wattigen Dimension, in der meine Fähigkeiten zunichte werden.

Noch einmal faßt sie mich an, schüttelt mich, um mich in die Wirklichkeit zurückzubringen. Ich schaue um mich. Wir sind stehengeblieben. Als hätte ich plötzlich beim Heraustreten aus einem langen Tunnel mein Augenlicht wiedergewonnen, so sehe ich jetzt, daß wir endlich ganz oben auf dem Turm angekommen sind. Die Treppe hört auf, sie führt nicht weiter. Wir sind auf einer Terrasse mit Panoramafenstern, die die Stadt mit ihren abgestuften Gebäudestrukturen beherrscht. Es bläst ein heftiger Wind, dessen langgezogenes Echo in lärmenden Klagelauten widerhallt. Ich hebe die Augen zu ihr auf, die mich hierhergeführt hat, und zum erstenmal erkenne ich deutlich alle Einzelheiten ihres Gesichts. Ihre Züge erinnern mich unwiderstehlich an jemanden, vielleicht an eine Frau, die ich einst kannte oder liebte, aber heute längst vergessen habe. Sie beobachtet mich mit aufmerksamem Blick, während sich ihre Lippen zu einem Lächeln von unbeschreiblicher Sanftheit öffnen.

Ich möchte sie umarmen, aber sie weicht zurück, und ich sehe plötzlich, daß sie ihre gelbe Tunika abgeworfen hat. Sie geht auf ein Fenster mit zerbrochener Scheibe zu, das sich in die freie Weite des Raumes öffnet, und ich stelle fest, daß durch diese Öffnung der Wind stürzt, der in unserer Nähe heult. Sie steigt auf die steinerne Brüstung, ihr Körper streckt sich, die Haare richten sich auf wie ein zorniges Knäuel sich windender Schlangen. Ein gleißendes Licht strahlt von ihrer ganzen Person aus. Mit dem Finger lädt sie mich ein, ihr zu folgen. Ich klettere neben sie auf die enge Brüstung. Dann beginnt sie zu sprechen, aber ihre Worte gehen im Tosen des Windes unter, nur winzige Fetzen ihrer Rede treiben bis zu meinem Ohr. Ich glaube die Worte zu unterscheiden: »... niemals ... warum ... nichts mehr ... und schließlich ... das Ende ...«, ohne daß ich mit Sicherheit sagen kann, daß ich sie richtig verstanden habe.

Dann entfernt sie sich allmählich von mir, macht einige Schritte nach vorn. Ich sehe, daß sie die steinerne Brüstung verlassen hat. Sie schwebt im Leeren und dreht sich zu mir, öffnet mir ihre Arme. Der melodische Klang ihrer Stimme wird bis zu mir getragen, er ist überzeugend und von sanfter Eindringlichkeit. Und diesmal verstehe ich trotz des Heulens des Windes die Worte: »Komm mit mir. Weit weg.« Auf der Brüstung stehend, zögere ich. Ein Schwindel erfaßt mich. Ich schaue den Himmel an, dessen Grenzen sich weiten. Ich schaue die Stadt an, deren Ausmaße sich ins Unendliche erstrecken. Ich schaue sie an, sie: ihren bittenden Blick, ihr rätselhaftes Lächeln, ihre geöffneten Augen. Allmählich scheinen sich ihre Züge zu verwischen und zu verschwimmen. Ich sehe, wie sich ihre Augen weiten, zu zwei dunklen Löchern werden, wie sich ihr Lächeln verzieht und die Zähne sehen läßt. Die Landschaft kippt um. Meine Füße verlassen die Brüstung. Ich schließe die Lider. In diesem Augenblick lösen sich alle Dinge auf, die mich umgeben, das Universum zerfällt. Und ich weiß, daß sie mich mitnimmt, daß ich mit ihr gehe, in eine ferne Fremde.

Aus dem Französischen übersetzt von Helga Abret

Wie ein Vogel, der davonfliegt

1

Vera kniete in der Tiefe des Gartens, hinter den Hortensienbüschen. Vom Haus her rief ihre Mutter mit schriller Stimme, sie sollte sich die Hände waschen und essen kommen. Vera antwortete nicht. Mit verschlossenem, abweisendem Gesicht und gerunzelten Brauen konzentrierte sie sich auf ihre Tätigkeit. Ihre ungeduldigen Hände wühlten im Erdreich, das noch von Regengüssen feucht war.

Das rosa Ende eines Regenwurms kam zum Vorschein. Vera ergriff es und zog einen großen, fast zwanzig Zentimeter langen Wurm heraus. Sie hielt ihn zwischen Daumen und Zeigefinger, sah, wie er sich zwischen ihren Fingern krümmte, und öffnete dann eine Schachtel. Mehrere Würmer schlängelten sich schon darin. Vera legte ihre neue Beute hinein und schloß den Deckel sorgfältig.

Wieder war die Stimme der Mutter zu vernehmen. »Vera, hast du gehört?« Sie erhob sich, nahm die Schachtel unter den Arm und rief mit gleichgültiger Stimme: »Ich komme«, während sie auf das Haus zuging. Unterwegs blieb sie bei einem angebauten Schuppen stehen, dessen wurmstichige Tür nur noch durch einen Riegel hielt. Sie schob ihn auf, öffnete die Tür und ging zu der Werkbank, die in einer dunklen Ecke stand. Dort versteckte sie hinter Werkzeugen und alten Farbtöpfen ihre Schachtel. Ohne Eile verließ sie den Schuppen und schloß behutsam die Tür.

»Vera, wirst du endlich kommen?«

»Ich bin da«, antwortete sie. Ihre Lippen verzogen sich zu einem Lächeln, das einen verächtlichen Anflug hatte.

Die Mutter erschien auf der Terrasse und strich sich mit einer mechanischen Bewegung eine Haarsträhne aus der Stirn. Sie öffnete den Mund, verzerrte die Lippen und begann eine ihrer üblichen, vorwurfsvollen Litaneien. Vera schaltete automatisch ab: Sie weigerte sich, die Worte zu hören, und schaute nur mit amüsierter Neugier zu, wie sich die Lippen der Mutter bewegten. Ein Schauspiel, das sie zum Lachen reizte, aber dabei vergaß sie, sich zu kontrollieren.

». . . immer dasselbe, ich habe genug«, schloß die Stimme der Mutter.

Vera zuckte unmerklich mit den Achseln und ging aufrecht an ihr vorbei, ohne sie eines Blickes zu würdigen. Mit zornigen Seufzern folgte ihr die Mutter ins Haus.

Im Schuppen häufte sich bunt zusammengewürfeltes Gerümpel. Früher war er eine Art Werkstatt gewesen, aber seit Veras Vater tot war, diente der Schuppen nur noch als Abstellraum. Niemand benutzte ihn außer Vera, die hier spielte. Im Hintergrund standen versteckt ein paar alte Kaninchenställe mit Heu. Dort hatte Vera ihren Fund versteckt, den sie in der letzten Woche gemacht hatte.

An jenem Morgen hatte sie sich wie gewöhnlich allein in den Garten zurückgezogen. In der Nacht waren heftige Gewitter niedergegangen, und die Luft war immer noch schwül und drückend. Vera trug ein leichtes Baumwollkleid und Leinenschuhe. Sie hatte das Haus in aller Frühe verlassen, weil sie gern allein sein wollte. Ihre Mutter kritisierte ihre menschenscheue Art, die sie immer wieder die Einsamkeit suchen ließ, um sich scheinbar sinnlosen Spielen zu überlassen. Und doch fehlte es in der Nachbarschaft nicht an Kindern. Aber Vera mied meist die Gesellschaft ihrer Altersgefährten. Sie fühlte sich in ihrer Gegenwart unbeholfen, fehl am Platz. Und auch die Kinder waren gehemmt, befangen, als spürten sie, daß sie anders war als sie.

An jenem Morgen hatte die Mutter Vera verbieten wollen hinauszugehen, weil der Garten angeblich zu feucht war. Vera würde sich schmutzig machen und mit einem schlammbespritzten Kleid zurückkommen. Sie hatte es satt, dauernd die Dummheiten ihrer Tochter wieder in Ordnung zu bringen. Aber die Hartnäckigkeit des Kindes hatte sie schließlich zum Nachgeben gezwungen. Sie resignierte letzten Endes immer, zu erschöpft, zu verzagt, um nicht die Waffen zu strecken vor diesem unerschütterlichen Block eines zwölfjährigen Willens. Vera durfte also in den Garten, und ihr wurde noch einmal empfohlen, auf den Matsch zu achten. Sie hatte es mit der leisen, demütigen Stimme versprochen, die sie mit geheimer Ironie dann zu gebrauchen pflegte, wenn sie jemand hinters Licht führen wollte. Ihre Mutter war himmelweit davon entfernt, sich vorzustellen, daß es gerade seit dem Beginn des Sommers eines ihrer Lieblingsspiele war, sich lange und genußvoll im Schlamm zu wälzen, bis er ihren ganzen Körper bedeckte.

Vera war vorsichtig. Sie wußte, daß sie es sich nicht erlauben konnte, mit schlammbespritzten Sachen nach Hause zu kommen. Allzu große Unüberlegtheiten brachten überflüssige und unangenehme Strafen mit sich. So zog sie sich sorgsam aus, bevor sie sich ihrem Spiel überließ. Ein Körper wäscht sich leichter als ein Kleid, und es bleiben keine verdächtigen Spuren. Ganz hinten im Garten gab es eine Quelle, die aus einem Felsen tröpfelte und in einem Becken aufgefangen wurde, dessen Wasser so durchsichtig war, daß man deutlich jede Unebenheit des grünlichen Bodens sah. Außerdem verlieh die Tatsache, unbekleidet zu sein, dem Spiel seinen besonderen Reiz. Es war ein köstliches Gefühl, auf seiner Haut die klebrige Liebkosung des Schlamms zu spüren, zu beobachten, wie sich eine Haut bildete, die sie von Kopf bis Fuß einschloß, sich abwechselnd auf den Bauch und auf den Rücken zu legen und mit der Hand die noch unbefleckten Stellen zu berühren. Das Spiel war erst gelungen, wenn jeder Fingerbreit ihres Körpers beschmiert war. Dann erhob sie sich langsam im Schutz des Hortensiengebüschs, das sie neugierigen Blicken entzog, und ließ ihr Schlammkleid trocknen, das bald zu einem rissigen Panzer wurde, der bei der geringsten Bewegung platzte. Und auch das war wichtig bei diesem Spiel: stillzustehen, sich die Folter der Unbeweglichkeit aufzuerlegen, obgleich ihre Haut juckte und ihr steifer Körper schmerzte – und innerlich sagte sie sich, daß sie Gefangene dieser Schlammkruste sei wie ein Baum Gefangener seiner Rinde ist, daß sie vielleicht wie er dazu verurteilt sei, verwurzelt zu bleiben, ihr Leben dem Pflanzenreich anzupassen.

Dann aber ging dieser köstliche Augenblick zu Ende. Vera mußte sich bewegen, der krustige Schlamm bröckelte von ihr ab. Bald blieben nur noch eine dünne erdige Schicht und Streifen, die an manchen Stellen an die anfängliche Beschmutzung erinnerten. Vera bewegte sich mit dem Gefühl, ihre Fesseln zerbrochen zu haben, mit der Gewißheit, daß die Folter so unerträglich geworden war, daß sie diese nicht länger hätte ertragen können. Sie lief und stieg in das Becken der Quelle, kauerte sich bis zum Kinn hinein, um ganz benetzt zu werden, gepackt vom eisigen Biß des Wassers. Eine neue Qual – in der das Spiel seinen letzten Reiz, sein höchstes Raffinement fand. Zitternd stieg sie dann aus dem Wasser, rieb die letzten Überreste des Schlamms von ihrer Haut, wärmte sich in der Sonne, trocknete sich mit Blättern und war dabei einem Gefühl der Schuld und der Angst ausgesetzt, das ihr Herz entsetzlich klopfen ließ (denn erst jetzt fragte sie sich, was geschehen wäre, wenn man sie überrascht hätte). Endlich zog sie sich an, streifte das Kleid über, das sie zu Beginn des Spiels abgelegt hatte, war erstaunt über die neutrale, unpersönliche Berührung des Stoffes (der Schlamm war in den ersten Augenblicken so weich, so lebendig) und befremdet über den Geruch von sauberer Wäsche, der ihr fast ungehörig vorkam.

An jenem Morgen – vor einer Woche – hatte sich Vera also wieder diesem leidenschaftlichen Ritus hingegeben, den sie immer dann zelebrierte, wenn – wie oft zu dieser Jahreszeit – schwere Regengüsse niedergegangen waren, die aber die Atmosphäre kaum reinigten. In der Nacht hatte sie schlecht geschlafen, dem strömenden Regen im Garten gelauscht und ungeduldig auf den Morgen gewartet, um von dem frisch getränkten Erdreich zu profitieren, das noch schwammig und aufgeweicht war. Nach dem Regen schmiegte sich die Erde klebrig und feucht den Körperformen an, wenn man sich hinlegte, man konnte sie zwischen die Finger nehmen und sie kneten und formen wie der Bildhauer den nassen Ton.

Das Spiel war schöner als sonst gewesen. Der fette, triefende Schlamm klebte an der Haut, seine Substanz ähnelte Tausenden winziger Zungen, die nach ihrem Fleisch schnappten. Vera ließ den Genuß andauern und rieb sich lange wie mit einer Salbe alle Teile ihres Körpers ein, die nicht direkt mit dem Erdreich in Berührung gekommen waren: die Innenseite der Schenkel, die Unterseite der Arme, die Hüften. Als sie sich erhob, mußte sie lachen, weil sie sich unter der dicken Schlammschicht in ein Mohrenmädchen verwandelt hatte, ein Mohrenmädchen aus den orientalischen Märchen, die sie früher einmal in einer buntbebilderten Ausgabe für Kinder gelesen hatte. Um die Illusion vollkommen zu machen, beschmierte sie sich noch sorgfältig die Stirn und die Wangen. Entzückt stellte sie sich vor, eine Sklavin in der Macht eines grausamen Emirs zu sein. Sie erinnerte sich an eine der Illustrationen, die eine schöne Gefangene darstellte, die, an einen Pfahl gefesselt, den Grausamkeiten ihres Entführers ausgesetzt war. Sie lehnte sich an den rauhen Stamm eines Baumes, dessen Auswüchse sie wundscheuerten, und bog ihre Arme rückwärts, als wäre sie gefesselt. Sie schloß die Augen in Erwartung imaginärer, befreiender Peitschenhiebe, die sie der Gegenwart entrücken sollten und ihrer wahren Bestimmung als hingebungsvolles Opfer entsprachen. Aber die Peitschenhiebe blieben aus. Hingegen bohrte sich etwas in ihr Gehirn. In ihrem Kopf hallte eine schrille Vibration wider. Ihre Zähne schlugen aufeinander, und eine unwiderstehliche Lust zu schreien packte sie.

Sie öffnete die Augen. Alles um sie herum war normal. Die Kulisse des Gartens hatte sich nicht verändert. Aber das unerklärliche, gellende Geräusch blieb. Es war so durchdringend, daß es die Nerven bloßlegte, und Vera hielt sich die Ohren zu, um ihm zu entgehen. Sie entfernte sich von ihrem Baum und schaute um sich. Woher mochte dieser Ton kommen, von welchem Fabeltier, von welchem Rieseninsekt? Es glich dem vielfach verstärkten Gezirpe Taúsender von Grillen. Plötzlich wurde Vera von Angst gepackt. Sie lief schnell zur Quelle, um sich zu waschen, eilig und oberflächlich, ohne auf die erdigen Streifen zu achten, die bleiben könnten. Sie nahm sich nicht einmal die Zeit zum Trocknen, sondern zog sofort ihr Kleid über den noch feuchten Körper. Sie hatte Angst, aber sie wollte wissen. Dieses Bedürfnis zu wissen, was geschehen war, erwies sich als stärker. Sie ging in Richtung des Geräusches, ja, sie hatte den Eindruck, daß es eine Richtung gebe. Der Ton schrillte immer stärker in ihren Ohren, in ihrem Kopf. Sie näherte sich ihm, war fast angekommen. Und plötzlich, als sie sicher war, gleich seine Ursache zu entdecken, brach das Geräusch ab. Vera blieb verblüfft stehen. Sie wandte den Kopf nach rechts und nach links, versuchte sich zu orientieren. Sie hatte nicht geträumt, dazu war das Geräusch zu stark gewesen, die Erinnerung daran hallte noch an ihren Schläfen wieder, und sein Verstummen ließ ihren Kopf schwer und leer zurück, schwer vom vielfältigen Echo des nicht enden wollenden Tons und leer von jeglichem Gedanken, von jeglicher Willensregung – als hätte sich ihre Hirnmasse verflüssigt.

Plötzlich geschah etwas. Sie bog nach rechts ein. Eine innere Gewißheit, von der sie sich keinen exakten Begriff machen konnte, zwang sie, diese Richtung einzuschlagen. Nach einigen Schritten blieb sie wartend stehen. Ihr Blick ging suchend über den Boden und entdeckte einen Gegenstand. Eiförmig, von weißlicher Farbe, lag er halb im Moos versteckt. Vera näherte sich. Ohne zu überlegen, wußte sie, daß sie die Ursache des Geräusches vor sich hatte (dieses Geräusches, das wahrscheinlich nicht wirklich ertönt war, sondern sich einfach ihrem Gehirn *übertragen* hatte), sie wußte auch, daß sie der Gegenstand auf diese Weise wie ein Magnet angezogen hatte. Sie mußte ihn nehmen. Sie mußte sich bücken und ihn aufheben. Sie kniete nieder und hielt ihn in ihren Händen. Sie schaute ihn genau an. Er war von der Größe einer Kokosnuß, weich wie der Kokon eines Insekts und von weißen Fasern überzogen. Die elastische Oberfläche schien auf unmerkliche Weise zu vibrieren. Einem Reflex folgend, dessen Sinn sie nicht verstand, erhob sich Vera und drückte ihn an ihre Brust. Im gleichen Moment wurde der Gegenstand von einem Stoß erschüttert. Er spaltete sich. Die Ränder dieses Spaltes klafften auseinander. Die geöffneten Hälften waren hohl. Der Gegenstand war eine Art Muschel. Und im Inneren dieser Muschel rührte sich etwas ...

Nachdem Vera gegessen hatte, schaute sie heimlich ihre Mutter an. Sie war in der Küche dabei, etwas zu putzen oder sauberzumachen. Saubermachen, auf Hochglanz bringen – darauf beschränkte sich ihre Existenz. Sie war eine kleine, unfreundliche Frau, deren halbgeschlossene Augen das Tageslicht zu scheuen schienen. Ihre Arme waren ihr ständig im Wege, und um sie zu beschäftigen, hatte sie die Manie, immer wieder eine Haarsträhne aus der Stirn zu streichen. Sie liebte Vera nicht oder zeigte ihr zumindest keine Liebe, und Vera hatte in diesem Jahr begonnen sie zu verachten. Ihre Mutter war seit dem Tod des Vaters vor zwei Jahren gehässiger geworden. Aber Vera trauerte ihrem Vater nicht nach. Lebendig war er für sie kaum gegenwärtiger gewesen als tot. Ein Fremder, den sie nur flüchtig sah und der sich mit gleichgültiger, sanfter Stimme an sie wandte, ohne ihr mehr Aufmerksamkeit zu schenken als den Gegenständen und den Möbeln, auf die seine kurzsichtigen blauen Augen fielen, ohne darauf zu verweilen.

Da ihre Mutter in der Küche beschäftigt war, konnte Vera machen, was sie wollte, und brauchte nicht zu befürchten, gestört zu werden. Sie schlich sich also leise aus dem Haus, um nicht die Aufmerksamkeit der Mutter auf sich zu ziehen und wegen eines nichtigen Grundes zurückgerufen zu werden. Sie ging wieder zum Schuppen. Auf der Werkbank nahm sie die Schachtel mit den Würmern, die sie seit Beginn des Nachmittags gesammelt hatte. Dann näherte sie sich den leeren Kaninchenställen im Hintergrund des Schuppens. Während sie die letzten Schritte zurücklegte, fühlte sie an ihren Schläfen das nun schon vertraute Pochen. Dieses starke, rhythmische Klopfen, das sie zum erstenmal an dem Tag empfunden hatte, als sie sich niederbeugte, um das Innere der hohlen Muschel zu betrachten, die aufgebrochen war.

Erst erfaßte sie eine Art Schwindel, dann wurde sie geblendet. Es war ihr unmöglich, den Blick vom Muschelinneren zu lösen. Sie hatte das Gefühl, daß spitze Finger in ihrem Schädel tasteten, in ihrem Gehirn wühlten, um ihm seine Substanz zu entziehen. Sie hatte sich niedergekauert, sie fühlte sich gehorsam und bereit, dieser unbekannten Kraft unterworfen, die ihren Geist in Besitz nehmen wollte. Sie hob die geöffnete Muschel wieder auf. Da spürte sie das Klopfen, das dumpfe Pochen, das allmählich ihren Kopf füllte. Als schlage ein riesiges, von ihr unabhängiges Herz tief in ihr, ein Herz, das gierig versuchte, ihre Lebenssubstanz herauszupumpen und auszusaugen. Und sie akzeptierte diesen Einbruch in ihr Inneres, sie fühlte sich wehrlos. Sie erinnerte sich daran, daß sie kurz zuvor die Rolle einer Sklavin gemimt hatte, die bereit war, die Launen ihres Gebieters, der sie auspeitschte, zu ertragen. Jetzt war sie wirklich diese Sklavin, die ihren Herrn gefunden hatte – und dieser Herr war das namenlose Ding, das ihr die geöffnete Muschel zeigte.

Sie wußte, daß sie ihren Fund verstecken mußte, daß niemand ihn finden durfte. Sie dachte sofort an den Schuppen, wo sie gewöhnlich spielte und den niemand außer ihr benutzte. Aber bevor sie sich dem Haus näherte, mußte sie ihren Aufzug in Ordnung bringen. Sie legte die Muschel auf die Erde, zog ihr Kleid zurecht, das sie hastig übergestreift hatte, und rieb die Schmutzreste von ihren Beinen. Genau in der Sekunde, da sie die Muschel losließ, hatte sie das Gefühl, etwas zerre an ihr und zerreiße wie ein zu straff gespanntes Band. Sie legte die Hand wieder auf die Muschel, das Gefühl verschwand. Da verstand sie, daß es sich wirklich um ein unsichtbares Band handelte, das zwischen ihr und dem Ding in der Muschel entstanden war, und sie wußte auch, daß dieses Klopfen, das ihren Schädel füllte, der Endpunkt dieses Bandes war.

Das Kleid war hoffnungslos verschmutzt. Eine Ausrede zu finden, war schwer. Na ja, sie würde schon mit ihrer Mutter fertig werden. Und jetzt der Schuppen! Kaum hatte sie ihn betreten, da ging sie schon auf die Kaninchenställe im Hintergrund zu. Instinktiv hielt sie diese für das beste Versteck. Sie öffnete einen Stall, machte ein Nest aus Heu und legte behutsam die klaffende Muschel hinein. Wieder spürte sie das leichte Gefühl des Zerreißens, als würde man ein Pflaster von der Haut lösen. Später gewöhnte sie sich daran, aber in der ersten Zeit empfand sie es als fast schmerzhaft. Dann blieb sie unbeweglich stehen, mit leicht geneigtem Kopf, als lauschte sie. Ihr Kinn machte eine Bewegung der Zustimmung und des Verstehens. Eine Stimme sprach zu ihr . . . nein, es war keine Stimme. Zumindest keine Stimme, die an ihr Ohr drang. Und es waren, genaugenommen, auch keine Worte, die ihr überfragen wurden. Aber die Informationen, die sie erhielt, waren genauer, als es sich durch Worte ausdrücken läßt. Es handelte sich um eine Reihe von Begriffen, die sie sofort registrierte und deren Inhalt sich ihrem Verstand auf unauslöschliche Weise einprägte, wie in frisches Wachs gegraben.

Das Ding in der Muschel sagte ihr, wer es war. Es war lebendig, gehörte aber einer Lebensform an, die von der ihrigen völlig verschieden war. Es kam von weit her, von einer anderen Welt, die nicht die Erde war, die von ihr unendlich weit entfernt war. Es war eine ungeheuer lange Zeit durch den Raum gereist, im Inneren der dichten Hülle seiner Muschel. Es besaß die Fähigkeit, auf fast unbestimmte Zeit eine solche Reise zu überstehen, indem es seine Lebensfunktionen zum Stillstand brachte. Die Wesen seiner Art reisten so durch die Leere des Raumes, bis sie eines Tages auf einem Planeten landeten, um dort wieder zum Leben zu kommen und aus ihrer Lethargie zu erwachen. Aber damit diese Operation Erfolg hatte, mußten sie sich *abstimmen* (hier zögerte Veras Gehirn und hatte Assimilationsschwierigkeiten) . . . sich *abstimmen* auf eine andere Lebensform genau wie (das Ding suchte in Veras Unterbewußtsein und äußerte dann den Vergleich) zwei Musikinstrumente aufeinander abgestimmt sein müssen. Kurz gesagt, das Ding war darauf angewiesen, mit einem anderen Wesen in mentaler Symbiose zu leben (Vera hatte nie das Wort *Symbiose* gehört, aber ihr Geist verstand auf unerklärliche Weise sofort den Sinn).

Auf vielen Welten fand diese Begegnung mit der geeigneten Lebensform nie statt, und in diesem Fall mußte das Wesen im Inneren der Muschel schließlich . . . sterben? suggerierten Veras Gedanken. Aufhören zu funktionieren, berichtigte das Ding und schickte ihr ein anderes Bild: das eines Motors ohne Treibstoff, der allmählich und für alle Ewigkeit vom Rost zerfressen wird. Auf anderen Welten, die selten waren, hätte hingegen die Begegnung stattfinden können, aber sie war immer vom Zufall abhängig, denn unter den Angehörigen ein und derselben Rasse waren immer nur wenige Individuen fähig, als Empfänger zu dienen und in Kontakt mit den Symbionten zu treten. Denn dazu waren, wenn auch in latentem Zustand, ganz besondere Fähigkeiten notwendig. Und diese Fähigkeiten besaß Vera, ohne es zu wissen. Sie würden sich übrigens auf unglaubliche Weise entwickeln, sobald die Vereinigung vollkommen wäre. Denn, so erklärte der Symbiont, es handelte sich nicht um eine einseitige Verbindung, sondern um einen Austausch: Er müßte, um leben zu können, in Veras mentalen Reserven schöpfen, aber dafür verwandelte er sie, brächte ihren Verstand, den sie bis jetzt auf völlig unvollständige Weise benutzte, zur vollen Entfaltung; er vervollkommnete bestimmte Sinne und fügte neue hinzu. (Und in Wirklichkeit, dachte Vera, der eine gewisse Autonomie des Denkens geblieben war, mußte diese Verwandlung bereits begonnen haben: schon fühlte sie ihren Geist sich regen, bereit, in tausend Richtungen seine Fühler auszustrecken. Allein die Tatsache, daß sie die Botschaft des Symbionten verstanden hatte, die ihr noch am Vortag unverständlich gewesen wäre, bewies, daß sie nicht mehr dieselbe war.) Der Symbiont, der ihren Gedanken lauschte, bestätigte ihr das: anfangs ginge die Verwandlung sehr schnell vor sich, denn der empfangende Geist müßte sofort auf der notwendigen Höhe sein, die eine erste Kontaktaufnahme erforderte. Aber das wäre nur ein Beginn, und die spätere progressive Metamorphose würde viel weiter gehen. Um so weiter, als Vera jung war, den Höhepunkt ihrer Entwicklung noch nicht erreicht hatte.

Vera blieb vor den Kaninchenställen stehen und öffnete denjenigen, in dem sie den Symbionten versteckt hatte. Dann hob sie den Deckel der Schachtel mit den Würmern. Sie warf einen zerstreuten Blick auf das Geschlängel. Ihre ganze Aufmerksamkeit richtete sich auf das Innere des Stalls, auf die klaffende Muschel, die jetzt fast überquoll, denn das Wesen war seit einer Woche sichtlich gewachsen. In Veras Schädel pochte es, eine Stimme ohne Worte sprach zu ihr, schleuderte ihr mentale Flashs entgegen, deren Aufprall sie fast schmerzhaft spürte. Sie beugte sich vor und betrachtete den Symbionten.

Hätte sie ihn *vorher* gesehen, so wäre er für sie nur ein ekelerregendes Geschöpf gewesen, das man mit dem Fuß zertritt. Eine Art kleine Qualle, wie man sie manchmal an den Stränden findet. Die Form war verschwommen, das Fleisch feucht und leicht klebrig wie bei einer Alge, die Farbe spielte ins Graue. In der Mitte des ›Körpers‹ öffnete und schloß sich ein Loch mit saugendem Geräusch. *Hunger:* Dieses Konzept übertrug sich auf Veras Geist. Sie nahm einen Regenwurm und führte ihn in die Öffnung ein. Der Wurm wurde geschnappt und verschwand.

Der Symbiont hatte in den ersten Tagen, als er Veras Gehirn durchforschte und nach Lebensformen suchte, die ihm zuträglich waren, den Wurm, also eine der primitivsten Formen, ausgesucht.

Im gegenwärtigen Stadium seiner Entwicklung stellte er die geeignete Nahrung dar. Die Würmer wurden nacheinander dem Wesen hingehalten und von ihm verschlungen. Bald war die Schachtel leer. Eine Welle der Zufriedenheit ging von dem Symbionten aus. Vera fühlte sich glücklich und für ihre Mühe belohnt. Sie kniete in der Nähe des Stalls auf den Boden und legte die gefalteten Hände zwischen ihre Schenkel. Sie ließ ihren Geist ausschwärmen, sich von der fleischlichen Hülle ihres Körpers lösen.

Und dort, wo sie schwebte, war der Geist der Kreatur neben ihr. Sie hatte den seltsamen Eindruck, daß sie beide nur noch eins wären. Sie hatte diese Empfindung seit ihrer Begegnung mit dem Symbionten schon mehrmals ausprobiert, aber noch nie mit einer solchen Intensität. Sie dachte, daß es vielleicht ein Zeichen der geistigen Entfaltung sei, die er ihr angekündigt hatte. Sie fühlte sich in immer stärkerem Maße von dieser fremden und nun auch vertrauten Intelligenz überwältigt. Ihre beiden mentalen Ströme vibrierten auf einer Wellenlänge. Plötzlich schien sie an den Rand eines Abgrunds gelangt zu sein, bereit, abzutreiben in die interstellarische Leere, wie ein Teilchen des Kosmos, wie ein winziger Funken der Unendlichkeit. Sie ließ sich in den Abgrund fallen, der bereit war, sie aufzunehmen, sie gab sich dem Taumel einer unglaublichen Reise hin. In der Ferne, wie am Ende eines Tunnels, schimmerte ein winziger Lichtpunkt in der Dunkelheit. Der Punkt wurde größer, näherte sich ihr. Er war das Ziel. Endlich erreichte sie es, verschmolz mit ihm. Und da hatte sie den ekstatischen Eindruck, neu geboren zu werden. Sie verstand, daß der Symbiont ihr einen symbolischen Eindruck seiner Reise durch das Weltall gegeben hatte, seiner Suche nach einer Lebensform, die ihm das Erwachen möglich machte. Der Lichtpunkt, das war sie selbst, das Ziel, die Vollendung, all das, was er gesucht hatte. Der Symbiont hatte einen Transfer vorgenommen, er hatte Vera erlaubt, sich für kurze Zeit mit ihm zu identifizieren. Statt in sie einzudringen und ihr Gehirn zu erforschen, hatte er sich ihr zum erstenmal geöffnet, um sie in sich eindringen zu lassen. Und dieses Verschmelzen besiegelte gewissermaßen ihren Bund endgültig.

Vera löste sich mühsam aus ihrer Ekstase. Sie stand auf und schaute um sich. Sie fühlte sich schwindlig, und ein beängstigendes Gefühl der Verlorenheit ergriff sie. Vor ihr die staubigen Wände des Schuppens, die schmutzigen, fast blinden Fensterlöcher, die Regale mit den alten Werkzeugen. Draußen der Garten, der Wind in den Blättern, helles Vogelgezwitscher, fernes Hundegebell. Und dort, im Haus, ihre Mutter, die ihren sinnlosen Beschäftigungen nachging und die sich bald sorgen würde, wo sie sei, die sie rufen würde, um ihr zu sagen, sie solle ihr Zimmer aufräumen oder ihren Wäscheschrank oder ihre Haare bürsten, weil sie unmöglich aussehe – oder irgendeine andere dieser absurden Forderungen stellen würde, die sie in regelmäßigen Abständen zu wiederholen pflegte, um ihre mütterliche Rolle zu rechtfertigen. Und in Veras Gedächtnis gab es die Erinnerung an dieses unglaubliche, unaussprechliche Phänomen, dieses Gefühl der Teilnahme und der Zugehörigkeit, dieses unvorstellbare Bündnis mit einem Geschöpf, dessen Existenz niemand erraten oder sich vorstellen konnte. Der Abstand zwischen den beiden Welten war allzu groß. Vera verlor den Boden unter den Füßen. Sie fand es unerträglich, die alltägliche Realität als selbstverständlich hinzunehmen mit diesem Geheimnis, das sie in sich trug, das zu ungeheuerlich war, als daß man es verschweigen konnte, mit diesem Gewicht, das anschwoll und sie zu erdrücken drohte.

Und doch wußte sie, daß sie schweigen mußte. Sie wußte vor allen Dingen, daß es nötig war, sich zu gedulden und die Zeit verstreichen zu lassen. Sie mußte noch lange Jahre darauf warten, erwachsen zu sein, um frei wählen zu können. Eine endlose Zeit, in der sie sich zusammennehmen und heucheln mußte, in der sie sich nicht verraten durfte, ständig mit der entsetzlichen Aufgabe beschäftigt, *so zu tun, als ob.* So auszusehen wie ein ganz gewöhnliches Kind und gleichzeitig das Gewicht ihres Geheimnisses zu tragen, um das unausweichliche Gefühl ihres Unterschieds zu wissen. Plötzlich überfiel sie ein Gefühl der

Empörung von unerhörter Heftigkeit. Eine Glut begann in ihr zu schwelen. Diese Empörung würde in den kommenden Jahren nie mehr erlöschen, davon war sie fest überzeugt. Sie würde weiterschwelen, bereit zu explodieren, wenn es zu mühsam würde zu heucheln, zu schwierig, dahinzuvegetieren und zu schweigen.

Und später? Wenn sie alt genug wäre, um nicht mehr den Regeln unterworfen zu sein, die die Erwachsenen für die Kinder aufgestellt hatten, wenn die Bestimmung ihres Schicksals in ihren eigenen Händen lag? Was würde dann geschehen? Wie weit würde dann ihre Verbindung mit dem Symbionten gediehen sein? Auf welcher geistigen Entwicklungsstufe würde sie dann stehen? Das alles lag in einer zu unbestimmten Ferne. Warten, ja, sie mußte warten. Mit plötzlicher Hellsichtigkeit betrachtete sie aufmerksam den Symbionten; dieser schien irgendwo am Rande von Veras Bewußtsein ihrer inneren Zerrissenheit als unparteiischer Zeuge beizuwohnen. Dann gingen beruhigende Wellen von ihm aus, die sie oberflächlich trösteten. Aber sie hörte nicht auf, sich weiter angstvoll eine brennende Frage zu stellen, die wahrscheinlich lange ohne Antwort bleiben würde. Sie fragte sich, ob das Geschenk, das ihr der Symbiont machte, eine Wohltat oder ein Fluch sein mochte.

2

In dem Jahr, das ihrem dreizehnten Geburtstag folgte, machten sich bei Vera psychologische Störungen bemerkbar. Der bis jetzt latente Konflikt mit ihrer Mutter brach offen aus. Lange Zeit hatte Vera das Geschimpfe ihrer Mutter passiv, mit einer versteckten, leicht ironischen Gleichgültigkeit über sich ergehen lassen. Eine träge Widerstandskraft erlaubte es ihr, alle Reden an sich abgleiten zu lassen. Sie beschränkte sich höchstens darauf, ihr stumm zu widerstehen und ihr manchmal heimlich entgegenzuhandeln. Aber in jenem Jahr änderte sich alles. Vom passiven Widerstand ging sie zu einer offenen, erklärten Feindseligkeit über. Es machte ihr immer mehr Spaß, der Mutter zu trotzen, und die Auseinandersetzungen zwischen ihnen wurden immer heftiger und brutaler. Gleichzeitig begann Vera, die bis jetzt eine ausgezeichnete Schülerin gewesen war, die Schule zu vernachlässigen, sie fiel durch Unaufmerksamkeit und schlechtes Benehmen auf. Sie entwickelte sich zu einer gefürchteten Anführerin, wenn es galt, die Lehrer während des Unterrichts zu stören; sie benutzte ihre Gabe zu schreiben, um gegen die Lehrer die bissigsten Pamphlete zu verfassen, in denen sie ihre Gewohnheiten und Manien unbarmherzig aufs Korn nahm; und sie verbreitete diese zum größten Vergnügen ihrer Mitschüler, bis man eines Tages eines dieser Machwerke fand und sie bestrafte.

Diese Streiche wurden von der Mutter mit Drohungen beantwortet. Vera hörte sie sich mit undurchdringlicher, eisiger Maske an, hinter der sich eine konzentrierte Wut verbarg. Bis zu dem Tag, an dem sie ihre Taktik änderte und die Hand gegen ihre Mutter erhob. Sie rangen kurz miteinander, und die Mutter konnte während dieses Augenblicks die unglaubliche Kraft von Veras angespannten Muskeln spüren und verstehen, daß ihre Tochter, wenn es ernst würde, die Stärkere wäre. Von nun an beruhte das Kräfteverhältnis auf einer Art Koexistenz. Vera wußte um ihre Überlegenheit, und die Mutter kannte die Kraft des Gegners.

Im Lauf dieses Jahres wurden Veras Launen immer unberechenbarer. Ohne Grund wechselten Lachen und Weinen, Erregung und tiefste Niedergeschlagenheit einander ab. Oft schloß sie sich in ihr Zimmer ein, und ihre Mutter hörte, wie sie allein vor sich hin murmelte, wie jemand, der im Schlaf spricht.

Mit vierzehneinhalb, im Frühling, lief Vera von zu Hause weg. Ihre Mutter ließ sie suchen; sie wurde von zwei Gendarmen zurückgebracht. Sie machte auf den Jugendrichter einen guten Eindruck: offen, aufgeweckt, intelligent, bereit, sich zu bessern, also durchaus kein hoffnungsloser Fall. Man gab sie ihrer Mutter zurück. In den folgenden Wochen hüllte sich das Mädchen in drückendes Schweigen, das ihre Mutter noch mehr verwirrte als die Streitereien, die sie früher miteinander gehabt hatten. Veras Zensuren in der Schule wurden immer schlechter – »begabte Schülerin, die gute Leistungen erzielen könnte, aber nicht die geringste Anstrengung macht«, las man auf ihrem

Zeugnis unter den verschiedenen Bemerkungen der Lehrer. Ein wenig später rief man aus Veras Schule an und teilte der Mutter mit, daß Vera ohne Grund zahlreichen Stunden fernblieb. Eine Standpauke der Mutter folgte, aber Vera schwänzte weiter und wurde von der Schule verwiesen. Einige Zeit beschäftigte sich ein Psychiater mit ihr, ein Spezialist für Problemkinder, aber er stieß auf eine undurchdringliche Wand. Vera lehnte jeglichen Dialog, jegliche Kommunikation ab. Nur hin und wieder ließ sie ganz unerwartet ein oder zwei scharfe Bemerkungen fallen, die nichts mit dem Gespräch zu tun hatten und die den Psychiater unruhig machten, weil er den nicht nachprüfbaren Eindruck hatte, das seine verborgensten, nur ihm selbst bekannten Mechanismen in Frage gestellt würden.

Inzwischen war Vera in eine andere Schule aufgenommen worden, aber bald stellte sich heraus, daß sie ihren Einfluß auf die Kameraden ausnützte, um zum Zeitvertreib seltsame Spiele einzuführen, die von der Direktorin als ›abwegig‹ bezeichnet wurden. Sie gab zu, in ihrer ganzen Laufbahn nie einen solchen Fall erlebt zu haben. Nach einem besonders verwerflichen Zwischenfall – einem ›Wettbewerb der Selbstmordsimulation‹, bei dem ein Schüler fast ums Leben kam – wurde Vera wieder von der Schule geschickt. Das geschah zu Beginn der Sommerferien, was ihre Mutter, die Veras Verhalten immer mehr beunruhigte, der Sorge enthob, sofort wieder eine andere Schule zu suchen. Sie bewohnten immer noch das Haus an der baskischen Küste, aber schon lange zog sich Vera nicht mehr in die Einsamkeit des Gartens zurück wie in den Jahren ihrer Kinderzeit. Seit dem letzten Sommer blieb sie lieber in ihrem Zimmer, um stundenlang zu lesen, meist Bücher, die nicht für ihr Alter bestimmt waren. Sie hatte ein frühreifes Interesse für erotische Literatur entwickelt und war nicht böse, in einer Zeit zu leben, wo man auch in Form von Taschenbüchern Sachen fand, die man früher als ›Teufelswerk‹ bezeichnet hätte. Aber sie vertiefte sich auch in theoretische Werke und wissenschaftliche Studien, ohne sich von ihrer Trockenheit abstoßen zu lassen. Und wenn sie nicht las, blieb sie unbeweglich auf dem Bett liegen und starrte die Decke an. Wenn ihre Mutter eintrat und sie ansprach, schien Vera sie nicht zu hören; sie lag wie erstarrt, ihre Mutter schüttelte sie, ohne daß sie reagierte, dann flatterten plötzlich ihre Lider, und sie schien wieder zu sich zu kommen und die Gegenwart der Mutter zu bemerken, ohne sie in den ersten Sekunden zu erkennen.

In diesem Sommer zeigte Vera Symptome einer Anorexie; sie magerte sichtlich ab und nahm die ermüdende Routine der täglichen Auseinandersetzungen mit ihrer Mutter wieder auf. Mit erbitterter, rachsüchtiger Leidenschaft griff sie ohne Grund ihre Mutter an, selbst wenn diese den Mund nicht aufgemacht hatte, eine harmlose Bemerkung brachte sie dahin, vernichtende Schmähreden zu halten, und die Mutter war dafür eigentlich nur ein Vorwand. Dann wurde sie gegen Ende des Sommers fünfzehn Jahre. Am Tage ihres Geburtstages spielte sie zerknirscht die Rolle eines musterhaften jungen Mädchens. Ihre Mutter hegte plötzlich wieder die wahnwitzige Hoffnung, sie würde sich bessern und endlich Vernunft annehmen. Aber am nächsten Tag, beim Abendessen, sprach sie besonders häßlich zu ihrer Mutter, stand vom Tisch auf, stieß noch ein paar Schimpfworte aus und knallte die Tür zu. Die Mutter machte sich, mit verkniffenem Mund, noch kleiner auf ihrem Stuhl.

Sie war sich nicht bewußt, irgend etwas mit Veras Entwicklung zu tun zu haben, aber sie litt immer mehr unter ihrer Haltung. Seltsamerweise begann sie ihre Tochter jetzt zu lieben, nachdem sie diese all die Jahre hindurch ignoriert, ausgeschimpft oder mißverstanden hatte, hingegen wurde Veras Trotz ihr gegenüber immer heftiger. Die Mutter sah Vera wie eine Fremde neben sich leben, aber sie wußte nicht, warum sie so verschieden war, und ahnte nichts von dem Grad dieser Verschiedenheit. Sie war weit davon entfernt, sich den Abgrund vorzustellen, der zwischen ihnen gähnte seit dem Tag, da die Zwölfjährige die Entdeckung gemacht hatte, die ihr Leben von Grund auf änderte. Es entging ihr, daß Vera genaugenommen nicht mehr wie die anderen war. Daß sie jenseits der Norm stand.

Vera ließ sich nicht in die Karten schauen. Sie schirmte sich hinter der Maske eines Problemkindes ab, das half ihr, den wirklichen Unterschied mit den viel subtileren Mechanismen und dem komplizierteren Räderwerk zu verbergen. Aber diese

Maske eines charakterlich gestörten Kindes entsprach auch einem wichtigen Aspekt ihres Temperaments, und so war es ihr leicht, sie anzunehmen. Sie war hellsichtig genug zu begreifen, daß sie, wenn es nicht das *Andere* in ihr gäbe, sehr gut dieses arme, davongelaufene Mädchen hätte sein können, das man von den Schulen jagte und schon früh in die Sprechstunde eines Psychiaters schickte. Beziehungsweise daß sie *nur das* hätte sein können. Das Fehlen des Vaters, der Konflikt mit der Mutter: ein klassischer Fall. Sie kannte sich schon gut genug auf dem Gebiet der Psychoanalyse aus und hatte sich lange genug beobachtet, um die Probleme in großen Zügen zu erkennen. Aber gerade wegen dieser Distanz, mit der sie sich betrachten konnte, war sie kein wirkliches Problemkind. Es war eher eine Rolle, die sie spielte. Und diese Rolle zu spielen, bereitete ihr ein fast perverses Vergnügen, sie übertrieb sie sofort. Denn diese Rolle war auch ein Sicherheitsventil, das es ihr erlaubte, sich von ihrer Aggressivität zu befreien, die in ihr zu explodieren drohte.

Sie kochte innerlich, weil man sie in die Rolle eines Kindes zwängte und ihr dieser Status nicht zukam, weil sie der dummen Tyrannei der Erwachsenen, ihren Verboten und Dogmen unterworfen war. All das hing ihr zum Hals heraus. Der Haß, den sie gegen ihre Mutter hegte, war nur das Symbol der Verachtung, die sie für die ganze Welt der Erwachsenen empfand. Eine gierige, verzweifelte Ungeduld nagte an ihr. Sie hielt es nicht mehr aus, sie hatte Lust zu platzen. Warten, immer warten. Sie hielt es nicht mehr aus, weiter ihre Gesetze zu ertragen, sich mit sinnlosen Revolten zu begnügen, von denen die anderen glaubten, daß sie sich katalogisieren ließen. Nicht diesem Zwang entkommen zu können, der sie erstickte. Zu schweigen, ihre aufrührerischen Gedanken für sich zu behalten, alle Fähigkeiten, über die sie verfügte, in latentem Zustand ruhen zu lassen. Fähigkeiten, die in langen Monaten gepflegt und vervollkommnet worden waren von diesem Wesen, das auf vertrauteste Weise ihre Existenz teilte, sie leitete und auf ein Ziel zuführte, das sich Vera nicht vorstellen konnte.

Denn in diesen drei Jahren hatten Vera und der Symbiont einander nie verlassen.

Der Symbiont hatte sein Versprechen vom ersten Tag in hohem Maß gehalten. Er hatte Vera großzügig mit allerlei Begabungen und Fähigkeiten der Erkenntnis ausgestattet, er hatte ihre vorhandenen mentalen Reserven erweitert. Veras Gehirn glich jetzt einem Computer, der logisch und unfehlbar funktioniert, der blitzschnell Gedanken miteinander verknüpft und über ein fast unerschöpfliches Gedächtnis verfügt. Sie besaß jetzt einen I.Q., der kaum noch meßbar war. Sie konnte mühelos die schwierigsten mathematischen oder philosophischen Konzepte verstehen. Sie behielt ohne Anstrengung alles, was sie nur ein einziges Mal gelesen hatte. Und unter anderem hatte der Symbiont ihr die Gabe der *Empathie* verliehen; sie besaß die Fähigkeit, in das Bewußtsein der anderen einzudringen und dort alle bewußten und unbewußten Gedanken zu entziffern. Sie konnte dort wie in einem offenen Buch lesen und den roten Faden eines Menschen freilegen, das Geheimnis seiner Motivationen, das Warum und Weshalb seines Lebens entdecken und sogar seine verborgensten Absichten aufstöbern.

Der Symbiont hatte also Vera alles gegeben – alles, was er zu geben vermochte, nur nicht die Möglichkeit, in Frieden mit diesen allzu drückenden Gaben zu leben. Er hatte in ihrem Gehirn alles koordiniert, aber es war ihm nicht gelungen, die widerstreitenden Aspekte einer zerrissenen Persönlichkeit zu vereinen. Er hatte ihre Empörung, ihre inneren Kämpfe, ihren Haß nicht verhindern können. Es war ihm nicht geglückt, sie mit sich selbst zu versöhnen. Veras Psyche behielt etwas Chaotisches und Gequältes. Sie litt, und um diese Leiden zu kompensieren, quälte sie alle, die mit ihr in Berührung kamen, weil sie ihnen die Verantwortung für ihr Leiden zuschob. Und mehr als alles andere war ihr diese umfassende Gabe der Empathie zuwider, die sie nur mit Mühe ertrug: oft war es zu entsetzlich, in die mentale Intimität eines anderen Menschen wie ein Dieb einzudringen, es war furchtbar zusammenzuzählen, was man da alles entdeckte, so viele Abscheulichkeiten, soviel ranziges Bedauern und mumifizierte Verzweiflung. Noch heute war das immer wieder ein Schock, an den sie sich nicht gewöhnen konnte.

Sie erinnerte sich an die Frage, die sie am ersten Tag blitzartig durchzuckt hatte: Würde das Geschenk des Symbionten eine

Wohltat oder ein Fluch sein? Sie hämmerte mit den Fäusten an ihre Schläfen und suchte nach einer Antwort. Manchmal war sie auf den Symbionten böse und rebellierte gegen die Fähigkeiten, mit denen er sie so blind überhäuft hatte und die ihr nichts nutzten, die ihr nicht einmal halfen, dem grausamen Zwang des Alltags zu entgehen. Sie wartete darauf, erwachsen zu sein, und flüchtete sich in diese einzige Hoffnung, indem sie sich sagte, daß dann alles anders werden würde. Aber damit sich etwas änderte, mußte sie selbst sich nicht ändern?

Ihr Wille zur Revolte grenzte an Selbstzerstörung. Sie lehnte es ab, sich den Modellen, die man ihr vorschlug, anzupassen. Sie hätte von Jugend an von diesen Gaben profitieren können, zum Beispiel, um ausgezeichnete schulische Leistungen zu erzielen. Dann hätte man sie mit dem offiziellen Etikett eines überbegabten Kindes versehen, und sie wäre der Routine des primitiven Schulunterrichts enthoben gewesen und hätte eine steile Universitätskarriere vor sich gehabt. Aber sie dachte nur mit verächtlichem Sarkasmus daran, in den Augen der Gesellschaft die Rolle eines Wunderkinds zu spielen, jemanden, der alle Prüfungen in der Tasche hat. Mit allen Heucheleien und Kompromissen, die das mit sich bringt. Sie zog es vor, als Versager zu gelten, eine schlechte Schülerin zu sein, die man von der Schule jagt. Sie wollte sich auf diese Weise bestätigen und ihre Identität behaupten und nicht durch schulische Erfolge und zukünftige Lorbeeren, auf die sie jetzt schon spuckte.

Es ist unwahrscheinlich, daß der Symbiont wirklich Veras Unzufriedenheit und Verzweiflung verstand. Er registrierte sicher Zeichen davon, da Veras Psyche oft gestörte Wellen ausstrahlte, aber das mentale Universum, in dem er sich bewegte, hatte offensichtlich mit diesen Ereignissen wenig zu tun. Er befand sich jetzt in einem passiven Zustand, schwebte in einem meditativen Nichts, von dem Vera nur die Konturen wahrnahm, die glatt wie die eines Eis waren, und sie bewunderte die Heiterkeit, die er ausstrahlte, ohne daß sie daran teilnahm. Zwar mußte der Symbiont ständig an Veras mentalen Strom angeschlossen sein, um am Leben zu bleiben, aber dieses Leben war jetzt vegetativ und kontemplativ. Wie das Leben eines indischen Yogis? hatte Vera eines Tages suggeriert, als sie gerade in einem Buch darüber gelesen hatte und versuchte, den Zustand des Symbionten zu definieren. Dieser hatte die Informationen des Buches analysiert, indem er Veras Gedächtnis entzifferte, und zugegeben, daß tatsächlich eine gewisse Ähnlichkeit bestünde, wobei er aber hinzufügte, daß seine eigene Meditation bei weitem intensiver und verinnerlichter wäre.

Der Symbiont hatte also seinen Vertrag eingehalten. Es war ihm gelungen, in ständigem Kontakt mit Veras Gehirn zu bleiben, um so seine eigene Lebensenergie aufzuladen. Dafür hatte er wie versprochen alle Fähigkeiten dieses Gehirns entwickelt. Ob Vera dabei glücklich oder unglücklich war, diese Frage entzog sich ihm. Seine Lebensform war zu weit von der menschlichen entfernt, zu unverträglich mit ihr, als daß er sich Veras psychische Störungen vorstellen konnte. Diese war sich der Gleichgültigkeit des Symbionten in diesem Punkt bewußt, seiner tiefen Unkenntnis der Gefühle, die sie bewegten. Denn seltsamerweise schöpfte der Symbiont nur aus dem Verstand; die Gefühlswelt war ihm ein unzugänglicher Bereich. Wahrscheinlich war er selbst nur reine Intelligenz, und so mußte ihm das Labyrinth menschlicher Emotionen unfaßbar bleiben.

Und doch liebte Vera den Symbionten auf geheimnisvolle Weise. Sie liebte ihn wie einen phantastischen siamesischen Bruder, wie einen Zwilling, den sie selbst erfunden hatte, wie ein vertrautes Wesen höherer Art. Sie liebte ihn auch wie einen Teil ihrer selbst. Nie würde sie die Stärke des Bandes vergessen, das sich an jenem Sommertag vor drei Jahren geknüpft hatte. Dem kleinen Mädchen, das sie damals war, hatte er die Materialität seiner Gegenwart aufgezwungen, und sein Einfluß hatte sie fasziniert. Sie wußte, daß ihr der Symbiont bis zuletzt fremd bleiben würde, er war zu verschieden von ihr, eine zu unvorstellbare Lebensform. Aber er war ihr unentbehrlich geworden, so wie sie ihm unentbehrlich war. Das Aussehen des Symbionten hatte sich inzwischen beträchtlich geändert. Seine endgültige Entwicklungsstufe war jetzt erreicht, so hatte er Vera erklärt, ein Stadium, in dem er sich nicht mehr ändern würde. Seine Substanz hatte sich gewissermaßen mineralisiert – in dem Maße, wie sein Stoffwechsel langsamer arbeitete. Er befand sich jetzt im Stadium des totalen Denkens, das die höchste Entwicklungsstufe für Wesen seiner Art bedeutete und das sich, mit irdischen Maßstäben gemessen, über einen sehr langen Zeitraum erstreckte, der mehreren Menschenleben entsprach. (Und wenn ich sterbe? hatte Vera eingeworfen. Der Symbiont hatte ihr, ohne den geringsten Anflug von Traurigkeit, erklärt, daß es höchst unwahrscheinlich wäre, daß er sich rechtzeitig auf eine andere Intelligenz abstimmen könnte, und daß er also aufhören würde zu funktionieren.)

Wenn man ihn jetzt sah, erinnerte er an ein phantastisches Gestein, das die Begehrlichkeit eines Mineralogen erweckt hätte als einzigartiges Spezimen. Er maß zwei Handbreit, war von länglicher Form, fast schwarzer Farbe und fühlte sich stumpf und lauwarm an. Diese tierische Wärme war das einzige, was von außen an Leben erinnerte. Eines Tages hatte Vera auf einer Reptilienausstellung unter einem Zelt eine kleine Sandboa berührt, ungefähr 1,20 Meter lang und von milchkaffeebrauner Farbe. Der Aussteller zeigte sie den neugierigen Zuschauern, und die Leute wichen erschrocken zurück, die Mütter preßten ihre Kinder an sich, aber Vera war mit ausgestreckten Armen hervorgetreten. Sie hatte hastig und gerührt die Schlange an sich genommen, entzückt von der Anmut, mit der sie sich um ihren Unterarm ringelte, erstaunt über den seidigen und fast warmen Kontakt mit diesem muskulösen Körper, der sanft pulsierte (Woher kam dieses dumme Vorurteil, das besagte, Reptilien seien kalt und schleimig?). Diese glatte und sensuelle Wärme der Sandboa fand sie wieder, wenn sie den Symbionten in ihren Händen hielt, nur das innerliche Pulsieren fehlte. Schon lange nährte sie ihn nicht mehr: er brauchte keine organische Nahrung mehr zu assimilieren, so hatte er ihr mitgeteilt. Jetzt schöpfte er seine Lebenssubstanz nur noch aus ihrem Gehirn.

Vom ersten Tag an, als sie ihn vor drei Jahren in ihr Zimmer gebracht hatte nach dem kurzen Aufenthalt im alten Schuppen, hatte sie sich nicht mehr von ihm getrennt. Am Anfang, als er noch seine ursprüngliche Form besaß, hatte sie ihn in seiner Muschel aufgehoben und in einer Schublade ihrer Kommode versteckt, die sie abschloß. Später, als er größer wurde, hatte sie ihn in einen kleinen Korb gelegt, den sie auch in der Kommode versteckte. Und jetzt, wo er seine halbmineralische Form angenommen hatte, hob sie ihn in einem schwarzen Lederkästchen auf, das ein Schloß hatte und das sie immer mit sich trug. Sie packte es sogar in ihre Schultasche und nahm es mit in die Schule, denn sie hatte den Eindruck, daß sie den Symbionten immer in ihrer unmittelbaren Nähe spüren mußte.

3

Kurz vor ihrem fünfzehnten Lebensjahr hatte Vera Lust, nicht nur aus Büchern zu erfahren, wie ein Junge ›funktioniert‹. Das war der Hauptgrund dafür, daß sie in diesem Frühjahr von zu Hause weglief. Sie hatte in ihren Beutel ein paar Toilettengegenstände gesteckt, Wäsche zum Wechseln und auch das schwarze Kästchen nicht vergessen, von dem sie sich nie trennte und das ihren kostbaren Schatz, ihr Geheimnis enthielt. Dann hatte sie sich eines Morgens von ihrer Mutter verabschiedet und in aller Ruhe das Haus verlassen, als ginge sie zur Schule. Am Nachmittag desselben Tages war sie schon zweihundertfünfzig Kilometer weit.

Der erste Junge, den sie sich aussuchte, war muskelbepackt – aber dumm (man behauptete schließlich, solche Kerle wären die besten Stiere). Und er sah sehr gut aus. Warum sollte sie sich nicht etwas Ordentliches leisten? Sie traf ihre Wahl vor einem Flipper. Sie hatte ihm beim Spielen zugeschaut, ihre Bewunderung über seine Treffer geäußert und dann eine Partie zu zweit angenommen, die er selbstverständlich gewann. Er bezahlte ihr eine Cola und lud sie zu einer Tour auf seinem Motorrad ein. Um neun Uhr abends waren sie bei ihm, in einer Bude, die muffig nach schmutziger Wäsche roch, tranken Bier und aßen von seinen Vorräten: Ölsardinen, Wurst, Käse. Er trug eine nietenbeschlagene Lederjacke, unter der er seine Muskelpakete spielen ließ, und er ließ seine Maschine auf dem Asphalt losknattern. Doch diese Rolle war schon zu abgedroschen und paßte nicht mehr recht für sein Alter: zwanzig, wenn nicht sogar etwas darüber.

Sie schliefen zwei Nächte miteinander. Sie hatte ihn beschwindelt und behauptet, sie sei schon achtzehn, und beim erstenmal hatte er sich über sie lustig gemacht, weil sie noch nie mit jemandem geschlafen hatte, er sagte, das sei einfach unmöglich in ihrem Alter, kein Grund, um stolz darauf zu sein – vor allem so, wie sie gebaut war. Und indem er große Reden schwang und sich aufplusterte, schwitzte er eine groteske männliche Überheblichkeit aus, die sie sofort hellsichtig durchschaute, und war in Wirklichkeit stolz darauf, sich so eine tolle Biene organisiert zu haben, der er nun zeigen konnte, was ein richtiger Macker war.

Er bumste wie ein Stier – das war zumindest das primitive Konzept, das aus den unteren Regionen seines Bewußtseins als Klischee auftauchte. Wie ein Stier bumsen – das bedeutete im Grunde genommen nicht viel. Ein Mund, hart wie Beton, drückte sich auf ihren Mund, eine spitze Zunge diente als Saugnapf, feuchte Hände preßten und kneteten sie brutal. Ein Glied von vielleicht beeindruckenden Proportionen, das in sie eindrang wie ein Spaten in die Erde und sich dann mechanisch hin und her bewegte wie ein Kolben. Und dann die Ejakulation, eine schnelle, saubere Arbeit – und der Kerl zog sich zurück – *ploff* – wie ein Champagnerpfropfen, der aus der Flasche knallt, spazierte nackt im Zimmer herum (übrigens sah er gar nicht so gut aus: überall zuviel Fett), zwitscherte noch ein letztes Bier, rülpste dann befriedigt, bevor er sich hinschmiß, sich an sie drückte, befriedigt, laut schnaufend, um schließlich in einen schweren Schlaf zu fallen.

Am Ende der zweiten Nacht löste sie sich in aller Frühe aus seinen Armen, während er noch schlief, schlich sich vorsichtig aus seinem Bett, aus seinem Zimmer, aus seinem Leben. Sie lief ziellos im ersten Sonnenlicht bis zum Ufer eines Flusses. Über den Himmel zogen violette Wolken, und kreischende Vögel flogen dicht über dem Wasser. Sie befand sich in einer Stadt in der Dordogne, deren Namen sie nicht einmal kannte, seit sie vor zwei Tagen per Anhalter hierher gekommen war. Sie fühlte sich müde, übel, angewidert, nicht von dem, was sie getan hatte, sondern von der schrecklichen Leere und dem Nichts, die sich dahinter versteckten wie ein riesiges gähnendes Loch. Unbefriedigt auch, weil es ihr keinen Spaß gemacht hatte – selbstverständlich hatte sie nicht auf Anhieb das große Erlebnis erwartet, sie wußte mehr oder weniger, daß es ›oft so war beim erstenmal‹ (wie die älteren Kameradinnen sagten, die vorgaben, Bescheid zu wissen). Aber war die Liebe wirklich nichts anderes als diese maschinelle Gymnastik?

Ein Mann, alt genug, ihr Vater zu sein, beobachtete sie seit geraumer Zeit am Flußufer, wo sie sich hingesetzt hatte. Schließlich kam er näher und sprach vom Wetter, vom Frühling, der in diesem Jahr kühl sei, nicht wahr? Und sie, wartete sie auf eine Freundin? Oder war irgend etwas nicht in Ordnung? Hatte sie Ärger gehabt mit ihrem Freund – vielleicht Liebeskummer? Schäbig ist er, dachte sie, *schäbig.* Es wäre schade, fuhr er fort, wenn so hübsche Augen über einen Jungen weinten; wäre sie bereit, sich trösten zu lassen? Also nein, was fällt dem denn ein? Hau ich ihm eine runter oder lach ich ihm ins Gesicht? Sie zögerte zwischen diesen beiden Möglichkeiten und wählte unverhofft eine dritte; sie folgte ihm. Trotz der betrüblichen Banalität, mit der er sie angesprochen hatte und der Dürftigkeit seiner Worte, die zum Teil auf Inhibitionen zurückzuführen waren, die sie innerlich rasch analysierte, war der Mann nicht dumm, sie stellte eine gewisse geistige Entwicklung fest, einen Anflug von Bildung. Nach dem Kerl mit der Lederjacke und dem Verstand eines Mikrozephalen, warum also nicht? Das würde sie auf andere Gedanken bringen. Auch bei ihm gab sie sich für achtzehn aus. Er lachte und erzählte, er hätte eine Tochter im gleichen Alter, die ein Internat besuchte. Und sie, was studierte sie? Sie wich aus. Übrigens sprach er lieber von sich. Er war geschieden, hatte einen Beruf, der ihm Spaß zu machen schien, aber die genaue Beschreibung seiner Arbeit, in der von komplizierten Kontakten mit dem Ausland die Rede war, vom Warentransit durch Deutschland, langweilte Vera sterblich.

Seine Wohnung war mit Geschmack möbliert, das heißt, mit einem gewissen Geschmack, denn es gab etwas zu viel asiatischen Kram, Lackwandschirme, Elfenbeinstatuen und Porzellandrachen (ich stöbere gern in Antiquariaten, das ist eine Art Hobby). Als erstes bat er sie darum, ein Bad zu nehmen, das er für sie einlaufen ließ und sich dann diskret zurückzog, ganz Gentleman der dreißiger Jahre, wie in einem Roman von Maurice Dekobra, während sie ihre abgetragenen Jeans und ihren dicken schwarzen Pullover auszog. Sie tauchte mit Entzücken in das heiße Wasser, rubbelte sich mit zornigen Bürstenstrichen ab, verletzte sich die Haut dabei, um alles zu entfernen, was an den Schmutz, den Schweiß, den üblen Geruch der zwei Nächte in den zweifelhaften Laken erinnerte und an den Kontakt mit diesem tölpelhaften, brutalen Männerkörper. Als sie sich abtrocknete, öffnete er flüchtig die Tür (immer noch so zurückhaltend, welches Raffinement, welch ein Taktgefühl!), um ihr ein Kleid seiner Tochter anzubieten: »Ein paar Sachen hängen noch im Schrank, das paßt gut, ihr seid fast gleich groß«, dann würde er sie in ein Restaurant im Grünen einladen. »Ein kleines Gasthaus, charmant. Sie werden sehen. Und schick, dazu eine *Küche,* mehr verrate ich nicht.«

So hab ich mich also geirrt, er ist ein Idiot, ein kleiner Snob. Hau ich ab, oder? Nein, sie würde das Spiel zu Ende spielen. Sie nahm eines der Kleider, die seiner Tochter gehörten, blumenbedruckt und von altrosa Farbe, aus weichem, duftigem Stoff; sie steckte sich die Haare hoch, um einem Mädchen aus gutem Hause zu gleichen, zupfte aber ein paar Löckchen und Haarsträhnen hervor, die ihr eine fatale Schönheit verliehen, und reichte dann Monsieur den Arm, der ihr galant die Tür seines nagelneuen Wagens öffnete, der nach Plastik und Kunstleder roch. Echtes Holz und Leder, das ist nichts für dich, mein Lieber; du wirst immer ein mehr oder weniger arrivierter Spießbürger bleiben. Aber davon abgesehen, war das Wetter schön und die Landschaft entzückend. Das Gasthaus, eine alte Mühle, lag an einem Bach unter Bäumen mit grünendem Laub. Vera aß wenig und trank viel Wein, alten Bourdeaux, der ihre Wangen zart rötete, wie ihr Vierzigjähriger mit väterlicher Rührung und verschleierten Augen anmerkte. Den Rest des Nachmittags gingen sie im nahen Wald spazieren, und er war klug genug, keinen Unsinn zu faseln und sich damit zufriedenzugeben, ihre Schultern oder ihre Taille zu umfassen. Als Mann, der alles so macht, wie es sich gehört, führte er sie erst abends in sein Bett, nachdem sie zu ihm zurückgefahren waren. Sie wußte nicht recht, warum sie beschlossen hatte, nach dem Mißerfolg des ersten Experiments dieses zweite zu machen. Vielleicht wegen des Alters ihres neuen Gefährten, um zu sehen, ob die Realität seiner Liebeskünste den immer überströmenden Bildern entsprach, die sich in ihr materialisierten, während sein Begehren immer heftiger wurde. Tatsächlich erwies er sich als das, was man wohl einen guten Liebhaber zu nennen pflegt. Er verwendete allerlei Feinheiten und Komplikationen, von deren Existenz der Junge der vorangegangenen Nächte sicher nichts ahnte, und es gelang ihm schließlich, Vera an die Schwelle einer relativen Lust zu bringen – wofür diese ihm dankbar war und nun ihrerseits die Initiative ergriff und sich dabei weniger von der Inspiration des Augenblicks als von den rein theoretischen Kenntnissen aus ihren Büchern leiten ließ. Alles in allem war es keine unangenehme Nacht.

Aber dann kam das Erwachen am hellichten Tag, und sie *sah* plötzlich diesen Mann, dessen Bett sie teilte, sie sah sein Inneres, was sie vorher nicht sehen wollte, sie erforschte diese schmutzige Mischung aus Feigheit, Kompromißbereitschaft, Niedertracht, Heuchelei und Selbstzufriedenheit, die in der sumpfigen Mittelmäßigkeit seines Bewußtseins stagnierte. Das alles hatte sie am Abend nur flüchtig bemerkt wie leichte Strudel an der Oberfläche eines sumpfigen Gewässers. Sie hatte sich geweigert, aufmerksamer hinzuschauen, sie hatte sich damit begnügt, ihn etwas eitel zu finden, etwas komisch, und sich darüber zu mokieren. Wahrscheinlich weil sie getrunken hatte, weil der Wein sie in gute Stimmung versetzte und ihr kritisches Bewußtsein einschläferte. Aber heute widerte der Mann sie an.

Sie konnte seinen Anblick nicht mehr ertragen. Er war nicht ungebildet und beschränkt wie der Kerl davor; und doch war alles fast noch schlimmer. Er verstand nicht, warum sie seinen morgendlichen Zärtlichkeiten auswich, warum sie nach den nächtlichen Spielen nun so gleichgültig blieb. Etwas einfältig dachte er an Schamgefühl: wahrscheinlich wagte sie es nicht, sich am Tag so hinzugeben wie in der komplizenhaften Dunkelheit der Nacht. Er schlug ihr vor, die Fensterläden zu schließen, vertraute ihr mit einem leichten Zittern in der Stimme an, daß er sie noch nehmen wollte, daß er nie mit jemandem das empfunden hätte, was er in ihrer Nähe empfand.

Und jetzt stiegen andere Dinge an die Oberfläche. Seit Jahren hatte dieser Mann mit seiner Tochter schlafen wollen. Die Bilder überstürzten sich. Nach seiner Scheidung war ihm die Tochter zugesprochen worden, er hatte allein mit ihr gelebt. Kurz vor der Pubertät hatte er begonnen, sie anzufassen, hatte das eine Weile so getrieben, aber nie gewagt, weiter zu gehen. Seit dieser Zeit fühlte er sich frustriert und schuldig zugleich. Er hatte Vera als Ersatz in sein Bett gebracht, hatte sie genommen und dabei an seine Tochter gedacht. Das Gesicht dieser Tochter tauchte verschwommen auf, setzte sich in Veras Bewußtsein fest: Es hatte eine gewisse Ähnlichkeit mit ihrem Gesicht. Aus diesem Grund hatte er sie angesprochen und sie später symbolisch das Kleid seiner Tochter anziehen lassen. Vera hatte ihm erlaubt, den Inzest mittels einer anderen Person zu begehen. Diese blitzartige Bilderfolge hatte nur wenige Sekunden gedauert. Der Mann redete immer noch, ihre Passivität und ihre Kälte beunruhigten ihn. Sie schaute ihn an, fand ihn häßlich. Gelassen, mit absichtlich obszönen Worten beschimpfte sie ihn. Sie verletzte ihn da, wo er am verletzlichsten war, mit scharfen Worten, die seine Männlichkeit, auf die er während der Nacht innerlich so stolz gewesen war, lächerlich machten. Sie verließ das Bett und beobachtete mit theatralischer Grimasse die zu weiße Haut, den fetten Bauch, sein Glied, das unter den beleidigenden Worten erschlafft war. Dann wandte sie ihm den Rükken zu. Sie sammelte bewußt langsam ihre Sachen auf. Sie wußte, daß er keinen Blick von ihr ließ. Seine erneut aufgestachelte Begierde strich über ihre Lenden wie ein Wurm. Sie spürte, wie Fangarme von ihm ausgingen und sich um ihre Schenkel rollten, sich dort ansaugten. Schwein – hast du noch nicht genug? Sollen wir eine Show für dich abziehen? Es machte ihr Vergnügen, unanständige Posen einzunehmen und zu fühlen, wie er dabei zitterte. Sie drehte sich um, damit er sie von vorn sehen konnte, und verlängerte ihre Exhibitionsszene. Dann zog sie ihren Schlüpfer an, aber nicht ganz. Sie beugte sich vor, als wolle sie sich genauer anschauen, und begann sich mit dem Finger zu streicheln. Die Reaktion des Mannes war ungestüm; eine kochende Welle schlug an ihre Schläfen, Vera schwankte unter diesem Anprall. Sie verstärkte das Hin und

Her ihres Zeigefingers, mimte Ekstase, indem sie sich aufbäumte. Ich bin vielleicht lustig so als Porno-Star – die gute Baccarie in ihrer Masturbationsnummer! Und wenn ich daran denke, daß man mich nicht mal reinließ! Im Gehirn des Mannes herrschte jetzt gewittriges Durcheinander. Er war verrückt vor Zorn, Verzweiflung und Begierde. Gleichzeitig genoß ein Teil von ihm das Schauspiel. Vera beschloß aufzuhören. Ihn quälen, einverstanden, aber ihn dabei Lust empfinden lassen, das ging zu weit!

Schluß mein Lieber. Du bist lange genug Voyeur gewesen. Um die Show zu beenden, stöhnte sie zwei- oder dreimal, ein kalkuliertes Stöhnen, bei dem sie mit halbgeöffnetem Mund die Augen verdrehte, dann nahm sie den Finger raus, leckte ihn nachdenklich ab, zog den Schlüpfer hoch und ließ das Gummiband gegen ihren Bauch schnellen. »Nicht schlecht«, kommentierte sie. »Etwas besser als mit dir.« Sie zog sich blitzschnell an, schloß die hautengen Jeans mit einer präzisen Bewegung von Daumen und Zeigefinger, schnallte den Gürtel um, streifte den dicken Wollpullover über ihre jugendlichen Brüste, die ihn in der Nacht so gerührt hatten, diesen alten Lüstling, der jetzt auf dem durchwühlten Bett saß und sie anschaute, als würde er seiner eigenen Beerdigung beiwohnen. Sie verließ ihn, ohne noch etwas zu sagen, schlug die Tür hinter sich zu. Er hatte nicht versucht, sie zurückzuhalten. Ihm war übel, speiübel, das wußte sie, und er war betäubt von den erlittenen Demütigungen. Wellen der Qual brachen aus ihm hervor und verfolgten Vera bis ins Treppenhaus, schlangen sich um ihre Knöchel. Der Mann wurde von widersprüchlichen Pulsionen hin und her gerissen: Er wollte Vera schlagen, mit den Fäusten auf sie einhämmern, sie brutal vergewaltigen, sie in den Armen wiegen wie ein Kind, sich ihr zu Füßen werfen. All das schwoll in ihrem Kopf und hallte wie in einer Echokammer wider. Und er hatte *nichts* gemacht. War zu feige, um sich an ihr zu rächen, zu eitel, um sie anzuflehen zu bleiben. Sie lief die Treppe hinunter, nahm immer vier Stufen auf einmal, zerriß die Bande, die sie noch an den Typ da oben fesselten, der sich jetzt seiner Verzweiflung und seinem Kummer überließ, der bereit war, vor Wut zu heulen und in schmählichem Selbstmitleid zu zerfließen. Als das letzte Band gerissen war, hatte sie ein Gefühl der Befreiung und der Erleichterung.

Draußen atmete sie begierig die frische Morgenluft ein. Diese drei Nächte der Ausschweifung hinterließen ihr einen bitteren, klebrigen Geschmack. Es gab keinen Grund, stolz zu sein. Und wenn du weiter so in den Gedanken der Kerle liest, dann wirst du es nie fertigbringen, jemanden einfach zu lieben und dich ihm hinzugeben.

Nach diesen wenig rühmlichen Experimenten beschloß Vera, daß sie für eine Weile mit den Männern nichts mehr zu tun haben wollte. Am gleichen Tag erschien ihr Foto in der Lokalzeitung mit einer Suchanzeige, ein scheußliches Foto vom letzten Jahr, auf dem ihr die Haare in die Stirn hingen und sie wie eine Verrückte aussah. Sie betrachtete es und sagte sich, daß niemand sie erkennen würde. Und doch wurde sie noch am gleichen Tag in einem Café von einem Gast identifiziert, der mit seinem kurzgeschnittenen Haar, seinem starken Unterkiefer und der ekelhaften Visage wie ein pensionierter Soldat aussah. Vergeblich versuchte sie ihn zu bereden und auf ihre Seite zu bringen. Man führte sie zur Polizeiwache, wo sie die Strafpredigt zweier witzelnder und gespielt gutmütiger Polizisten über sich ergehen lassen mußte, die sie ausfragten, um dann mit Vergnügen ein paar Formulare ausfüllen zu können, die einer von ihnen mit seinem fetten Finger auf der Maschine tippte. »Wenn ich dein Vater wäre«, sagte der andere, »dann würde ich dir ordentlich den Hintern versohlen.« – »Mein Vater ist tot.« – »Und deine Mutter, wozu ist die da?« Vera zog es vor zu schweigen. Von der Wache brachte man sie in ein Erziehungsheim, wo sie die Nacht über blieb. Sie schlief fast nicht. Sie dachte an ihre beiden vorübergehenden Liebhaber, an ihr Gesicht, wenn sie ihr Foto in der Zeitung entdecken und erfahren würden, daß sie sich eine Minderjährige aufgegabelt hatten, die noch nicht einmal fünfzehn war. Dieser etwas komische Gedanke war das einzige, was sie nach diesem absurden Abenteuer lächeln ließ.

4

Schwamm über alle Sexgeschichten, sagte sie sich nach der Affäre melancholisch. Die erotische Literatur, die war in Ordnung, anregend, stimulierend. Aber die Praxis, das war eine andere Sache. Immer dieser Abstand zwischen der Fiktion und der Wirklichkeit. Vielleicht klappt es besser, wenn ich etwas älter bin. Inzwischen würde sie sich wieder in ihr kleines, persönliches Nichts fallenlassen, das eine Art undurchsichtige, hermetisch abgeschlossene Kugel war. Für sie, die immer versucht war, allem systematisch auf den Grund zu gehen, sich allem maßlos hinzugeben, das sie ihrer gegenwärtigen Situation entriß, war die Geschichte eine Enttäuschung. Die Sexualität war ihr eine mögliche Lösung erschienen, um diese in ihren Augen entwürdigende Situation zu überstehen. Ein Mittel, dem Zwang, den man den Halbwüchsigen auferlegte, zu entgehen, eine Möglichkeit, wie ein Erwachsener zu handeln. Und das Ergebnis: ein Fiasko. Nichts Besonderes, dieses Sichhingeben, dieser Sturm der Sinnlichkeit. Das kommt davon, wenn man sich zu sehr auf die Literatur verläßt. Das geschieht mir gerade recht. Ich bin genauso blöd wie alle, die diese Romanheftchen lesen. Es lohnt sich nicht, MEINE Intelligenz zu haben, um es soweit zu bringen. Denn im Grunde genommen waren auch die erotischen Bücher nur Feenmärchen mit Prinzen, Prinzessinnen und Schlössern. Die Prinzen waren Männer von geheimnisvollem Charme und großem Vermögen, die ihre Muße (und Müßiggang ist aller Laster Anfang, wie jeder weiß) dazu trieb, den perversesten Neigungen zu frönen, und denen die Natur die Gabe phänomenaler Erektionen verliehen hatte. Die Prinzessinnen waren sanfte, demütige, unterwürfige Kreaturen, bereit zu allen Erniedrigungen, um die Kaprizen ihres Herrn und Gebieters zu befriedigen und ihn in die verschiedensten Öffnungen, über die sie verfügten, eindringen zu lassen. Die Schlösser waren die Örtlichkeiten, wo die Prinzen ihre Prinzessinnen gefangenhielten, aber nicht gegen ihren Willen, denn wie die Lektüre dieser Bücher bestätigte, konnten die letzteren nie genug bekommen. Zum Beispiel das Haus in Roissy, in der *Geschichte der O,* arme O, ein Mund in Form eines O, einen Hintern wie ein O, weitgeöffnet, großzügig dargeboten, O, du arme Idiotin, nein, ich übertreibe, im Grunde genommen werde ich träumerisch, wenn ich an sie denke, an ihren gepeitschten Körper, ihre Ketten und an die ach, so männlichen Glieder, die von allen Seiten in sie eindringen, eines Tages werde ich eine Annonce aufgeben: Junge Leserin der *Geschichte der O* sucht Person anderen Geschlechts, die fähig ist, ihre Phantasmen zu befriedigen. Aber wie dem auch sei, im wirklichen Leben hatte sie nun von einer ordentlichen Erektion ihre Probe gehabt und eine andere Kostprobe von einem Amateur kleiner Perversionen. Aber in beiden Fällen war der männliche Held ein Hampelmann, ein mieser Typ. Und eine Frau könnte doch zu etwas anderem dienen als dazu, bereitwillige, unterwürfige Sklavin zu sein? Man könnte die Rollen ja auch einmal vertauschen? Das war ein Gedanke, dem sich nachzugehen lohnte. Dieser Machtwille hatte sie gepackt, als sie ihren Liebhaber der vergangenen Nacht fertiggemacht hatte, als sie ihn in dieses Wrack verwandelt hatte, dem vor Begierde das Wasser im Mund zusammenlief. Aber das war ein kurzes Spiel gewesen, ein etwas hinterhältiges Amüsement. So wie man einen Käfer umdreht, ihm den Bauch kitzelt und seine ohnmächtigen Beinchen zappeln läßt. Dann zertritt man ihn. Sie hatten ihren Spaß daran gehabt, die Libido dieses Mannes zu kitzeln und ihn bis zum Äußersten zu treiben. Aber sie verachtete ihn zu sehr, um weiterzugehen. Man kann nicht lange jemanden quälen, den man verachtet. Und hier stieß sie sich wieder an dem Problem, das ihr ureigenstes Problem war: Wie ist es möglich, einerseits alles zu wissen, was im Kopf eines anderen Menschen vorgeht, und gleichzeitig für ihn noch Interesse zu hegen? Ein Teufelskreis, in jeder Hinsicht.

Sie schob also alles, was die sexuellen Probleme betraf, beiseite und versuchte etwas anderes, um sich selbst zu übertreffen und ihr Denken zu betäuben: Sie trieb bis zur Maßlosigkeit Sport. Ihrer Suche nach Lust folgte die körperliche Anstrengung. In beiden Fällen war es ein Versuch, bis zum Äußersten zu gehen. Sie schwamm gern und war auch eine gute Schwimmerin. Sie nahm also ein Abonnement für das lokale Schwimmbad und trainierte täglich wie eine Besessene, schwamm immer längere Strecken, bis zur letzten Grenze ihrer Atemmöglichkeiten. Danach war sie total erschöpft, taumelte aus dem Wasser, erfüllt von einer ungeheuren Freude bei dem Gedanken an die Müdigkeit, die sie bis zur Qual gesteigert hatte. Sie verlor ein paar Pfunde, ihre Muskeln entwickelten sich, ihre Taille wurde schmaler und ihr Brustkorb breiter. Gleichzeitig brachte die übertriebene körperliche Betätigung eine nervöse Überreizung mit sich, so daß sie fast überhaupt nicht mehr schlief. Sie verbrachte ganze Nächte auf ihrem Bett liegend, die Augen weit geöffnet, den Körper wie eine angespannte Feder, bereit, zur Decke hinaufzuschnellen. Während des Tages döste sie in der Schule vor sich hin und schaute mit ganz besonders apathischer Miene diejenigen Lehrer an, die es sich erlaubten, plötzlich das Wort an sie zu richten. Sie fand, daß die Schulstunden ihr unerträglich wurden, und begann mit notorischer Regelmäßigkeit die Schule zu schwänzen. Der Frühling ging seinem Ende zu, und das Wetter war in diesem Jahr besonders schön. Vera profitierte davon, indem sie am Strand den fehlenden Schlaf der Nacht nachholte. Das beruhigende Geräusch der Wellen wiegte sie ein: Auf dem Rücken liegend, mit geschlossenen Augen, verlor sie fast das Bewußtsein unter dem glühenden Prickeln der Sonne auf ihrer Netzhaut. Das waren kurze Augenblicke des Glücks. Nicht des wirklichen Glücks, aber doch des Friedens. Sie hatte Frieden mit sich selbst geschlossen in dem einfachen Sinn, daß der Zustand der totalen Erschöpfung ihr das Denken verbot. Sie hatte im Grunde genommmen das Ziel erreicht, das sie sich zu Beginn ihres sportlichen Trainings gestellt hatte. Für seltene Zeitabschnitte löste sich ihr Denken von der sie umgebenden Wirklichkeit. Was mich umgibt, existiert nicht mehr, also bin ich nichts mehr. Ein kleines Staubkörnchen, aufgesaugt von der Unendlichkeit. Diese Vorstellung war tröstlich. Es war, als ob das die einzige Antwort auf alle Fragen wäre.

Dann wurde sie wegen ihres unentschuldigten Fehlens von der Schule verwiesen. Vera ging also noch häufiger an den Strand, bevor man sie in eine andere Schule steckte. Inzwischen hatte sie, weil sie sich kaum noch auf den Beinen halten konnte, auf ihre sportlichen Leistungen verzichtet. Zu Hause herrschte zwischen der Mutter und ihr eine drückende Gewitterstimmung, die aber nicht zum Ausbruch kam. Das war die kurze

Zeit, in der Vera so tat, als würde sie sich einer Psychotherapie unterziehen. Sie hatte sich, mehr aus Neugier, bereiterklärt, zweimal wöchentlich zu einem Psychiater zu gehen. Es amüsierte sie, in den Gedanken eines Menschen zu lesen, dessen Aufgabe es gerade war, mit seinen schwachen Mitteln den Gedankengängen der anderen zu folgen. Der Psychiater sah jung und freundlich aus, hatte mädchenhafte Augen und weiche Gesichtszüge. Er bewohnte mit seiner Frau, die Psychologin war, ein großes altes Rokokohaus, das Vera faszinierte. Sie hätte gern in seinen Winkeln und auf dem Dachboden herumgestöbert. Sehr schnell verstand sie, welche Verhaltensmuster er bei ihr festgestellt hatte. Sie stimmten in gewisser Weise: Manches hatte er aus beruflicher Erfahrung oder Intuition abgeleitet, anderes wußte er aus den vertraulichen Mitteilungen ihrer Mutter. Aber es war eine Wahrheit ersten Grades, fragmentarisch und zu einfach. Er zählte auf Veras Mitarbeit, um weiterzukommen. Sie konnte ihm nicht sagen, daß ihm zahlreiche Facetten ihrer Persönlichkeit unbekannt und unverständlich blieben. War sie überhaupt fähig, diese vor sich selbst zu erklären? So verschanzte sie sich bald hinter einer Mauer des Schweigens. Im Schutz dieses trotzigen Schweigens beobachtete sie den Psychiater, der tat, als würde er sich Aufzeichnungen machen, und der sie seinerseits beobachtete. Und sie durchforschte ihn, schickte heimlich Fühlhörner aus, um behutsam sein Inneres bloßzulegen. Lieber kleiner Doktor, Psychiater meines Herzens, was würdest du mir nicht geben, um zu erfahren, was in deinem Köpfchen vor sich geht? Wenn man denkt, daß die Biologen ihre Kameras im menschlichen Körper herumspazieren lassen, und doch werdet ihr nie etwas wissen, ihr werdet ewig Frustrierte bleiben ... Der Psychiater, der fähig ist, selbst die Decke seines Schädels aufzuheben und sein Inneres zu betrachten, dem es erlaubt ist, die delikaten Mechanismen seiner Psyche und die zerbrechlichen Gedankenassoziationen zu belasten. Das wäre eine tolle Entdeckung! Der wahnwitzige Traum aller verrückten Psychiater dieser Erde. Sich das Gehirn masturbieren und den Saft herauspressen, um endlich zu sehen, was da alles drin ist! Doktor, Doktorchen, wenn du wüßtest ... Komisch übrigens, sie hatte den Beweis dafür, daß das Gehirn eines Psychiaters nicht wie das der übrigen Menschen funktioniert. Es gab die gleichen Emotionswellen, die gleichen Tendenzen, aber sie waren in bestimmte Richtungen orientiert und kanalisiert worden. Es gab kohärente Strukturen, ein System von Nomenklaturen, alles war geordnet, etikettiert, katalogisiert. Man stieß sich nicht an diesem Durcheinander, das das Bewußtsein der Menschen in eine Rumpelkammer verwandelt. Ein richtiger Zentralkatalog, begeisterte sich Vera. Man drückte auf einen Knopf, und *hopp*! Die gewünschte Karteikarte sprang aus dem Schlitz. Sie hatte sogar das etwas unheimliche Gefühl, das Räderwerk einer Maschine zu untersuchen, als wäre dieses Gehirn der Datenspeicher eines Roboters. Aber nein: Im Hintergrund blieben Schattenzonen, unerforschte Territorien, die schlammigen Ablagerungen des Unbewußten. Irrationale Blitze huschten über den zu neutralen Horizont des wissenschaftlichen Rigorismus. Schwarze Wirbel strudelten unter der Oberfläche. Wie jedermann hatte der Psychiater seine Obsessionen, seine sexuellen Wunschträume (mit dem Unterschied, daß er sie systematisch katalogisierte). Vera ergriff nur bei bestimmten, seltenen Gelegenheiten das Wort, um versteckte Anspielungen darauf zu machen. Auch er hatte seine kleinen privaten Erinnerungen. Er war nicht besonders erfreut, als sie ihn eines Tages in aller Unschuld fragte, ob er als Junge nicht eines Tages versucht hätte, seine kleine Schwester zu vergewaltigen. In einem Heuschober auf dem Land, zum Beispiel, an einem Sommerabend während der Ferien? Er hatte die Lippen zusammengekniffen und seinen Federhalter hin und her gedreht. Zwei helle Flecken erschienen auf seinen Wangen. An diesem Tag verstand Vera, daß sie sich zu viel erlaubt hatte. Sie ging nicht mehr zu ihm.

Chaotisch setzte sie ihre Studien in diesen letzten Monaten des Schuljahres fort. Das Gymnasium, in dem man sie auf Empfehlung eines einflußreichen Freundes ihrer Familie trotz der schlechten Schulakte aufgenommen hatte, war ein düsteres Gebäude. Das Niveau sollte ausgezeichnet sein. Die Atmosphäre unter den Schülern war nicht besonders gut und wenig kommunikativ. Die Lehrer traten mit geheuchelter Lässigkeit und Biederkeit auf und unterrichteten trotzdem von oben herab, als ob es den Mai 1968 nie gegeben hätte. Sie schnitten das gleiche Wissen in mundgerechte Scheibchen zurecht, als handelte es sich um ranzige Wurst. Sie schwitzten aus allen Poren Ehrfurcht vor der Obrigkeit. Sie waren alle falsche Fünfziger, Schlappschwänze, selbst die jüngsten unter ihnen. Übrigens hatte man alle Elemente von Veras Schulakte – die Flucht, ihre Verweisung von der Schule – jedem, der es wissen wollte, freundlich mitgeteilt. Sie galt als schwarzes Schaf, und man ließ es sie spüren. Sie langweilte sich während der Schulstunden sterblich, träumte, während die Lehrer ihren Text herunterleierten, vor sich hin und nahm nur lustlos an der Gruppenarbeit teil. Der Direktor hatte sie gewarnt: Bei der geringsten ernsthaften Entgleisung – wie zum Beispiel bei erneutem unentschuldigtem Fehlen – würde man Sanktionen ergreifen. Mit bläulichem Gesicht hatte er Veras Akte zwischen Daumen und Zeigefinger gehalten, um gegen die Kante seines Schreibtisches zu klopfen, während er sie durchbohrend ansah. Alter Drecksack, frag ich dich danach, ob du noch immer Lust hast, mit deinem Dienstmädchen zu schlafen? Ob die kleinen Schülerinnen, die in Shorts und Turnhemden Sport treiben, mit ihren kleinen Brüsten, die auf und nieder wippen, dich in Erregung versetzen, wenn du am Sportplatz vorbeikommst und sie verstohlen anstarrst? Und ob du nicht halbbesoffen warst, als dein Auto neulich einen Radfahrer umfuhr, der mit dem Schrecken davonkam? Aber du hast dir noch erlaubt, ihn anzuschreien. Und bei der Geschichte vom letzten Jahr, wo ein Schüler sich fast umgebracht hätte wegen ein paar Stunden Nachsitzen, die eine persönliche Rache des Lehrers waren, hast du da nicht den Lehrer verteidigt und den Schüler als unerwünschtes Element gebrandmarkt? Aber Vera hatte den Mund nicht aufgemacht. Mit trotziger Miene hatte sie den Direktor reden lassen und sich zur Ruhe gezwungen. Ihre Unvorsichtigkeit dem Psychiater gegenüber war ihr eine Lehre gewesen. Es war besser, die Dummheit und Bosheit der anderen zu ertragen, nur *nicht auffallen.* Aber wie sollte sie die kommende Zeit ertragen? Vor allen Dingen nicht vorausplanen, nur an die kommenden Monate denken. Zunächst dieses Schuljahr hinter sich bringen, das war wieder eins weniger, dann kamen die Ferien, der Sommer, das bedeutete, das man weniger idiotische Erwachsene zu ertragen hatte, danach würde man sehen. Aber bis dahin, was tun, um nicht unter diesem Zwang zu explodieren? Sie hatte die Ablenkung durch den Sport aufgegeben, hatte sich von der körperlichen Erschöpfung erholt, in die sie dieser gestürzt hatte und der es wenigstens gelungen war, ihre Gedanken zu betäuben; und nun hatte sie nicht einmal mehr die kleine Zerstreuung eines Besuches beim Psychiater. Also was sollte sie tun? Da blieb nur die völlige Betäubung. Das Empfindungsvermögen betäuben, die Reizbarkeit maskieren. Die Augen schließen, um nicht mehr die dunklen Abgründe zu sehen, und sie anderen Dingen öffnen. Sie zögerte zwischen Alkohol und Rauschgift, beschloß, beides auszuprobieren, wählte aber schließlich als erstes den Alkohol, denn die Rauschgiftbeschaffung war nicht so einfach.

Der Alkohol – Quelle des Vergessens, Schutz gegen die Nacht. Die Klischees sind langlebig, und das Leben besteht aus Klischees. Aufsatzthema: Analysieren Sie den Fall eines Dichters oder eines Künstlers, der im Alkohol Zuflucht gesucht hat vor seiner Lebensangst. Verlaine, zusammengesunken in den Polstern eines Cafés, eingehüllt in Absinthdünste, innerlich von Absinth zerfressen wie von einem krebsartigen Geschwür. Van Gogh mit dem abgeschnittenen Ohr und den halluzinierenden Augen, ermordet von einem Rabenschwarm, der über dem flachen Land kreist. Scott Fitzgerald – lange nach den glücklichen Tagen mit Zelda –, ein gestrandetes Wrack an den stinkenden Gestaden der Pazifischen Küste. Billie Holiday taumelt auf der Bühne von Carnagie Hall mit dem schon heiseren Röcheln des Todes in der Kehle. Jim Morrison hält sein Mikrofon, als wäre es der rettende Strohhalm, sein Blick irrt in eine Traumwelt ab, die Eidechsenkönige bevölkern. Janis Joplin, mit zerzaustem Haar, umklammert ihre Flasche, und ihre Stimme gleicht einem heiseren Gebrüll. Nico, der perverse Erzengel, ein Zombie in weißem Gewand mit den Gesten eines Scheintoten. Und ich, was habe ich damit zu tun? Ich, ein Nichts, das alle Welt betrügt und seine Langeweile betrügt. Das etwas sucht, aber nicht weiß, was. Das alles weiß und nichts weiß. Das sucht und das wartet. Sie kaufte sich Scotch, trank die Flasche aus, kaufte sich eine neue. Sie trank jeden Abend, methodisch, regelmäßig, war volltrunken und trank weiter. Ein schwerer Schlaf, ein dumpfes Erwachen, eine Art Stumpfsinn, der den ganzen Tag anhielt. Andere Flaschen, ihr ganzes Taschengeld ging dabei drauf, sie stahl Geld aus der Handtasche ihrer Mutter. Rum, Wodka, allerlei Gemisch, Schwindelgefühle, Ausbrüche. Jenseits der Trunkenheit die Entdeckung einer weißen, fahlen, wattigen Landschaft, in der sich grauenhafte Wesen wie flüchtige Schatten bewegten, die sie nur verstohlen anzuschauen wagte. Das Zimmer, ein trunkenes Schiff, das Bett schlingert, die Außenwelt versinkt, das Glas Alkohol in der Hand, an das man sich wie an einen Rettungsanker klammert. Und am Ende bleibt kein Halt, man verliert das Gleichgewicht, man fällt in die Tiefe, der Brunnendeckel schließt sich. Das Verlangen, sich zusammenzukrümmen und zu wimmern, nicht einmal mehr das Verlangen zu schlafen, nur die Sehnsucht zu vergessen, die zu einer Zwangsvorstellung wird, die den Geist so heftig überfällt, daß man verzweifelt versucht zu vergessen, daß man vergessen möchte. Alle Empfindungen sind wie abgeschnitten bis auf die eine: das Brennen des Alkohols, das Feuer des Alkohols in der Kehle und in der Speiseröhre. Und dann das schwarze Loch, der Keulenschlag, der langsame Tod. Sie wußte bereits, was sie erwartete. Schließlich war Vera sterbenselend und erbrach sich stundenlang. Sie blieb zwei Tage unter dem Vorwand einer Magen- und Darminfektion liegen, versteckte ihre Flaschen unter dem Bett, warf sie in die Mülltonne, sobald sie wieder aufstehen konnte, dachte, als sie wieder einen klaren Kopf hatte, über ihre Lage nach. Es gab nur eine Folgerung: die Flucht in den Alkohol ist nichts für dich. Oder vielleicht später. Aber ich interessiere mich nur für das, was *jetzt* ist. In diesem Augenblick möchte ich aus der Haut fahren. Das ist wie mit dem Sex, immer die gleiche Geschichte. Alles ist nur Literatur, so hat schon mal jemand gesagt. Schluß auch mit dieser Episode. Nach dieser kurzen, blitzartigen Alkoholikerkarriere blieb ihr nur übrig, sich einer anderen Sache zuzuwenden.

Also Rauschgift. Sie hatte unter den Mitschülern ihrer Klasse einige näher kennengelernt, vor allem Außenseiter. Das ergab sich durch ihren Ruf als schwarzes Schaf. Einer von ihnen, ein Junge, der etwas älter war als sie, hatte damit geprahlt, schon

Hasch geraucht zu haben und zu wissen, wie man sich so etwas besorgte. Sie bat ihn darum, ihr behilflich zu sein. Er wich aus, suchte nach Ausflüchten, gab aber schließlich doch nach, denn sie verstand es, ihr Ziel zu erreichen. Das heißt, sie hatte in seinen Gedanken gelesen – er hatte tatsächlich durch einen älteren Kameraden eine Quelle, ohne selbst davon Gebrauch gemacht zu haben. Sie hatte ihn in die Enge getrieben und schließlich in die Falle gelockt. Wieder stahl sie ihrer Mutter Geld, diesmal eine größere Summe, sie ging sogar soweit, einen Einbruch zu simulieren. Sie wußte, daß ihre Mutter sich nicht wirklich zum Narren halten ließ, sie verdächtigte Vera, ohne Beweise zu haben. Der Verdacht wühlte in ihr, und Vera fing dieses ungesunde Gären auf. Und doch schwieg die Mutter, denn sie hatte Angst. Angst vor Veras Reaktionen, wenn sie diese offen anklagte, Angst vor allem, was folgen könnte: ein hysterischer Anfall, ein Nervenzusammenbruch, eine verzweifelte Geste oder wer weiß was? Auch Angst davor, sich trotz aller Wahrscheinlichkeit zu irren und ihre Tochter ungerecht zu verdächtigen. Denn es gab ja Villen, in die man einbrach, selbst wenn ihre Bewohner sich nur für kurze Zeit entfernten, vor allen Dingen in dieser Gegend, in der, sobald das Wetter schön wird, allerlei seltsames Volk auftaucht, das von der Presse und der öffentlichen Meinung mißtrauisch beobachtet wird, das in Minicars aus allen Teilen der Welt zum Windsurfing an die baskische Küste kommt: aus den Vereinigten Staaten, aus England, aus Australien und Neuseeland. Diese Jungen und Mädchen ähnelten einander, sie waren blond, gebräunt, langhaarig und trugen bunte Kleider oder zerfranstes Zeug, sie waren zu allem fähig, das war bekannt. Also warum nicht einer von ihnen? Aber Vera bemerkte, daß ihre Mutter sich davor hütete, Anzeige zu erstatten, und das war eine Art stillschweigende Stellungnahme, was die Identität des Diebes betraf. Sie kümmerte sich nicht weiter darum, sondern beeilte sich, ihrem Kameraden das Geld zu überreichen. Zwei Tage später brachte dieser die Ware, leicht geniert in seiner Rolle als Dealer. Vera rang ihm schließlich das Geständnis ab, daß er so wenig Erfahrung besaß wie sie selbst. Sie machten es sich im zugigen, baufälligen Erdgeschoß einer verlassenen Villa bequem, einem ehemaligen

Adelssitz, dessen zum Teil zusammengestürzte Terrasse steil von einem Felsen aus, der immer weiter abbröckelte, über das Meer ragte. Das erinnerte an eine von einer mythischen Katastrophe heimgesuchte Theaterkulisse. Säulen und Stuck schmückten den Raum, der früher der Salon gewesen war, auf dem Boden lagen alte Planen herum, abgebröckelter Gips und Schutt, es war ein seltsamer und schauerlicher Ort. Sie fühlten sich beide gehemmt, unwohl in ihrer Haut und begannen ungeschickt die ersten Züge zu rauchen. Es schmeckte etwas herb und danach süßlich, nicht sehr angenehm. Es geschah nichts Besonderes, abgesehen davon, daß Vera von plötzlicher Lustigkeit ergriffen wurde, von einem verrückten Lachen, das langsam in ihr aufstieg und das sie nicht bekämpfen konnte. Sie stand auf und ging auf die Terrasse, wo Unkraut zwischen den Steinplatten wucherte, sie stützte sich auf die wackligen Reste einer Brüstung, die einst die Terrasse einfaßte. Sie beugte sich gefährlich weit vor, dem Spiegel des Meeres entgegen, der hundert Meter tiefer glitzerte und sich am verschwommenen Horizont auflöste, mit der zackigen Linie der Pyrenäen im Hintergrund, die einen Bogen beschrieb. Der Junge kam und hielt sie zurück, als wäre er überzeugt davon, daß sie sich fallen ließe; er sagte ihr, sie sei verrückt, schien wütend zu sein und klarer im Kopf als sie. Vera ging zurück und rauchte weiter, ihre Erregung ließ nach und machte einem angenehmen Gefühl der Leichtigkeit, ja fast der Schwerelosigkeit Platz. Sie verlor den Zeitbegriff und verstand nicht, warum der Junge sie allein ließ und ihr sagte, es sei schon spät, und er müsse nach Hause zurück. Sie ließ ihn gleichgültig gehen, sie hatte für einen Augenblick zu rauchen aufgehört und konzentrierte ihre Aufmerksamkeit minutiös auf die Wände des zerfallenen Salons, wobei sie feststellte, daß die unregelmäßigen Risse, die sie durchzogen, ein Gebilde von Motiven zeichneten, das eine geheimnisvolle Geometrie verband. Sie ging wieder auf die Terrasse, um aufs Meer zu schauen, und sie war erstaunt darüber, daß die untergehende Sonne es in rosafarbenes Licht tauchte. Sie war der Überzeugung, daß nur wenige Augenblicke vergangen waren, seit sie es in vollem Tageslicht gesehen hatte, und hatte nicht einmal bemerkt, daß sich das Licht veränderte.

In der folgenden Zeit rauchte sie allein, der Junge wollte nicht mehr mitmachen, das Experiment hatte ihn nicht begeistert, und außerdem hatte er vor Vera Angst, ohne daß er erklären konnte, warum. Er stieß sich an ihr wie an einem unbekannten Gegenstand, und das verwirrte ihn. Er hatte sie in die verlassene Villa begleitet in der unklaren Absicht, einen Flirt zu beginnen. Sie gefiel ihm, er hatte schon von ihrem Mund und ihren Brüsten geträumt. Aber als dann der Augenblick gekommen war, hatte er nicht gewagt, sie anzufassen. Sie war ihm fern, unerreichbar und fremd erschienen. Als trüge sie statt des vertrauten Gesichts eine Maske. Er war ein ganz durchschnittlicher Junge, keiner komplizierten Beobachtungen und Gedankenketten fähig. Er fühlte sich einfach unwohl in Veras Gegenwart und wich ihr aus. Sie drang nicht weiter, denn seine Anwesenheit bedrückte sie eher. Sie hatte ihn in einem bestimmten Augenblick gebraucht und von ihm profitiert. Um zu bekommen, was sie wollte, hatte sie eine gewisse Überzeugungskraft angewandt. Erst allmählich begann sie, sich dieser Kraft bewußt zu sein und zu ahnen, welchen Gewinn sie daraus ziehen konnte. Sie war auf empirische Weise vorgegangen, denn die genaue Natur dieser Kraft entging ihr, und sie hatte nicht die geringste Vorstellung davon, wie sie wirklich funktionierte. Aber sie versprach sich, der Frage nachzugehen. In der Zwischenzeit trieb sie auf angenehme Weise in der sanften, bunten Welt des Hasch dahin, von allem, was sie hätte berühren können, wie durch eine zarte, durchsichtige Membran getrennt. Wenn der Alkohol, was sie betraf, ein Mißerfolg gewesen war (vielleicht, weil sie zu maßlos getrunken hatte), so mußte sie zugeben, daß sie diesmal nicht enttäuscht wurde. Der Genuß dieser weichen Droge war ein einsames Vergnügen, das von ihr keinen Preis verlangte. Sie dachte an den sexuellen Austausch, an die notwendige Gegenwart des *Anderen,* des Partners, und der Katastrophe, die sich daraus auf der Ebene des psychologischen Schocks ergeben hatte. Die Droge war ein Austausch mit sich selbst, mit sich allein, der geschlossene Kreis; sie streckte sich abends auf ihrem Bett aus, und die Stunden vergingen, es kam zu einer leichten Entmaterialisierung der Umgebung, manchmal streichelte sie sich mit trägen, vorsichtigen Gesten und erweckte in ihrem Inneren fast abstrakte Empfindungen, die ihren Geist und ihren Körper vereinigten und ihr den Eindruck vermittelten, in ihr Inneres vorzudringen und es zu erforschen. Die Wochen vergingen, die Zeit zog sich hin wie ein langer, leerer Strand. Sie schöpfte aus ihrem neuen Zustand eine gewisse Philosophie, eine resignierte Erwartung, vergaß den fiebrigen Zustand der Revolte, der sie gewöhnlich beherrschte. Aber es gab auch einen großen Nachteil. Sie bemerkte, daß das Rauschgift ihre Fähigkeit schwächte, mit dem Symbionten zu kommunizieren: Sie war weniger rezeptiv während der Kontakte, die er zu ihr herstellte. Eine Sperre richtete sich auf, durch welche die Ausströmungen des Symbionten nur noch wie ein gedämpftes Echo hindurchdrangen, das kaum hörbar war. Sie legte aber auf die Verbindung mit dem Symbionten mehr Wert als auf alles andere, er war ihr eigentlicher Lebensinhalt. Eines Nachts beschloß sie, aufzuhören und ihre Haschprovision unter die Schulkameraden zu verteilen.

Zu diesem Zweck organisierte sie eine Party, bei der sich ungefähr zehn von ihnen im Haus eines Schülers trafen, dessen Eltern verreist waren. Bei dieser Zusammenkunft verteilte Vera jedem eine reichliche Dosis und nahm endgültig Abschied vom Hasch, indem sie ihre eigene Dosis verdoppelte. Die Stimmung lockerte sich sehr, einige wurden krank, andere gaben sich den absurdesten Zerstreuungen hin. Als der Abend zu Ende ging und alles bereits ausartete, machte Vera – mehr zum Spaß – den Vorschlag eines Wettbewerbs, bei dem ein Selbstmord simuliert werden sollte (Sieger sollte derjenige sein, der dem Tod *am nächsten* käme), ein Wettbewerb, der später tatsächlich stattfand. Vera probierte bei dieser Gelegenheit ihren Einfluß auf die anderen, den sie entdeckt hatte, aus. Sie übte auf ihre Kameraden eine Art Magnetismus aus, der diese zwang, alles zu tun, was sie wollte. Und sie genoß dieses kleine Machtimperium, über das sie verfügte und das sie amüsierte. Niemand unter den Mitschülern schien sich zu fragen, wie sie zu dieser Fähigkeit gekommen war. Sie begnügten sich einfach damit, Vera zu gehorchen. In Wirklichkeit stand dieses Phänomen in direktem Zusammenhang mit ihrem emphatischen Sinn. Es war wie die Wirkung einer Stimmgabel. In dem Maße, wie sie alle Gegebenheiten der Psyche eines Individuums assimilierte, war es *natürlich,* sich auf diese Psyche abzustimmen, genau die Resonanz zu wecken, die zu ihrer Manipulation notwendig war. Anfangs war das fast berauschend, es verlieh ihr ein Gefühl von Macht. Aber auf die Dauer wurde es ermüdend. Es war abstoßend zu sehen, wie vorausschaubar die Wesen waren, durch einen primitiven Mechanismus bewegt wie Hampelmänner, deren Schnur man zieht.

In dem kleinen Kreis von Eingeweihten, die sich um Vera scharten und ihrem Einfluß erlagen, war Vincent ohne Zweifel ihr Favorit. In Veras Augen besaß die Bezeichnung *Favorit* genau die Bedeutung, die man verwendet, um ein kleines vertrautes Tier zu benennen. Sie mochte ihn in gewisser Weise gern. Vincent war verschlossen, schüchtern und auf seine Art hübsch. Er mischte sich selten unter die anderen Jungen seines Alters, und diese machten sich über ihn lustig, weil er unsportlich war. Er las Lautréamont, Eluard, Boris Vian und unterhielt sich mit Vera über seine Lektüren. Er war eine gequälte, unbefriedigte Natur, und Vera erforschte ihn vorsichtig, weil sie in ihm nur zu gut, wenn auch in einem weniger fortgeschrittenen Stadium, die Symptome erkannte, an denen sie selbst litt. Er besaß auch einen Trieb zum Selbstmord, den er ignorierte, aber dessen Keim sie entdeckt hatte. Doch – und das war außergewöhnlich – der psychische Kontakt mit Vincent war ihr nicht unerträglich. Sie lud ihn manchmal, wenn sie sich langweilte, zu sich ein, und sie verbrachten einige Stunden in ihrem Zimmer und sprachen über Literatur. Vincent war schüchtern und hatte noch nie mit Mädchen zu tun gehabt. Vera wußte, daß er sie begehrte – ein zärtliches, fast platonisches Begehren, das nichts mit den brutalen, besitzergreifenden Wünschen zu tun hatte, die in Gegenwart bestimmter Männer auf sie einstürmten und bei denen sie sich vor Ekel verkrampfte, als berührten schleimige, ekelhafte Tiere ihre Haut. Eines Tages, als sie zusammen waren, er in einem Sessel, sie mit angezogenen Beinen auf ihrem Bett sitzend, fühlte sie plötzlich, wie sich Vincents Begierde kristallisierte, mit schmerzhafter Intensität anschwoll. Fast ohne nachzudenken, ließ sie ihn auf ihr Bett kommen, half ihm beim Ausziehen, streichelte ihn. Sie wollte in diesem Augenblick nichts weiter als ihm eine Freude machen, vielleicht auch sich selbst. Ein kleiner Hund, den man auf sein Bett kommen läßt, weil er brav ist, weil man ihn niedlich findet. Er nahm sie mit Leidenschaft, schaute sie mit bedeutungsvoller Miene an, die sie bei anderer Gelegenheit grotesk gefunden hätte, machte ihr begeisterte Liebeserklärungen, streichelte sie zärtlich, nahm sie noch einmal, hielt wieder große Reden, die sie nicht hörte, weil sie an etwas anderes dachte, nämlich an die mangelnde Fähigkeit zum sexuellen Genuß, die sie entschieden zu haben schien. Da ist er nun ganz aufgeregt, ganz zappelig, er hat seinen Teil gehabt, und ich, was habe ich damit zu tun? Einverstanden, sie wußte, daß er keine Erfahrung hatte, aber trotzdem. In den Romanen – ja, wieder dort! – gab es doch Damen, die unschuldige Knaben aufklärten und die dabei vor Vergnügen hinschmolzen. Und ich? Nichts, das absolute Nichts. Ich bin ein Fall. Sie zogen sich an, betrachteten einander. Vincent sah ernst aus. Inbrunst, Leidenschaft, totale Unterwerfung: das alles überflutete sie. Da haben wir den Salat, ich bin reingefallen. Was werde ich jetzt mit ihm machen? In den folgenden Tagen überzeugte sie Vincents Haltung von dem Irrtum, den sie begangen hatte. Er nahm sie in einem Gang beiseite, ergriff heimlich ihre Hand, betrachtete sie mit vielsagendem Blick. Kein Zweifel, er entwickelte ein schwärmerisches Liebesdelirium mit dem Motiv ›Nur wir beide, ganz allein.‹ Umsonst wies ihn Vera ab, versuchte ihn davon zu überzeugen, daß für sie alles wie vorher sei. Da bin ich in eine schöne Sache reingeschlittert! Armer Vincent, armes Hündchen! Ab und zu ein kleiner Knochen, ein paar Zärtlichkeiten, das Recht auf ein paar Privilegien, das hätte vielleicht genügt, um ihn zufriedenzustellen, um seine Illusionen zu nähren. Aber sie brachte es nicht fertig, Theater zu spielen. Sie mußte ihn mißhandeln, ihm wirklich weh tun, dem einzigen Wesen, für das sie so etwas wie Mitgefühl empfunden hatte. Sie traf ihn mit Worten, die so hart waren, daß er verstand. Er hielt sich abseits, trug eine finstere und tragische Miene zur Schau. Vera dachte, er würde sie vergessen, und hörte auf, sich mit ihm zu beschäftigen. Ein paar Tage später fand in einer makabren Atmosphäre der bewußte Selbstmordwettbewerb statt, den man bei der Rauschgiftparty beschlossen hatte. Die verschiedenen

Konkurrenten kamen wie Verschwörer in den verlassenen Räumen der ehemaligen Sportanlage zusammen. Jeder hatte seine Nummer vorbereitet, die meistens nur ein harmloser Ulk war. Einige Versuche gingen weiter. Ein Schüler schnitt sich die Pulsadern auf und ließ viel Zeit vergehen, bis er das fließende Blut zum Stillstand brachte, ein anderer hing sich wirklich auf und schnitt den Strick erst in dem Augenblick durch, als er schon im Leeren taumelte. Vincent war der letzte. Da geschah es, daß er sich vor den Augen seiner Kameraden mit einem geladenen Revolver eine Kugel in den Kopf jagte.

5

Vincents Hand hatte beim Abdrücken gezittert. Genug gezittert, um nicht mehr genau zu zielen, so daß ihm die Kugel zwar einen Teil des Gesichts wegriß, ihn aber am Leben ließ. In der nachfolgenden allgemeinen Panik lösten sich die Zungen, und Vera wurde offen als Anführerin dieses morbiden Spiels bezeichnet. Sie wurde sofort von der Schule verwiesen, nachdem sie vor einer Schulkommission erschienen war; am folgenden Tag kam sie nicht mehr zum Unterricht. Vincent wurde ins Krankenhaus gebracht. Alle Welt einigte sich auf die These von einem unglücklichen, dummen Unfall: eine Kugel war zufällig in dem alten Revolver geblieben, den Vincent ungeladen glaubte. Zwei oder drei Kameraden stellten sich aber Fragen, erinnerten sich unbestimmt an die alte Tradition des russischen Rouletts und vermuteten, daß Vincent absichtlich die Gefahr gesucht hätte. Nur Vera kannte die Wahrheit, deren Ungeheuerlichkeit sie in der Sekunde versteinert hatte, die Vincents Geste vorausgegangen war. In diesem kurzen Augenblick, der ihr wie eine Ewigkeit erschienen war, hatte sie *gewußt,* unausweichlich gewußt, daß Vincent mit Absicht diesen Revolver genommen hatte, weil er geladen war, und sie hatte den Schatten des Todes über ihm gesehen, bevor das Geräusch der Detonation ertönte.

Dieser mißglückte Selbstmord traf Vera tief. Zum ersten Mal erfüllte sie das, was sie in sich trug, diese bedrückende Gabe, diese Macht über die anderen, mit wirklichem Grauen. Es war kein Trost, sich daran zu erinnern, daß ein selbstmörderischer Trieb bereits in latentem Zustand bei Vincent vorhanden gewesen war, für den sie nur der Auslöser wurde. Sie empfand im Gegenteil ein enormes Schuldgefühl. Die Tatsache, daß sie diesen Trieb vorausgefühlt hatte, hätte ihr verbieten müssen, so zu handeln, wie sie gehandelt hatte, das heißt, sich seiner wie eines Spielzeugs zu bedienen, um ihn dann wegzuwerfen, seinem Schicksal zu überlassen. Die Rolle, die sie gespielt hatte, war entsetzlich. Sie wollte ihn im Krankenhaus besuchen und floh entsetzt, als sie seinen mumienhaften Kopf sah, der dort, wo Wange und Kiefer zerfetzt waren, bandagiert und bepflastert war. Er schien ohne Bewußtsein und reagierte nicht auf ihre Gegenwart. Feige bin ich, sagte sie sich, feige. Ich bin wie die anderen. Was ich in ihnen entziffere und was mir gemein und verächtlich erscheint, ist nur die Widerspiegelung meines eigenen Inneren. Das war für sie eine furchtbare und gleichzeitig einfache Entdeckung, und sie wunderte sich darüber, sie nicht schon früher gemacht zu haben. Es war, als wäre sie lange im Kreis gewandert, um endlich eine Wahrheit zu finden, die sich von Anfang an hinter ihr versteckt hielt. Ich sehe mich in ihnen wie in einem Spiegel. Sie und ich, wir sind aus dem gleichen Schmutz gemacht. Nach dieser zweiten Verweisung von der Schule, die dem Sommer voranging, in dem sie fünfzehn Jahre wurde, war sie vereinsamter und verzweifelter denn je. Kurz nach Beginn der Ferien erreichte dieser krisenhafte Zustand einen Höhepunkt. Das war der Sommer ihrer vorübergehenden Magersucht, der ständigen Konflikte mit ihrer Mutter und auch eines Syndroms, das sich durch fixe Ideen charakterisierte, in denen sie mit ihrer gewohnten Scharfsichtigkeit und einer müden Ironie die schizophrene Natur identifizierte. Manchmal spielte sie mit der Idee des Wahnsinns. Wahnsinnig werden und für Jahre in einer psychiatrischen Klinik landen, mit ihren lächerlichen Gaben, die ihr dann nicht mehr nützen würden! Und wenn sie von diesen Gaben, die sie besaß, zu einem Arzt spräche, würde dieser ein Delirium des Größenwahnsinns diagnostizieren und sie für noch unheilbarer halten. Dieser Gedanke schmeichelte ihrer masochistischen Anlage, die immer häufiger an die Oberfläche ihrer Persönlichkeit trat.

Eines Tages wollte sie sich, zum erstenmal, an dem Symbionten rächen, auf obskure Weise, indem sie versuchte ihn loszuwerden, ihn wegzuwerfen. Sie machte ihn verantwortlich für alles, was sie erlitten hatte. Aber sie war wie festgebannt, noch bevor sie nach dem Kästchen greifen konnte, während ein scharfer Schmerz sie durchbohrte. Sie gab auf, bekannte sich besiegt. Die kalte, neutrale Botschaft des Symbionten erreichte sie, die keinen unterschwelligen Haß enthielt: es hatte keinen Sinn zu versuchen, das Band zwischen ihnen zu zerschneiden. Es war unzerstörbar. Eine schützende Schranke wurde errichtet, wenn sie es versuchte. Sofort wurde sie sich ihrer Torheit bewußt. Dieser Versuch, den Symbionten zu zerstören, war es nicht letztlich ein Versuch, sich selbst zu zerstören? Oder lag da der unbewußte Schlüssel des Versuchs: ihr selbstmörderischer Trieb, der alles zerbrechen, alles niederreißen wollte? Warum nicht auch mich selbst? Vielleicht werde ich mich eines Tages töten. Warum kann ich mich nicht selbst erforschen, alles von mir wissen? Das war vielleicht das Frustrierendste: fähig zu sein, im Gehirn des anderen wie in einem offenen Buch zu lesen, aber sich selbst nur von außen zu kennen, durch Rückschlüsse und durch Überlegungen. Oder der Symbiont hatte gewußt, was er tat. Wenn ich fähig wäre, auch in mir selbst zu lesen, dann wäre ich *schon längst* wahnsinnig geworden ...

In diesem Sommer kehrte sie nur ein einziges Mal in die Tiefe des Gartens zurück, um dort allein zu sein – eine sentimentale Pilgerreise in Erinnerung an den bewußten Sommer ihrer zwölf Jahre, in dem die Begegnung mit dem Symbionten stattgefunden hatte. Sie erinnerte sich an das seltsame und ungehörige Spiel, das sie so gern gespielt hatte: die Bäder im Schlamm und die subtile Lust, die sie ihr bereiteten. Im Rückblick der Jahre erschien ihr dieses Spiel ein Symbol zu sein: seltsam aufschlußreich und beunruhigend auf psychoanalytischer Ebene. Das Verlangen, ihre nackte Haut zu beschmutzen, der Wille, sich durch Schlamm und Schwärze zu behaupten, die Befriedigung, die sich daraus ergab. Rückblickend examinierte sie mit unbeteiligter Kälte ihr früheres Verhalten. Es bestand kein Zweifel, schon damals wies sie Spuren einer psychischen Störung auf. Und gerade in diesem Augenblick war der Symbiont in ihr Leben eingebrochen. Konnte man sagen, daß er in gewissem Sinn die Symptome und den Prozeß ihres inneren Zerfalls beschleunigt hatte? Und doch hatte er ihr gleichzeitig die Fähigkeit verliehen, sich mit außergewöhnlicher Scharfsichtigkeit zu analysieren, sich zu verstehen. Er hatte ihr gewissermaßen die Waffen geliefert ... Nein, das war falsch. Das waren keine Waffen. Es genügte nicht, sich zu verstehen, man mußte sich auch annehmen. Und Veras ganze Existenz hatte von jenem Tag an im Zeichen der Ablehnung gestanden.

Es waren immer noch Ferien. Vera verließ fast nicht mehr ihr Zimmer. Manchmal ging sie am Abend den Strand entlang, zur Stunde, da der aprikosenfarbene Himmel violett wurde und allmählich den kristallenen, knisternden Nächten dieses Sommers Platz machte, der so trocken war, daß der Regen nur noch eine ferne Erinnerung schien. Sie schloß sich dem trägen Strom der Feriengäste an, die auf der Promenade flanierten, hörte dem Geklimper der Gitarrenspieler zu, die für Geld spielten, sprach mit den Surfern, die lässig vor ihren Minicars standen, alle so blond, so schön und so gebräunt, daß sie Wikingern glichen oder Geschöpfen einer anderen Welt. Sie setzte sich neben sie und blieb, ohne daß Worte nötig waren, ein paar englische Brocken genügten, ein Lächeln oder eine freundliche Gebärde. Neben ihren Gefährtinnen mit den Opheliagesichtern und den langen Patchworkröcken aßen sie warme Würstchen, tranken Dosenbier und hörten sich Kassetten von Croby, Stills, Nash and Young, von Jefferson Airplane oder Grateful Dead an, als wäre der kalifornische Traum noch nicht ausgeträumt. Vera mochte sie gern: sie dachten nicht nach oder nur selten. Sie hatten es verstanden, das Denken zu verlernen, um nur noch einem körperlichen, animalischen Glück zu leben. Ihr Gehirn war wohltuend. In ihrer Nähe rollte sich Vera auf dem Boden zusammen und schloß die Augen, um zu dösen ... Eines Tages werde ich wie sie fortziehen. Auch ich werde alles lassen, werde alles vergessen und mich im Leben auflösen, wie sie sich in den Wellen auflösen ... / ... Haben Sie dieses Kind gehört? Sie ist erst fünfzehn Jahre alt – *erst* fünfzehn, stellen Sie sich vor! –, und sie spricht davon, ihr Leben zu leben. Eines Tages wird sie sich von diesem verschmutzten Pack, diesen zerlumpten Hippies mitlocken lassen, ich sage es Ihnen ... / ... Sie soll es nur versuchen, schimpfte das verzerrte Bild der Mutter. Wenn sie mit ihnen abhaut, schicke ich ihr die Polizei auf den Hals. Die Polizei! Und sie kommt in ein Erziehungsheim. *Bis zu ihrer Volljährigkeit!* ... / Vera zuckte ängstlich zusammen, löste sich aus ihrem Traum, stand mit traurigem Seufzen auf. Diese ekelhaften Erwachsenen!

Der Sommer verging. Ein neues Schuljahr begann. Eine neue Schule: Veras letzte Chance, man hatte sie gewarnt. Ihre Akte war schon zu gewichtig, und für Leute mit ihrer Dickköpfigkeit gab es besondere Erzieher! Vera schloß sich der Schülerherde an. Die graue Eintönigkeit des Schulbeginns erschien ihr noch trostloser als in den vergangenen Jahren. Sie hatte nicht versucht, Vincent wiederzusehen, sie war der Ansicht – das war zumindest ihre Entschuldigung –, daß sie ihm nur weh getan hätte. Aber sie hörte, als der Sommer zu Ende ging, von einem ehemaligen Schulkameraden, den sie zufällig am Strand traf, daß es mit Vincent langsam wieder aufwärts ging, daß seine Moral ganz gut war, aber sein Gesicht würde natürlich verunstaltet bleiben ... Indem er das sagte, strömte der Junge, mit dem sie sprach, plötzlich einen solchen Haß aus, daß Vera wie von einem Faustschlag getroffen wurde. Nach dieser Begegnung hatte sie mehrere Nächte lang Alpträume, in denen Vincent ihr erschien, bandagiert und mit dem mumienhaften Kopf, den er hatte, als sie ihn im Krankenhaus besuchen wollte – und dann enthüllte er sein Gesicht, und Vera sah seine blutigen Wunden ...

Die Monate zogen sich hin. Vera machte sich unscheinbar und zog die Aufmerksamkeit nur durch eine Sache auf sich, nämlich durch ihre schlechten Leistungen. Sie mischte sich nicht unter die anderen Schüler und hütete sich davor, Gebrauch von ihrer Anziehungs- und Überzeugungskraft zu machen, deren Ausmaße sie nur zu gut kennengelernt hatte. Doch ohne, daß sie es wollte, begannen einige von ihnen sich ihr zu nähern, sprachen sie aus nichtigen Gründen an, selbst wenn sie ihnen auswich, versuchten sie immer wieder, mit ihr in Kontakt zu kommen. Es war, als ob auch gegen ihren Willen etwas aus ihr herausbrach, um nach ihren Mitschülern zu schnappen, so wie die Zunge eines Chamäleons vorschnellt, um seine Beute zu erhaschen. Ja, Jungen und Mädchen näherten sich ihr, umschwirrten sie wie Fliegen einen Honigtopf, und sie wohnte verwirrt diesen Annäherungsversuchen bei. Es handelte sich um die schwächsten und beeinflußbarsten Gehirne, um diejenigen, die sowieso am stärksten ihrem Einfluß gehorcht hätten, wenn sie versucht hätte, ihn auszuüben. Sie waren dazu geschaffen, ihrer Kraft zu erliegen, die sie automatisch anrührte, wie eine Schaltung, die sich von selbst auslöst.

Dieser Prozeß hatte auf Vera eine befreiende Wirkung. Sie hatte nichts getan, um sie in die Falle zu locken; sie fühlte sich also frei von aller Verantwortung. Und sie begann – wie man in den Schauerstücken zu sagen pflegt –, finstere Ränke zu schmieden. Vincents Selbstmordversuch wurde zu einem banalen Zwischenfall. Warum sich schuldig fühlen? Hatte er ihr nicht ihre wahre Natur enthüllt: ihre endlich an den Tag gebrachte Schwärze, für die das Schlammspiel nur ein Vorzeichen gewesen war? Ihre Verzweiflung, genährt von einem Masochismus, dem sie sich immer mehr überließ, erreichte eine letzte Grenze und nahm eine neue Wendung. Sie fühlte sich jetzt dazu berufen, Vernichtung zu säen. Das war auch ein Mittel, nicht schlechter als die anderen, um diese Verzweiflung zu beschwören. Nach jenen Monaten, da sie alles unterdrückt und in sich verschlossen hatte wie in der Tiefe eines Kerkers, war es unbedingt nötig, irgend etwas zur Explosion zu bringen. Eine plötzliche Wut packte sie; eine zerstörerische Welle überflutete sie. Ein Wunsch, zu provozieren und zu zerstören, der nur noch ein Ziel brauchte. Und selbstverständlich identifizierte sie die zukünftigen Opfer: die kleinen unschuldigen Fliegen, die bereit waren, mit ihren Beinchen am Honig festzukleben . . .

Auf Anhieb wählte sie als Versuchsfeld die Sexualität. Ihre ersten Versuche auf diesem Gebiet lagen fast ein Jahr zurück. Sie hatte nicht vergessen, daß sie ein Fiasko gewesen waren. Aber sie hatte damals nur einen individuellen Versuch unternommen. Sie hatte ganz einfach versucht, ›die Lust zu entdecken‹. Ein egoistischer und passiver Versuch. Der auch klischeehaft war. Das kleine Mädchen, dem seine jungfräulichen Regungen zu schaffen machen, wollte sich am Mann reiben. Kein

Wunder, daß das Ergebnis so dürftig ausgefallen war. Aber heute hatte sie ihre Einstellung radikal geändert. Aus der Sexualität mußte etwas anderes gemacht werden. Man mußte sie wie eine Waffe handhaben. Sie als Subversionsmittel verwenden. Das war ein Projekt von ganz anderem Ausmaß ... Und sie hatte beschlossen, dieses Projekt ohne Umschweife in die Tat umzusetzen. Sie konnte sich dabei auf die vorhandene, im voraus feststehende Komplizenschaft ihrer Mitschüler verlassen. Unter denen, die ihre Nähe suchten, schuf sie eine Auslese. Sie zog die jüngsten vor. Die am leichtesten beeinflußbaren, das war selbstverständlich. Jungen und Mädchen in ungefähr gleicher Zahl. Ihr Ziel: ihre Unschuld korrumpieren. Unschuld, du meine Güte! Sie träumen alle nur von einer Sache. Aber sie wagen es nicht, nicht einmal, wenn die Gelegenheit günstig ist. Und außerdem fehlt es ihnen an Phantasie. Phantasie – Vera hatte sie an ihrer Stelle. Ihre Lektüre hatte sie genährt, ihre Traumbilder schürten sie. Zornig verglich sie diese Bilder mit der Banalität und Einfalt der sexuellen Sehnsüchte ihrer Kameraden. Diese braven Kinder verderben, ihre Anführerin werden, sie dazu bringen, die Schranken zu brechen, sie entdecken lassen und gleichzeitig mit ihnen entdecken, daß es etwas anderes gibt als ihre kleinen wohlprogrammierten Träume, etwas anderes als ihre kleinen Liebesgeschichten, das bißchen Geküsse und die Anfasserei. Ein ganzes Programm. Die Sexualität als Provokation, als Herausforderung der öffentlichen Moral, und das in dem beschützenden, verblödenden Rahmen der staatlichen Schule – das war eine gelungene Revanche an dieser erbärmlichen Gesellschaft, die Vera anwiderte.

Sie warb also ihre Leute an. Kommt zu mir, ihr sanften Lämmchen! Zunächst war es ein kleiner Kreis. Nur einige Jungen. Später würde sie, wenn die schulischen Autoritäten das Experiment nicht vorzeitig sabotierten! – den Kreis erweitern. Sie organisierte Treffen im Untergeschoß der Schule, wo sich die Archive befanden. Es war eine Flucht von verkommenen, dumpf riechenden Räumen, die nur durch Kellerluken spärlich erhellt wurden. Im Prinzip kam nie jemand hierher. Vera stahl dem Hausmeister den Schlüssel und ließ sich einen eigenen anfertigen. Mit Hilfe der Jungen richtete sie den letzten Raum her, jeder brachte mit, was er an alten Decken auftreiben konnte. Das war noch nicht der letzte Komfort, aber bequem genug, daß man sich hinlegen konnte, ohne die Feuchtigkeit des Bodens zu spüren. Etwas später verbesserten sie ihre Einrichtung mit Kissen, Polstern und einem tragbaren Heizgerät.

Vera gab sich der Reihe nach den Jungen hin. Sie ließ diese bald verstehen, daß sie es war, die die Initiative ergriff und die Operationen leitete. Man kam ein- oder zweimal wöchentlich zusammen. Die Jungen fanden Geschmack daran. Allmählich kamen einige Mädchen dazu. Vera ›bildete sie aus‹. Sie nahm diese Rolle der Initiatorin sehr ernst. Und die Mädchen waren bereit, ihrem Beispiel zu folgen, denn man konnte Vera nichts abschlagen. Ihre Spiele gingen immer weiter. Methodisch, mit kühler Berechnung, schöpfte Vera allmählich alle Möglichkeiten, alle Varianten aus. Ihr selbst machte es auf mehreren Ebenen Vergnügen. Zunächst boten die verschiedenen Formen der Gruppenliebe eine nicht zu verachtende körperliche Befriedigung. Dazu kam der zerebrale Genuß, ihre jungen Partner dazu zu bringen, sich wie Marionetten ihren Launen zu fügen. Andere Aspekte befriedigten verborgene Schichten ihrer Psyche: sie fand manchmal Gefallen an erniedrigenden Akten oder die als solche galten. Immer die Idee der Niederträchtigkeit und Gemeinheit. Immer ihr Masochismus, immer das Motiv des Schlammes und des Schmutzes. Aber vor allen Dingen empfing sie ständig die mentalen Wellen der anderen, die steigende Flut ihrer Erregung und ihrer Lust, und das reflektierte sich in ihren eigenen Empfindungen vielfach wider, so wie mehrere Spiegel eine Reihe von Bildern zurückwerfen; letztlich war es vielleicht die sinnliche Kommunion mit den anderen Mitgliedern der Gruppe, in der sie die wahre, die echte Quelle ihres Rausches fand.

Solche Praktiken mußten schließlich in mehr oder weniger zügellose Orgien ausarten, auch hatte sich das Gerücht davon verbreitet, und die Zahl der Teilnehmer wuchs. Vera fühlte, daß ihr die Kontrolle der Situation entglitt. Sie hatte sehen wollen, ›bis wohin man zu weit gehen konnte‹. Jetzt konnte sie es nachprüfen. Für sie war das Experiment geglückt und hatte ihre Erwartungen erfüllt: sie war über sich selbst hinausgewachsen und befriedigt. Sie hätte gern aufgehört. Aber sie war nicht mehr in der Lage, den Mechanismus, den sie ausgelöst hatte, zum Stillstand zu bringen. Und die Beschleunigung, die dieser erlangte, mußte zu einem Unfall führen. Er ließ nicht auf sich warten. Ein Mädchen verlor die Nerven und berichtete weinend der entsetzten Familie ihre Ausschweifungen.

Der Skandal war ungeheuerlich. Die Tageszeitungen bemächtigten sich der Angelegenheit, und sie wurde von sensationslüsternen Blättern ausgebeutet. Es endet damit, daß man Vera wiederum von der Schule verwies, diesmal unter dramatischen Umständen, durch die sie sich hindurchlavierte und mit knapper Not dem Schlimmsten entging, nämlich unter Vormundschaft gestellt und in ein Heim für Schwererziehbare gesteckt zu werden. Nur die scheinbar pathetische Reue, die sie zeigte, und das Plädoyer ihrer Mutter zu ihren Gunsten retteten sie: Man gestand ihr eine Art Bewährungsprobe zu. Aber was der Richter, der ihre Akte besaß, selbstverständlich nie erfuhr, war, daß Vera bei den Gegenüberstellungen mit teuflischer Geschicklichkeit bestimmte gefühlsmäßige Fibern von ihm anrührte, deren Vorhandensein sie aufgespürt hatte – zusätzlich zu den leichten psychischen Manipulationen, die sie in seinem Intellekt vorgenommen hatte, ein wenig aufs Geratewohl, aber mit Erfolg. Aber Vera wußte nun, daß sie die Grenze überschritten hatte. Sie hatte geglaubt, es sei möglich, die Fundamente der Gesellschaft zu untergraben und ihre Regeln mit Füßen zu treten. Etwas naiv hatte sie sich eingebildet, durch Sex in der Schule einen revolutionären Brandherd zu legen. Aber die Schule und die Gesellschaft verteidigten sich, sie waren die Stärkeren trotz all der kleinen Kunststücke, die Vera verwendete, um die Mentalität einiger Individuen zu beeinflussen. Sie resignierte und beschloß, sich einzuordnen. Zwei Jahre später würde sie volljährig sein. Das wäre vielleicht ein kleiner Notausgang. Oder eine Illusion? Sie würde sehen. Auf alle Fälle schien ihr die Frist nicht mehr so lang. Zum erstenmal sagte sie sich, daß sie Geduld haben und sich nicht mehr blind der Empörung oder der Verzweiflung überlassen wollte.

Sie erhielt von ihrer Mutter, die zu niedergeschmettert war, um noch Widerstand zu leisten, die Erlaubnis, sich bei einem

Fernkurs einzuschreiben, und bemühte sich, nicht mehr von sich reden zu machen, mit niemandem mehr zu verkehren. Ihre Empörung verlor an Gewalttätigkeit und ging in Gleichgültigkeit über. Sie unterhielt auch weiterhin mit dem Symbionten enge Beziehungen: Sie vereinigte sich mit ihm in langen psychischen Kontakten, bei denen sich ihre Gedanken von den konkreten Dingen lösten, um ein neues, unbestimmtes Gebiet zu betreten, am Rand der mentalen Sphäre, in der er schwebte. Sie schöpfte aus diesem Austausch ein Gefühl der Entrückung, vielleicht eine gewisse Stärkung.

Die Monate gingen grau und eintönig dahin. Vera verfiel der Routine, versuchte nicht mehr an ihre Umgebung zu denken – an diese Welt, deren scharfe Umrisse sie bis jetzt nur verletzt hatten. Sie entdeckte die Langeweile und fand sie erholsamer als die Revolte. Sie entdeckte dann die Resignation, die Lust alles wegzuwerfen und sich fallenzulassen, und das ließ sie einen sanften, betäubenden Hang hinabgleiten, und unten schien ein enger, schmeichelnder Abgrund auf sie zu warten, in dem sie gern versunken wäre. Sie rebellierte nicht mehr, sie quälte sich nicht mehr, sie ersehnte sich nichts mehr und erhoffte sich nur noch wenig von der Zukunft. Sie beschränkte sich darauf zu überleben.

Das Ende des Schuljahrs kam, ohne daß sie darauf gefaßt war. Sie machte das Abitur, hatte das kleine Vergnügen zu bestehen, ohne etwas vorbereitet zu haben, es hatte für sie mehr symbolischen Wert als Herausforderung an ihre ehemaligen Lehrer, die sie für einen Versager gehalten hatten. Ihr Aufsatz beeindruckte die Prüfer wegen seiner stilistischen Perfektion und des Ausmaßes ihrer Kenntnisse. Sie erhielt die beste Zensur und wäe fast in einer literarischen Zeitschrift abgedruckt worden als Beispiel für die besten Prüfungsarbeiten des Jahres, aber der Rektor der Akademie, der von dem Skandal gehört hatte, der mit Veras Namen verbunden war, verhinderte das. Kurz zuvor hatte sie in drei Wochen einen Roman niedergeschrieben, in dem sie die Geschichte ihrer Begegnung mit dem Symbionten und ihre gemeinsamen Beziehungen erzählte und auch ihre persönlichen Ausschweifungen. Alles unter dem Titel ›Superkräfte machen nicht glücklich‹. Aus Spaß hatte sie das

Manuskript einem Verleger geschickt: drei engbeschriebene Hefte. Zu ihrer Überraschung antwortete der Verleger bald. Er fand den Roman von bemerkenswerter Qualität für eine Anfängerin und war nicht abgeneigt, ihn zu veröffentlichen. Allerdings unter der Bedingung, daß sie einiges ändere und vor allem einen Schluß hinzufüge, der bei der bisherigen Konstruktion fehlte. Sie verzichtete darauf, ihm zu antworten, daß sie keinen Schluß anhängen könnte, weil sie ihn selbst noch nicht kannte. Diesen Sommer würde sie sechzehn werden. Sie überredete ihre Mutter, sie in den Ferien allein losziehen zu lassen. Das war ein Versuch, ihrem Kokon zu entkommen, sich ihrem Einerlei zu entziehen und zu entreißen, aber die wirkliche Begeisterung fehlte. Sie fuhr per Anhalter von einer Stadt zur anderen, besuchte Ruinen und Museen, schloß heftig und leidenschaftlich Freundschaft mit einer jungen Irin, die rauschgiftsüchtig und bildschön war und die sie auf einem Campingplatz getroffen hatte, verließ sie nach einer Woche und schwor ihr, nie wieder ein anderes Mädchen zu lieben, begann wieder zu trinken: diesmal Rotwein, der sie auf eine viel angenehmere Weise betrunken machte als der Alkohol ihrer ersten Versuche, sie legte ein Stück Wegs in Begleitung dreier Tippelbrüder zurück, die in den Südwesten Frankreichs zogen, um sich bei der Obst- und Gemüseernte als Saisonarbeiter zu verdingen, schlief mit allen dreien unter freiem Himmel, ohne ein besonderes Vergnügen dabei zu empfinden, verlor sie aus den Augen, als sie eines Abends einem Rockkonzert in der Arena von Mont-de-Marsan beiwohnte, schloß bei dieser Gelegenheit Freundschaft mit den Musikern einer der Musikergruppen, rauchte mit ihnen einige Joints, die sie an gute alte Zeiten erinnerten, verbrachte den Rest der Nacht mit dem Versuch, ihnen zu beweisen, daß ihr Gitarrenspiel zu rudimentär war, zerstritt sich mit ihnen im Morgengrauen, befand sich plötzlich gegen fünf Uhr morgens allein auf der Straße, wäre fast von zwei Halbstarken vergewaltigt worden, denen sie nur dadurch entkam, daß sie irgendwelche Manipulationen an ihrem Gehirn vornahm (sie selbst wußte nicht genau, welche, aber sie krümmten sich vor Schmerzen und brachen zusammen), zog mit ihrer Langeweile weiter von Ort zu Ort, ließ die Tage verfließen, ohne an den nächsten Morgen zu denken, ohne sich Fragen zu stellen, lebte im Zeitlupentempo, von der Außenwelt abgeschirmt, als sei sie in einer Blase eingeschlossen.

Und das bis zu dem Tag, an dem sie Loïc traf.

6

Loïc war groß, blond und hatte einen kurzgeschnittenen rötlichen Bart; er war zweiundzwanzig Jahre alt, hatte helle Augen und ein Lächeln, das ihn jünger aussehen ließ. Er rezitierte Gedichte und begleitete sich auf der Gitarre. Vera lernte ihn an einem der langen Strände der Atlantikküste kennen, die sich endlos zwischen Meer und Kiefernwäldern hinziehen.

Loïc gehörte zu einer lustigen Gruppe junger Leute an diesem wenig besuchten Strand, an dem Vera lieber als anderswo ihre einsamen Spaziergänge machte. Er sprach sie an, spielte für sie Gitarre, überredete sie, mit ihm schwimmen zu gehen. Mehrmals badeten sie zusammen, sie waren beide gute Schwimmer und wagten sich weit hinaus, dorthin, wo es nur noch die grenzenlose Weite des Meeres gab, das Lichtgeflimmer auf dem Wasser und den schmalen Strandstreifen wie eine unstoffliche Zone im Hintergrund. Dann schwammen sie beide zurück, legten sich nackt in den heißen Sand, in die Sonne, die auf ihre Haut brannte.

Loïcs Freunde machten zunächst die üblichen Scherze, hatten aber nach einigen Tagen verstanden, daß es besser sei, ihr Zusammensein nicht zu stören. Sie machten beide ganz unwahrscheinliche Spaziergänge, seltsame, ziellose Ausflüge in die wilde Szenerie eines Kiefernwaldes, den die Sonne verbrannte. Wenn sie erschöpft waren, ließen sie sich auf den Boden fallen und schauten mit weitgeöffneten Augen in den Himmel, der sie blendete. Sie kniffen die Lider zusammen und ließen allmählich die Dimension der sie umgebenden Landschaft in ihren Blickraum zurückkehren.

In dem Kiefernwald war es glühendheiß, ihre nebeneinander ausgestreckten Körper waren schweißbedeckt. Dort liebten sie sich zum erstenmal. Sie war an diesem Tag aufgestanden, um sich einige Meter zu entfernen, und er war ihr gefolgt, hatte ihren Rücken gegen eine Kiefer gepreßt und ihre Arme zurückgebogen – und Vera sah sich plötzlich mit verwirrender Deutlichkeit wieder als Zwölfjährige, als sie sich nach ihren heimlichen Schlammbädern genauso an einen Baum gepreßt und davon geträumt hatte, eine Sklavin zu sein. Sie taumelte, verlor das Gleichgewicht und fiel in Loïcs Arme.

Sie liebten sich, und es war für Vera etwas Neues, eine noch nie gekannte Welt fiebriger Zärtlichkeit. Sie wußte nicht, wie ihr geschah, und versuchte auch nicht zu verstehen. Loïc und sie sprachen nicht miteinander. Seit sie einander begegnet waren, hatte er fast nie zu ihr gesprochen. Sie blieb lange in seinen Armen. Sie war versucht, sich glücklich zu fühlen.

Loïc machte sie immer betroffener, je länger sie ihn kannte. Er war der erste Mensch, dessen Geist ihr, wenn sie in ihn eindrang, nicht unangenehm oder abstoßend war. Aber den sie auch nicht ganz verstand. Loïcs Bewußtsein enthielt einfache Sachen, die komplexere abschirmten, ein Gewebe mit einfachen Motiven, das ein anderes bedeckte, in dem kompliziertere verschlungen waren. Viele dieser Motive hatten mit einem Konzept zu tun, das Vera fremd war: mit dem Verständnis und dem Respekt der Mitmenschen. In Loïcs Psyche entdeckte sie auch eine Vorstellung von Glück, die ihr Begriffsvermögen überstieg: von einem Glück, das sich sowohl auf individueller als auch auf kollektiver Ebene situierte – diese beiden Ebenen überschnitten sich.

Das alles entdeckte sie an der Oberfläche. Wenn sie tiefer eindrang, stieß sie auf die emotionalen Strömungen Loïcs. Sie fühlte sein Verlangen nach ihr, seine Sehnsucht, sie besser zu kennen, sie untersuchte die Gefühle, die er ihr gegenüber empfand. Diese Gefühle waren nicht eindeutig: Es gab ein leidenschaftliches Begehren, ein aufmerksames Werben, eine fast krankhafte Zärtlichkeit – und seltsamerweise auch eine Besorgnis, deren Natur sie nicht identifizieren konnte. Als hätte Loïc selbst Mühe, den Grund dieser Besorgnis zu definieren.

In noch tieferen Schichten stieß sie sich an einem Phänomen, das ihr unbekannt war. Nie war sie im Lauf der Jahre bei der intimen Erforschung eines Wesens auf ein Hindernis gestoßen. Es war ihr immer gelungen, den mentalen Stoff in den Griff zu bekommen, sich auf ein Bewußtsein abzustimmen und in seine verstecktesten Winkel einzudringen. Mit Loïc aber geschah etwas Neues und Unerklärliches. Ein Teil von ihm, wie durch einen Wall geschützt, entzog sich Veras Nachforschungen. Es war das erstemal seit ihrer Vereinigung mit dem Symbionten und den Gaben, die sie dadurch erhalten hatte, daß sie jemanden nicht völlig erforschen und sondieren konnte.

Sie mußte es zugeben: Ein großer Teil von Loïcs Persönlichkeit blieb ihr unzugänglich. Dieses Rätsel verwirrte sie. Was besaß Loïc mehr als die anderen? Worin unterschied er sich von ihnen? Das beste wäre vielleicht gewesen, ihn offen zu fragen. Aber das wollte sie nicht. Sie zog es vor, mit ihm Katz und Maus zu spielen, weiter in sein Inneres vorzudringen, ohne bis zum Ziel zu gelangen, ihn in die Enge zu treiben mit dem unbestimmten Eindruck, daß er auf der Hut war. Und dabei fragte sie sich, was diese Sperre bedeutete, ob sie nicht absichtlich von Loïc aufgerichtet worden war und ob er in diesem Fall nicht auf geheimnisvolle Weise über ihre Erkundungsversuche Bescheid wußte.

Sie waren in einem Hotelzimmer, es war spät in der Nacht. Sie lagen nebeneinander, das Rauschen des Meeres drang durch das geöffnete Fenster, ein Stück Sternenhimmel zeichnete sich im Rechteck des Fensterrahmens ab. Im Zimmer roch es nach Gischt und Salz, und man hörte den hypnotisierenden Rhythmus des Wellenschlags. Es war ein einsames Hotel am Ufer des Atlantiks, weit entfernt von Badeorten und überfüllten Campingplätzen, eine Insel der Einsamkeit, eine sichere Zuflucht abseits des Touristenstromes. Ein kleines Hotel mit schäbiger Fassade, das ein eigenwilliger Architekt hier mitten im Sand erbaut hatte, ungeachtet der heftigen winterlichen Stürme, die eines Tages seinen Untergang besiegeln würden. Sie hatten da einen Schlupfwinkel gefunden, der ihnen gefiel. Sie waren zusammengeblieben seit diesem so fernen und doch so nahen Tag, an dem sie sich kennengelernt hatten. Loïc hatte seine Freunde verlassen, die fast ernst waren, als sie ihn ziehen ließen, als würden sie verstehen, daß zwischen ihm und Vera etwas geschah, das sich dem gewöhnlichen Schema entzog, für das weder die üblichen Anspielungen noch spöttische Bemerkungen paßten. Sie waren in Loïcs altem Citroën, der fast auseinanderfiel, die Küste in Richtung Süden hinabgefahren, hatten hier und da haltgemacht, waren den Menschenmassen aus dem Weg gegangen, hatten sich am Wasser und an der Sonne berauscht, hatten um nichts und wieder nichts gelacht, hielten sich manchmal wie Kinder an der Hand, schauten sich oft schweigend an, mit fragender Überraschung, als hätten sie sich noch nie gesehen.

Es war ihre erste Nacht in diesem Hotel, dessen trauriger Anblick an diesem einsamen Strand sie fasziniert hatte. Sie hatten Glück gehabt, es war Hochsaison, aber dieses Zimmer war frei geworden, weil seine Gäste überraschend abreisen mußten. Es war klein, lag unter dem Dach und war wie eine Schiffskabine eingerichtet. An der Wand hingen alte Marinegraphiken, als Beleuchtung hatte man eine Öllampe hergerichtet. Das Bett befand sich in einem Alkoven aus hellem Holz. Der Komfort ließ zu wünschen übrig, und der Fußboden knarrte. Aber sie hatten es unter dem mürrischen Blick der Hotelbesitzerin mit Entzükken in Besitz genommen, als wäre es ein privilegierter Ort, die langgesuchte Zuflucht. Sie hatten seit Beginn der Nacht wenig geschlafen, und bald würde der Morgen grauen. Der Himmel wurde schon blaß, die Sterne flimmerten schwächer, eine plötzliche Kühle stieg vom Ozean auf. Loïc näherte sich ihr, und Vera fühlte, wie seine geschmeidigen Finger sie berührten, sie fast unmerklich streichelten. Sie kannte diese Hand wie eine Verlängerung ihrer selbst, sie kannte Loïc wie einen Teil ihrer selbst. Nein, das war falsch: Sie *kannte* ihn nicht ganz; es gab in ihm diese verschlossene Tür, deren Schlüssel sie nicht besaß. Ein Widerspruch. Loïc war ihr vertraut wie ein Zwillingsbruder und gleichzeitig ein Fremder. Loïc, der ihr Leben ausfüllte wie nie jemand zuvor. Aber wer war Loïc?

Der Druck von Loïcs Hand verstärkte sich, er drehte ihren Körper auf die Seite, so daß sie ihm den Rücken zuwandte. Seine Zärtlichkeiten wurden fordernder. Er strich über Veras Rücken bis zu der feuchten, samtigen Falte ihres Gesäßes, verweilte dort lange und glitt dann zwischen ihre Schenkel und öffnete sie. Seine Finger streichelten sanft das Innere ihres Geschlechts, als wollten sie sich die Umrisse einprägen, tasteten alle verborgenen Winkel ab, zart und verlangend zugleich, drangen in sie wie brennende Zungen ein. Sie öffnete sich unter seinen Fingern, sie fühlte sich vergehen. Etwas in ihr wollte sich aufbäumen im Namen ihrer Gleichgültigkeit gegen die Männer. In Erinnerung an die Verachtung, die sie ihr immer eingeflößt hatten. Aber der Versuch war hoffnungslos. Vera, kleine Idiotin, nun bist du die Heldin eines Liebesromans geworden. Dieser ganze Weg, um es dann so weit zu bringen. Ein Kerl hat dich gefangen, und du zappelst wie ein Fisch an der Angel. Wie stehe ich nun da? Eine Welle der Lust überspülte allmählich diese Gedankenfetzen. Wie immer mit Loïc war es ein starkes und tiefes Lustgefühl, in dem sie wie in einem ruhigen Meer schwamm. Wer ist er, um aus mir diese gefällige, zuckende Beute zu machen? Was wird aus mir werden? Und ich kann ihm nicht einmal böse sein. Er zog seine Finger heraus und drang in sie ein. Ein weiches Gleiten. Sie hätte fast aufgestöhnt. So wenige Minuten, und schon bin ich ganz aufgelöst und bereit ihn aufzunehmen. Sie machte eine übermenschliche Willensanstrengung und verschloß ihr Gehirn dem Anprall der körperlichen Empfindungen. Ich habe genug, mich so willenlos auszuliefern, nicht zu verstehen, warum er diese Wirkung auf mich ausübt, mich so an ihn zu klammern. Ich *will* wissen. Loïc bewegte sich in ihr. Veras Körper empfand Lust. Und während dieser Zeit funktionierte auch ihr vom Körper losgelöstes, abgeschaltetes Gehirn, beantwortete dieses fleischliche Eindringen mit einem mentalen, versuchte mit verstärkter Kraft diesen Geist zu erforschen, der es verweigerte, sich ganz auszuliefern. Wieder folgte sie den Windungen von Loïcs Psyche, durchlief alle so trügerisch klaren Wege, stieß weiter vor, wollte nicht aufgeben, durchprüfte noch einmal das Gewebe der Konzepte, analysierte jedes einzelne Element. Und so verfolgte sie Glied für Glied eine Kette, bis sie sich, wie immer, vor der undurchdringlichen Mauer befand. Es gelang ihr nicht, dieses Hindernis zu umgehen, und verzweifelt versuchte sie, in den Wall eine Bresche zu schlagen.

Und plötzlich, als ihr Körper und ihre Glieder nur noch eins waren, ihr Schweiß und ihr Speichel sich mischten, gab etwas nach. Ein Spalt öffnete sich, und Vera schlüpfte hindurch und drang in die geheimen Regionen ein, die ihr bis jetzt verschlossen geblieben waren. In dem Augenblick, in dem er sich am stärksten an sie preßte und am tiefsten in sie eindrang, sie festnagelte, nahm sie sein Gehirn in Besitz, das er diesmal ihrem Ansturm preisgegeben hatte, so wie sie ihm ihren Leib preisgab, und es war ein gleichzeitiges Eindringen und Sichdurchdringen von Körper und Geist, von Geist und Körper. Loïc verspritzte sich in ihr, und sie schrie vor Lust. Und in der gleichen Sekunde drang sie brutal in den für sie offenliegenden Geist ein, füllte ihn aus und entdeckte dort – unvorstellbar und blendend wie ein Diamant – die Wahrheit.

Der Himmel hatte sich leicht blau und dann rosa gefärbt. Die Möwen schrien über den Wellen. Und immer noch hörte man das rhythmische Schlagen der Brandung, ein primitives Pulsieren, den lebendigen, animalischen Atem des Meeres. Sie schauten sich im Licht des Morgens an, das langsam das Zimmer erfüllte. Sie berührten sich, als wäre jeder für den anderen ein Gegenstand unzähliger Entdeckungen. Sie blieben liegen, ohne ein Wort zu wechseln. Ein erster Sonnenstrahl vergoldete das Licht, die Wand schimmerte hell. Sie streichelten sich, berührten alle Teile ihres Körpers wie neue Oberflächen eines unbekannten Gewebes. Man hörte Stimmen, das Geräusch der Wasserhähne und der zufallenden Türen; der sommerliche Ritus eines Ferientages begann. Sie aber lagen geschützt in einer Sphäre mit durchsichtigen Wänden, es war ein Augenblick, der unendlich dauerte, als habe die Zeit zu existieren aufgehört. Und langsam, fast im Zeitlupentempo, mit Intervallen, in denen sie sich nicht verständigten, sondern miteinander über ihren Körpern schwebten, fand folgender Dialog statt:

– Du wußtest es?

– Nicht am Anfang. Ich war nicht sicher.

– Wie hast du es erfahren?

– Du warst anders. Ich habe dich erforscht, ohne daß ich ans Ziel gelangte. Es gab ein Hindernis.

– Ich habe dich auch sondiert, ohne daß ich alles in dir lesen konnte. Ich habe mir Fragen gestellt. Aber ich habe nichts verstanden.

– Auch ich habe anfangs nicht recht verstanden. Ich wußte nicht, daß du mir gleichst, daß unsere Gehirne identisch sind. Ich begriff nicht, daß das gerade der Grund war, warum ich mit deinem Gehirn nicht fertig wurde.

– Wie bist du darauf gekommen?

– Vielleicht wegen des schwarzen Kästchens, das du immer bei dir trugst. Hast du nicht die kleine Tasche bemerkt, die ich immer bei mir behalte? Ich habe das in Zusammenhang gebracht, und da verstand ich.

– Ich dachte, ich sei die einzige ... Wir sind also gleich?

– Wir beide sind gleich.

– Und wenn es andere gäbe wie wir?

– Ich dachte bis jetzt, ich sei allein. Jetzt weiß ich nicht mehr recht. Vielleicht sind anderswo auch Kontakte hergestellt worden.

– Aber als du verstanden hast, warum hast du mir nichts gesagt?

– Ich wollte dich als erste zu mir einlassen, wenn der Augenblick gekommen ist. Ich habe gewartet, bis sich unsere Körper gut genug kennen, um die geistigen Schranken fallenzulassen.

– Aber Körper und Geist, das ist doch nicht dasselbe.

– Wer weiß? Körper – Geist, wo ist der Unterschied?

– Ich weiß, meine Vagina und dein Gehirn. Ich habe es vorhin gespürt. Jeder von uns hat sich dem anderen gegeben. Du hast mich so heftig genommen, daß ich den Eindruck hatte, du vergewaltigst mich.

– Auch du hast mich vergewaltigt, Liebes ...

Nur ein winziger Teil dieses Dialogs fand in Form eines Gesprächs statt. Verwundert hatten sie festgestellt, daß sie sich durch Gedanken verständigen und verstehen konnten.

Dann lieferte sie ihm ihren Geist ganz aus, und er nahm von ihm Besitz. Er folgte allen Windungen, drang durch die Schichten des Unbefriedigtseins und der Frustration, der Verzweiflung und der Revolte hindurch, die er von Anfang an festgestellt und die ihm eine unbestimmte Besorgnis eingeflößt hatten. Er stieß weiter vor in die Schattenzonen, in die er noch nicht gelangt war. Er entdeckte das verschlungene Labyrinth von Veras Qualen, ihren Zorn und ihr Leiden, all das, was das Ergebnis ihrer fehlenden Anpassung an die Umwelt war, er hatte das Gefühl, sich an einer schwelenden Glut zu verbrennen, er streifte die grauen Gespenster ihrer Phantasmen, die krankhaften Bilder ihrer Delirien, rührte an die dunkle Schicht ihrer masochistischen Pulsionen, an ihr Verlangen nach Beschmutzung, stieß sich an der schneidenden Schärfe ihrer sexuellen Obsessionen, wurde in die bewegten Strudel der Erinnerungen an ihre sexuellen Abenteuer herabgerissen – in die Tiefe, und in dieser Tiefe erreichte er den harten Kern ihres Hasses, den glühenden Herd dieses Hasses auf die anderen, auf sich selbst, der eine schwarze Flamme ausstrahlte. Er verweilte dort, prüfte alles aufmerksam, zog sich dann zurück, machte den entgegengesetzten Weg und verließ Veras Geist nach dieser Besitzergreifung, bei der sie ihm ihr Inneres in seiner absoluten Nacktheit enthüllt hatte. Er schaute sie an. Sie hielt seinem Blick stand. Er stellte ihr eine einzige Frage: »Warum?« Sie machte eine fatalistische Geste, die besagte, daß sie selbst nicht verstand und sich machtlos fühlte, erklärte ihm ihre Müdigkeit, ihre Sehnsucht, sich in einen Abgrund fallen zu lassen, ohne weiter zu kämpfen. Er zeigte ihr das Bild eines Vogels mit zusammengefalteten Flügeln, der wie verstümmelt auf dem Boden hüpfte, und dann das Bild des gleichen Vogels, der am strahlenden Himmel dahinschwebte. Sie war dieser verwundete Vogel, der an die Erde gefesselt war und darauf wartete, zu gesunden und davonzufliegen. Sie schüttelte den Kopf und sagte: »Ich glaube dir nicht.« Er hörte nicht auf sie. Wieder kreuzten sich ihre Blicke. Und was sie in Loïcs Augen sah, verwirrte Vera.

Als sie beschloß, sich ihm ganz zu öffnen, ohne etwas zu verbergen, hatte sie ihrer Zuneigung zu Loïc gehorcht, aber auch ihrem selbstzerstörerischen Trieb. Sie wollte sich in schamloser, fast obszöner Weise vor ihm enthüllen, um ihn zu schockieren. Sie wollte, daß er sie in einem abscheulichen Licht sah, daß er genau verstand, mit wem er es zu tun hatte. Selbst wenn sie ihn dann verlieren sollte, wenn er sich entsetzt von ihr zurückziehen würde, wenn er angeekelt der Versuchung unterliegen würde, die Flucht zu ergreifen.

Doch in Loïcs Blick lag weder Erschrecken noch Ekel. Sondern ein Lächeln. In der gleichen Sekunde hatte er die Natur ihrer Gedanken erkannt und zerstreute sie mit zärtlicher Ironie, wie man einige Krümel mit dem Handrücken wegwischt. Sein Geist vereinte sich wieder mit ihr, streichelte sie. Und unter dieser zärtlichen Berührung hatte sie das Gefühl, reingewaschen zu werden; symbolisch reinigte Loïc sie von all dem Schmutz, den sie zur Schau gestellt hatte. Sie schloß die Augen, überließ sich ihm. Und wieder wuchs das Begehren nach ihm. Er fing es auf, wandelte spielerisch diese mentale Zärtlichkeit um, konzentrierte und lokalisierte sie. Und unter diesem Streicheln, das unkörperlich war, begann sie Lust zu empfinden. Sie strahlte dieses Lustempfinden aus und empfing seine Reaktion. Sie übermittelte ihm ihre Sehnsüchte, suggerierte sie ihm genau, und er antwortete darauf. Sie fühlte, wie sich Loïcs imaginärer Mund auf ihren Leib preßte, wie seine unkörperliche Zunge in sie eindrang. Es genügte, daß er diese Dinge erfand, und sie empfand sie.

Mit geschlossenen Augen nahm sie dann an diesem Spiel teil. Sie dachte an Loïcs Glied, stellte sich vor, wie es unter ihren Fingern steif wurde, wie sie es vorsichtig zwischen ihre Lippen nahm. Ihre nebeneinanderliegenden Körper berührten sich immer noch nicht. Die Wellen der Lust, die sie austauschten, überschlugen sich in einem immer rascheren Rhythmus. Ein Wirbel riß sie mit sich. Ihr Geist verschmolz immer inniger. Gleichzeitig erreichten sie den Orgasmus, ein gemeinsames Stöhnen drang aus ihrer Kehle. Im letzten Augenblick öffnete Vera die Augen und sah, wie Loïc ejakulierte, und in der gleichen Sekunde bäumte sie sich auf und hatte die vollkommene Illusion, daß er sich in sie entleerte. So erfuhren sie beide, daß es möglich war, sich mental zu lieben. (Und ich, sagte sich Vera, ich habe immer gedacht, daß man von geistiger Masturbation nur als Metapher spricht!)

Der Sommer ging zu Ende. Sie hatten einander nicht verlassen. Sie konnten einander nicht mehr lassen. Das war etwas anderes als Leidenschaft. Ein Gefühl der Identität und der Komplementarität. Sie und er: zwei Hälften eines Ganzen. Licht- und Schattenseite. Entgegengesetzte Pole. Negativ und Positiv.

Loïc ist sechzehn Jahre alt, als er seinem Symbionten begegnet. Er findet ihn an einem verlassenen Strand, wohin er manchmal kommt, um allein zu schwimmen, denn er hat von jeher das Meer geliebt. Es ist ein Strand an der französischen Atlantikküste, nur zehn oder zwanzig Kilometer von Veras Haus entfernt, wo sie später ihren Symbionten entdeckte hatte. Das wird beide auf den Gedanken bringen, daß die Symbionten vielleicht nicht ganz zufällig auftauchten, sondern sich in Schwärmen an bestimmten Stellen des Planeten niederließen. Die Muschel öffnet sich, der Kontakt wird hergestellt. Loïc nimmt seinen Symbionten mit nach Hause.

Loïc wohnt mit seinen Eltern und seinen beiden Schwestern in einem großen flachen Haus, das von Strandkiefern umgeben ist. Mehrere Tage schweigt er, aber das Geheimnis ist zu überwältigend, als daß er es allein tragen kann. Er beschließt, seine Familie einzuweihen. Wochen vergehen, bevor diese sich von der Wahrheit überzeugen läßt. Erst ist man ungläubig, dann kommt die Angst. Als Loïc erste Anzeichen seiner außergewöhnlichen Begabung zeigt, ist sein Vater versucht, ihn wie ein abnormes Wesen, wie ein Monster zu verstoßen. Seine Mutter macht sich Sorgen. Nur seine ältere Schwester versteht ihn.

Wieder vergehen Monate, bevor die ganze Familie die unumstößliche Tatsache akzeptiert, nämlich ein Wesen zu beherbergen, das anders ist und überlegen. Von diesem Augenblick an verläuft Loïcs Leben äußerlich wie das eines Jungen in seinem Alter. Dort, wo der kindliche und empfindliche Charakter von Vera zusammenbrechen wird, unfähig, die Konsequenzen der Situation zu ertragen, paßt sich Loïcs Charakter an. Dort, wo Veras latente Neurosen unter dem Schock der Gabe immer schärfer hervortreten, wird Loïcs ausgeglicheneres und rationalistischeres Bewußtsein ein harmonisches Gleichgewicht schaffen. Aber nie wird er einem anderen Menschen das Geheimnis seines Andersseins anvertrauen. Er ist sich bewußt, daß es gefährlich wäre, wenn jemand davon erfährt. Er weiß, daß der schützende Panzer des Gleichgewichts nur unter diesen Umständen intakt bleibt. Er führt in der Schule und später an der Universität ein Leben ohne besondere Zwischenfälle. Aber seit seinem achtzehnten Lebensjahr – es ist das Jahr, in dem die zwölfjährige Vera ihren Symbionten findet – beginnt er unter dem Gefühl der Einsamkeit zu leiden. Er versucht, dieses Gefühl zu bannen, indem er sich seiner Gaben bedient, um die Menschen genauer kennenzulernen. Ihr Inneres zu kennen gibt ihm Gelegenheit, ihre Schwächen und Fehler besser zu begreifen, lehrt ihn die Tugenden der Toleranz und der Nachsicht. Dort, wo Vera sich mit ihrem geballten Haß in sich selbst zurückzieht und alle diejenigen zurückstößt und verachtet, deren Inneres sie näher kennengelernt hat, findet Loïc, im Gegenteil, die Möglichkeit, sich den anderen zu nähern ...

Er hat viele Freunde. Man sucht seine Nähe, denn durch die ihm innewohnenden Kräfte fällt ihm die Liebe der anderen zu. Er besitzt das, was man eine Aura nennt, ein Charisma. Auch die Frauen spüren das. Loïc hat Erfolg in der Liebe, aber obgleich er viele Menschen kennt, die von seiner magischen Ausstrahlung angezogen werden und die im Umgang mit ihm Bereicherung finden, bleibt ihm das wachsende Gefühl der Einsamkeit, der immer bedrückendere Gedanke, ein anderes Wesen zu sein, das einzige seiner Art.

Da brach Vera in sein Leben ein, bestürzte, verwirrte, blendete ihn.

Sie standen auf einem Felsen, und der Himmel war um sie. Zu ihren Füßen das ferne Tosen des Ozeans. Sie standen aneinandergedrängt auf einem felsigen Vorsprung. Atemlos im Wind, der in ihren Haaren spielte und ihre Kleider an den Leib preßte. Sie hatten einen steilen, sandigen Pfad genommen, der sich durch die kümmerliche Vegetation hinaufschlängelte. Sie standen unbeweglich und verständigten sich durch fiebrige Gedankenfetzen, die aufeinanderprallten. Wenn sie auf diese Weise miteinander kommunizierten, bemächtigte sich ihrer oft eine Art Ekstase. Sprechen bedeutete nichts mehr. Die Worte waren hohle Gebilde, primitive Vehikel. Ein bloßer Vorwand, um den ihr Gehirn die kompliziertesten Linien und Arabesken schlang.

Sie schauten sich an, hatten beide die Vision des Weges, der sich vor ihnen öffnete: zusammen wegziehen, auf der Suche nach ihresgleichen, sie finden, wo sie auch sein mögen, mit ihnen Kontakt aufnehmen, sich zusammenschließen. Vielleicht war es nur ein Traum. Vielleicht gab es nur sie beide. Eines Tages würden sie es wissen. Bis dahin aber würden sie warten und weitersuchen. Und sie würden zusammenbleiben. Vereinigt in einer unzerstörbaren Sphäre. Schattenseite – Lichtseite, die einander durchdringen. Zwei wiedervereinigte Hälften.

Veras Gehirn vibrierte, es bebte wie die Schale eines Eis, das dabei ist, aufzubrechen. Ein Schwindel ergriff sie, sie schloß die Augen und spürte, wie Loïcs Arme sie festhielten. Sie waren nur noch eins, nichts konnte sie trennen, und in diesem Augenblick zerbrach die Schale, ein starkes Licht brach hervor, dessen Feuer sie innerlich versengte, sie hatte das Gefühl, erst jetzt geboren zu werden, zum erstenmal auf die Welt zu kommen, und sie wußte, daß sie Loïc diese Geburt verdankte, daß er sie von ihrem alten Ich befreit hatte wie aus einem Kerker; sie preßten sich enger aneinander, sie hatten die plötzliche Illusion, der vertrauten Erde entrissen und entführt zu werden, und vor ihnen erstreckten sich, so weit das Auge reichte, unbekannte Räume, unberührte Gegenden, unerforschte Länder, leere Kontinente mit noch ungenauen Umrissen, und Veras Geist schwang sich auf, erst ungeschickt und unbeholfen, dann aber breitete er mit majestätischer Gewißheit seine Schwingen aus – wie ein Vogel, der fliegt.

Aus dem Französischen übersetzt von Helga Abret

Nachwort

In Frankreich wuchs in den letzten zwei Jahrzehnten eine junge SF-Schriftstellergeneration heran, die Eigenständiges und Originelles geschaffen hat und der allmählich auch der Durchbruch zu internationaler Anerkennung gelungen ist. Dieses Phänomen, das man heute von Deutschland aus mit gewissem Staunen, oft auch mit einem Anflug von Neid betrachtet, hat vielerlei Gründe, von denen hier nur zwei genannt werden sollen. Die französischen SF-Schriftsteller fanden seit 1953 in der Zeitschrift *Fiction* ein Forum, von dem aus sie ein breites und gleichzeitig anspruchsvolles Publikum erreichten. Der Erfolg dieses Magazins hielt mehr als fünfundzwanzig Jahre an, keine kleine Ewigkeit auf dem recht anfälligen SF-Zeitschriftenmarkt. Ein weiterer Pluspunkt für die französischen Autoren ist aber auch die Tatsache, daß sich gleich nach dem Zweiten Weltkrieg Schriftsteller von Rang und Namen wie Robert Escarpit, Robert Merle, Boris Vian, später auch Michel Butor für das Genre einsetzten und selbst Werke schrieben, die man wohl ohne Vorbehalt der Science Fiction zuordnen kann. So kam es in Frankreich nie zu einer so brutalen Scheidung von Mainstream-Literatur und Science Fiction, wie man sie in Deutschland noch heute beobachten kann. Namhafte französische Autoren hielten es für nicht unter ihrer Würde, Science Fiction zu schreiben, umgekehrt stellen aber auch die SF-Autoren im allgemeinen hohe literarische Ansprüche an ihre Werke.

In der Bundesrepublik Deutschland ignorierte man die SF-Literatur jenseits des Rheins bis jetzt weitgehend, beziehungsweise nahm man erst in allerjüngster Zeit von ihr Notiz. So erschienen z.B. im Heyne Verlag in den letzten Jahren einige französische Romane, und Jörg Weigand stellte in zwei Anthologien moderne französische Science Fiction vor (»Die Stimme des Wolfes«, Heyne-Taschenbuch 06/3482, und »Sie sind Träume«, Heyne-Taschenbuch 06/3690). Ab und zu taucht auch in einem »Story Reader« (herausgegeben von Wolfgang Jeschke) der Name eines französischen Autors auf. Das Unternehmen, die

Novellensammlung eines bis jetzt in Deutschland so gut wie unbekannten Autors dem deutschen Leser bald nach der Publikation in Frankreich vorzustellen, ist aber ein Novum und wie jedes Novum gleichzeitig ein Wagnis.

Alain Dorémieux (Jahrgang 1933), der Autor der »Spaziergänge am Rande des Abgrunds«, spielte in der Entwicklung der französischen Science Fiction eine wichtige Rolle. Er leitete von 1958 bis 1974 die bereits erwähnte Zeitschrift *Fiction,* deren Profil er als Chefredakteur maßgeblich beeinflußte. Von Anfang an war für ihn die literarische Qualität der Beiträge eines der wichtigsten Kriterien bei der Auswahl der eingeschickten Manuskripte. Was den Inhalt betraf, so gab Dorémieux, seiner persönlichen Neigung folgend, seltsamen, unheimlichen oder phantastischen Geschichten vor der eigentlichen »hard science« den Vorrang, was man ihm nachträglich manchmal zum Vorwurf gemacht hat. Zwischen 1964 und 1968 leitete Dorémieux auch die Zeitschrift *Galaxie* und arbeitete in mehreren Verlagen, die vorwiegend Science Fiction editierten (Casterman, Opta). Er übersetzte (u. a. Philip K. Dick und Fredric Brown), er stellte SF-Anthologien zusammen, veröffentlichte theoretische Beiträge und Rezensionen. Sein literarisches Werk ist nicht umfangreich. Hin und wieder erschienen Novellen von ihm in *Fiction,* aber erst 1967 kam seine erste Sammlung »Mondes interdits« (»Verbotene Welten«) im Verlag Eric Losfeld heraus. Dann verging über ein Jahrzehnt, bevor Dorémieux 1978 mit seiner zweiten Novellensammlung »Promenades au bord du gouffre« (»Spaziergänge am Rande des Abgrunds«) an die Öffentlichkeit trat. Diese Sammlung liegt hier in deutscher Übersetzung vor. Vier der in dem Band enthaltenen Erzählungen stammen noch aus den sechziger Jahren, die übrigen sind, nach Angaben des Autors, erst nach 1977 entstanden.

Überschaut man die Erzählungen dieses Bandes, so fällt auf, daß das Repertoire der Themen begrenzt ist. So tritt z.B. das Motiv des Vampirismus mit einer solchen Konstanz auf, daß man fast versucht ist, von Zwangsvorstellungen des Autors zu sprechen. Dieses an sich der phantastischen Literatur verpflichtete Motiv wird bei Dorémieux insofern variiert, als es sich bei seinen Vampiren oder vampirähnlichen Geschöpfen meist um außerirdische Wesen handelt. In der Erzählung *Die Tiere* haben parasitenähnliche Kreaturen die Erde überfallen und leben mit den irdischen jungen Mädchen in einer Art Symbiose. Die Heldin, fast noch ein Kind, erzählt in einer vom Autor bewußt naiv gehaltenen Sprechweise von ihrem Zusammenleben mit dem ›Tier‹, dem es zur Nahrung dient. Der Vampirtradition folgend wird das Opfer seinem Vampir hörig und tritt in eine fast erotische Beziehung zu ihm, die von den Außenstehenden mit Abscheu betrachtet wird. Als das Mädchen zu schwach geworden ist, um das Tier weiter zu nähren, wird es von ihm getötet. Der Tod durch den Stachel des Tieres vermittelt dem Opfer ein Gefühl von Lust und Wohlbefinden.

Während sich in dieser Erzählung vampirähnliche Tiere der Erde bemächtigt haben, werden in der Erzählung *Die Vana* die Vampire, d.h. schöne, tierhafte Frauen, von einer nach immer neuen Sensationen verlangenden dekadenten Gesellschaft ›importiert‹. Der Held wird erst allmählich in die Rolle des Opfers gedrängt, akzeptiert dann aber seinen Untergang durch das todbringende Geschöpf mit der gleichen wollüstigen Hingabe wie die kindliche Heldin der Erzählung *Die Tiere*.

In *Alptraum in Rosa* (nur der Titel erinnert an Brown, ansonsten hat die Erzählung wenig mit den Brownschen Alptraum-Stories zu tun) wird berichtet, wie irdische Wissenschaftler auf einem fernen Planeten das Opfer eines Pflanzenvampirs werden, der fähig ist, die Gestalt anzunehmen, die den verborgenen Sehnsüchten des jeweiligen Gegenübers entspricht, und der dadurch unwiderstehlich wird. Ähnlich wie in einigen Erzählungen von Catherine Moore wird bei Dorémieux in dieser Geschichte das Vampirmotiv mit dem der Medusa verknüpft.

In der Erzählung *Gefangener der Insektenfrauen* sollen die ameisenhaften Arbeiterinnen und ihre alles verschlingende Riesenkönigin zwar durch negative Mutation aus irdischen Menschenfrauen hervorgegangen sein, aber die Auseinanderentwicklung der Geschlechter ist so weit fortgeschritten, daß man diesen Geschöpfen wohl den Status von ›Aliens‹ zusprechen kann.

Ein anderes Thema, in den Novellen immer wieder variiert, ist das vom Ende der Welt oder, besser gesagt, vom Ende der Menschheit (z.B. in *Welche Katastrophe?, In eine ferne Fremde, Der*

Turm). Die Ursache der jeweiligen Katastrophe, die zur Vernichtung der Menschheit führt, läßt Dorémieux im unklaren. Meist wird nur von einem namenlosen, rätselhaften Ereignis gesprochen, manchmal wird angedeutet, daß es sich um einen Atomkrieg handeln könnte. Am eindrucksvollsten erscheint mir unter diesen Geschichten die Novelle *Der Turm.* Durch klimatische Veränderungen (die konkreten Ursachen werden wiederum verschwiegen) ist alles Leben auf unserem Planeten verschwunden, Sand und Wind herrschen über dem Erdball, die gigantischen Städtelandschaften werden langsam, aber unerbittlich von Sanddünen verschluckt, die letzten Kulissen der menschlichen Zivilisation zerbröckeln. Nur einige Wohntürme ragen noch als letzte Überreste dieser Zivilisation in die Wüste, und in einem dieser Türme haust Larcan, der ›letzte Mensch‹. Er überlebt noch, weil einige Maschinen funktionieren, und wird, wenn diese Maschinen versagen, zugrunde gehen. Die Sandwüste in ihrer Endlosigkeit, die den Helden umgibt, ruft in ihm die Frage nach dem ›Sinn‹ auf. Da Larcan sich nicht mehr an einer göttlichen, auch nicht mehr an einer menschlichen Ordnung orientieren kann, möchte er wenigstens in den Spuren seiner Schritte eine geheimnisvolle Botschaft finden oder in den Rissen der Mauerwerke komplexe Ideogramme entziffern. Zuletzt versucht er sich davon zu überzeugen, daß die Türme das einzig Sichere, Dauernde, Ewige sind. Wenn aber jedem Turm in diesem ›kosmischen Schauspiel‹ ein Platz angewiesen ist, dann würde er ebenfalls als Wächter seines Turms einen Platz in diesem gigantischen Spiel einnehmen. Aber die Türme erweisen sich als vergänglich, und so wird diese Sinnfindung hinfällig.

Die an sich handlungsarme Erzählung wirkt vor allen Dingen durch ihre beklemmende Bilderwelt. Dorémieux ist es gelungen, etwas von der uralten Faszination der Wüste, einer tödlichen, mystischen und auch metaphysischen Faszination, in eine moderne Erzählung zu transponieren.

Die Helden der verschiedenen Erzählungen dieses Bandes weisen fast alle Ähnlichkeit mit Larcan auf. Eine Identifikation mit ihnen wird dem Leser schwerfallen. Sie verhalten sich auf eine so fatalistische Weise passiv, daß sie fast schemenhaft wirken, wie Tote auf Widerruf. Das gilt sowohl für die Opfer der Vampirgeschichten, deren Todestrieb stärker ist als alle anderen Instinkte, als auch für die Protagonisten der Katastrophen-Geschichten, die eigentlich nur noch Marionetten sind, die nichts so sehr fürchten wie das freie Land und denen die verödete, zerfallende Stadt als einzige Zuflucht, als ›schützender Kokon‹ erscheint. Diese Menschen, die dem Sog des Abgrunds nicht widerstehen können oder wollen, verleihen den meisten Erzählungen des Bandes einen höchst pessimistischen Grundton. Sie lassen keine Hoffnung mehr aufkommen, daß dem Menschen eine Zukunft beschieden sein könnte.

Eigentlich unterscheidet sich nur die Erzählung *Begegnungen der vierten Art,* vor allen Dingen durch ihre Erzählweise, von der beklemmenden Atmosphäre der anderen Geschichten. Das abgenutzte Thema der Alien-Mensch-Begegnung wird hier von Dorémieux auf amüsante Weise aufgewertet, indem er die Geschichte im Argot des Hippie-Paares erzählt, dem diese ›Begegnungen der vierten Art‹ in dem Augenblick zuteil werden, als es von seiner idyllischen Schafzucht in den Bergen genug hat und die Partnerbeziehung auf einem Nullpunkt angelangt ist, wo Alkohol als der einzige Trost erscheint. Gleichzeitig wird in der Erzählung auf recht sarkastische Weise der Geschlechterkampf der Gegenwart aufs Korn genommen.

Der deutsche Leser, der von einer SF-Geschichte in erster Linie die spannende Darstellung vorwiegend naturwissenschaftlicher, technischer oder soziologischer Probleme erwartet, wird seine Leseerwartung bei Lektüre dieses Bandes zunächst enttäuscht sehen, denn fast alle Erzählungen tendieren eher zum Phantastischen. Die erste Novelle, *Im Krankenhauszimmer,* mutet in ihrer Absurdität sogar fast kafkaesk an. Es geht in ihr vor allen Dingen um die Schwierigkeiten, in einer anonymen, sterilen, ›kranken‹ Welt, zu schreiben. Nicht umsonst steht diese Novelle am Anfang des Bandes, gibt den Auftakt und formuliert das Grundanliegen. Schreiben wird hier als letzter Ausweg postuliert. Man schreibt aus Verzweiflung, man schreibt mit der Hoffnung, sich an seine Identität heranzutasten, man schreibt vor allen Dingen, um angesichts des Abgrundes, der sich bei jedem Schritt auftut, die Angst zu bannen.

Alain Dorémieux ist mit dieser Tendenz zum Phantastischen und Absurden innerhalb der modernen französischen Science Fiction keine Einzelerscheinung, diese Tendenz läßt sich bei vielen anderen Autoren feststellen. Der deutsche Leser wird sich allerdings erst allmählich daran gewöhnen müssen, daß in Frankreich die Übergänge von der phantastischen Literatur zur Science Fiction fließend sind. Vielleicht ist es aber gerade dieser weniger rigiden Konzeption zu verdanken, daß sich in Frankreich viele begabte Schriftsteller der Science Fiction zugewandt haben als einem offenen Genre, das Bewegungsfreiheit garantiert und ihnen erlaubt, auf ungezwungene und unkonventionelle Weise ihre Träume und Sehnsüchte, aber auch ihre Ängste und Zwangsvorstellungen auszudrücken.

Helga Abret
Oléron, Sommer 1980

BIBLIOTHEK DER SCIENCE FICTION LITERATUR

Die BIBLIOTHEK DER SCIENCE FICTION LITERATUR umfaßt herausragende Werke dieser Literaturgattung, die als Meilensteine ihrer Geschichte gelten und als beispielhafte Versuche, Möglichkeiten denkbarer Entwicklungen aufzuzeigen und auf Gefahren und Probleme der Gegenwart und Zukunft hinzuweisen.
Die gediegen ausgestattete Collection ist nicht nur für den Sammler und Liebhaber guter Science Fiction gedacht, sie bietet durch ihre wohlerwogene und repräsentative Auswahl auch das unentbehrliche Rüstzeug für jeden, der sich ernsthaft mit diesem Zweig der Literatur auseinandersetzen möchte.
Herausgegeben von Wolfgang Jeschke.

Kate Wilhelm: Hier sangen früher Vögel
06/1 - DM 5,80

Isaac Asimov: Lunatico
06/7 - DM 5,80
(Dezember '81)

Olaf Stapledon: Der Sternenschöpfer
06/5 - DM 5,80
(März '82)

Joe Haldeman: Der ewige Krieg
06/2 - DM 5,80
(Dezember '81)

Hal Clement: Schwere Welten
06/3 - DM 7,80
(Januar '82)

John W. Campbell jr.: Der unglaubliche Planet
06/6 - DM 5,80
(April '82)

Frederik Pohl/ C. M. Kornbluth: Eine Handvoll Venus und ehrbare Kaufleute
06/4 - DM 5,80
(Februar '82)

Wilhelm Heyne Verlag München

Wir gratulieren unserem Autor Georg Zauner zum Kurd Lasswitz-Preis 1980 mit dem sein Roman Die Enkel der Raketenbauer als bester Science Fiction-Roman des Jahres ausgezeichnet wurde.

Georg Zauner
Die Enkel der Raketenbauer
Heyne Science Fiction
Band 06/3751 - DM 4,80

Originalausgabe

HEYNE
BÜCHER

Wilhelm Heyne Verlag München